Helgard Cochois

Schöne Scherben

Helgard Cochois

SCHÖNE SCHER-BEN

Vom Scheitern
eines Reise-Romans
und der Unvollendbarkeit
eines KENOTAPH

Bibliographische Information der Deutschen Bibliothek
Die Deutsche Bibliothek verzeichnet diese Publikation in der Deutschen Nationalbibliographie; detaillierte bibliographische Daten sind im Internet über https://portal.dnb.de abrufbar.

Herstellung und Verlag: BoD – Books on Demand, Norderstedt
ISBN 9783752629767
Innenbilder nach Vorlagen der Autorin
Datenaufbereitung und Vertreter der Autorin:
www.selignow.de

Das Schöne als Scherbe

Der Lyraspieler

Das Haupt empor- und zurückgebogen, unter blauschattendem Lid ein Ausdruck schmerzlich-ekstatischer Hingabe, lagert singend und spielend unter hinzugedachten Symposiasten ein Lyraspieler.

Im Original mit spitzem Stift eingeritzt auf einer rotfigurigen Trinkschale, ist das ergreifend Schöne einst begegnet als Abbildung in einer Anthologie altgriechischer Lyrik. Wäre es auch nur als Bruchstück erhalten; wäre die Schale zerbrochen und alles übrige verloren: die Einzelheit bliebe schön auch als Scherbe.

Der Lyraspieler erinnert und soll Sinnbild sein für die nahezu rauschhafte Inspiration, mit welcher nach einem ungewöhnlichen Reiseerlebnis einst ein Roman begonnen wurde. Als das Schreiben vor einem Bücherregal ausuferte, brach der ‚Roman' ab.

Die Reise nach * * * stand vor dem inneren Auge als rundes, vollendetes Ganzes. Wie kam es, daß beim vierten Ansatz auf der zehnten Seite das Schreiben sich verlief im Labyrinth der Lese-Erlebnisse?

Es kam von der Versuchung, vor dem Bücherregal eines Arbeitskabinetts im Regenwald Westafrikas den Spuren einer literarischen Bildungs-Odyssee nachzugehen, um auf diese Weise die eigene Seinsverfassung Mitte Vierzig und damit ein Ursächliches der Reise in den Blick zu bekommen. Die Schreibende wollte sich selbst einholen. Auf dem autobiographischen Umweg scheiterte der Roman.

Das Scheitern

Es begann mit der Notwendigkeit, nach dem ersten Satz (‚Es war schon spät am Nachmittag') und der Beschreibung des staubtrockenen Hochtals, durch welches ein Landrover rumpelt, die Lebenswelt der Reisenden zu entfalten. ‚Sie', die Hauptperson, die ‚Heldin', wer ist sie, woher kommt sie, was sucht sie in abgelegenen Bergen?

Sie kommt aus einem Campus im Regenwald Afrikas. Aha. Und was macht sie da, wie kam sie da hin? Die Rückblende führt an den Frühstückstisch eines Ehepaars. Die Radieschen auf dem Frühstückstisch führen in einen tropischen Gemüsegarten und von da hinab in den Garten der Kindheit. Es mag angehen. Es mußte sodann und zweifellos auch das Leben in einem alten Missionshaus und als Lehrkraft an einem Theologischen College, seit sieben Jahren schon, beschrieben werden; die Ehe mit einem Kollegen; die Krise der Lebensmitte und die Suche nach einem Ausweg. Zuvor jedoch, in türkisfarbener Morgenfrühe, wartend auf den Landrover, beginnt es vor dem *Bücherregal* im Arbeitskabinett auszuufern: Erinnerungen an Leseerlebnisse eines Doppelstudiums reihen sich ins Unabsehbare. Es geht bis hinab in den Alten Orient. Auch drei Ölgemälde von eigener Hand werden beschrieben. Dazu Lehrerfahrungen mit den Studenten. Kurz und für das literarische Unternehmen gar nicht gut: aus dem Reiseroman wurde unversehens eine Art Autobiographie. Das Ziel der Reise wurde nicht erreicht.

Das im Geiste als Ganzes konzipierte zerbrach. Aus den Höhen der reinen Anschauung herabgefallen, aufgelesen und abgerundet, wurde manches davon eingefügt in andere Bücher. Einiges liegt noch herum. Es sind Scherben, schöne. Manche so schön wie die Symposion-Szene mit dem Lyraspieler, erinnernd an die anfängliche Inspiration.

Reise und Kenotaph

Vom Unvollendeten zum Unvollendbaren

Der erste Roman, Die Reise nach***, blieb unvollendet. Der Versuch, die Krise der Lebensmitte literarisch zu bewältigen, scheiterte sowohl am Vielzuausführlichen im Blick zurück in die Vergangenheit als auch und mehr noch am Unvorhersehbaren des damals Zukünftigen.

Das waren nicht nur die Lehrverpflichtungen eines letzten Jahres im Regenwald. Es war vor allem das Abenteuer der Lebensmitte während des *einen* Jahres im Grasland und der zweiten Reise nach ***. Ein drittes Moment kam hinzu. Es konnte zwar mit knapper Not noch die Roman-Kurve hinaus aus dem Regenwald und hinauf ins Grasland genommen werden. Das lange Unterwegssein erzwang indes einen Rückblick auf die bislang verbrachten Jahre im Regenwald. Es erforderte ein langwieriges *Ausschreiben der Tagebücher*. Hinzu kamen die Rückkehr nach Deutschland, ein Jahr weiterer Berufstätigkeit und die dritte Reise in das orplidische Dorf. An ein Weiterschreiben an der ersten Reise war nicht mehr zu denken.

Zu dem autobiographischen Unternehmen Das Kenotaph führte nicht das Scheitern des Reise-Romans, sondern der Wunsch nach einem Häuschen, einer ‚Eremitage' in dem Dorfe, in welches insgesamt sieben Reisen führten. Als die Erfüllung des Wunsches sich hinzog, begann im Oktober 1991 das Schreiben an einer Autobiographie in fünf Büchern ‚more geometrico' cum grano salis: Bögen spannen sich, ein Dreieck, Ellipsen und Fluchtpunkte figurieren für Orte und Zeiten. Dem Fluchtpunkt ‚Bücher und Buden' wurde eingefügt der ‚literarische Bildungsroman'. Aus der backsteinernen ‚Eremitage' wurde ein bislang 2000 Seiten unfassendes papierenes KENOTAPH, unvollendbar.

Ein Essay für Eva-Maria

Wie es zum ‚Raunen im Haselgehölz' kam

In einer komfortablen Dachwohnung am ruhigen Rande einer Stadt im süddeutschen Rebenlande begann nach der Rückkehr aus Afrika das Ausschreiben der Tagebücher: kostbares Rohmaterial aus zehn Jahren für den großen Roman der überschrittenen Lebensmitte. Die Reise nach*** war noch nicht aufgegeben. Es kam dazwischen eine Lektorin, und ein Großfeuilleton entstand. Es kam eine Studienfreundin: Könntest du nicht –?

Das vorgegebene Thema war utopisch: Das Paradies. Wo sucht es der Mensch, das paradiesvertriebene Wesen? Zu jener schönen Atelier-Zeit war das Paradies ein Bergdorf in der westafrikanischen Savanne: veilchenblaue Berge, Lehmhütten, Wasser vom Bach, Reis und Bohnen, Hühner und Ziegen – das einfache Leben.

Für Eva-Maria und einen Essay kam etwas derart Abseitiges nicht in Frage. Zur Verfügung standen jedoch – und damit begann das Zerbröckeln der Reise nach*** – das Abirren vor dem Bücherregal in frühe Leseerlebnisse. In Frage kam eine Auswahl , wo auf der Suche nach dem Paradies der Mensch, so Weib wie Mann, auf geraden Pfaden oder krummen Wegen ins Unglück rennt. Bisweilen auch auf Umwegen über eine Reise nach***.

Der neuzeitliche ‚pursuit of happiness' mag nicht dasselbe sein wie das antike Streben nach *eudaimonia.* Das Leiden am Leben, besonders ‚idiotisch' an Liebesleid, läßt es sich nicht zurückverfolgen bis in die antike Tragödie? Es rumort in alten Sagen und neuzeitlichen Dramen und Romanen, es raunt vor allem in der Lyrik.

Der erbetene Essay wurde geschrieben: eine Revue derartiger Leseerlebnisse. Für die vorliegende Spätfassung wurde der Titel geändert und nach einem Vorspann (Studium der Anglistik/Romanistik) Aragon an den Anfang gesetzt.

Von Aragon bis Euripides

Damals, um 1987, war die Frage: wo sollte das Erinnern beginnen? Sollte es zurück bis zum murmelnden Quell der Kindheit, zu Leseerlebnissen aus den Flüchtlings- und Hungerjahren im Thüringer Wald: Jung Siegfried etwa und der kaum begriffene Betrug an Brunhilde, oder zu Pinocchio und der merkwürdigen Feen-Stimmung? Eher doch wohl etwas später bei Storms entsagungsvollen Novellen oder mit Scheffels ‚Ekkehard', über den in der Unterprima eine Hausarbeit geschrieben wurde. Noch vor dem Abitur begegnete Dostojewskis ‚Idiot'. Byron, Keats und Shelley mischten sich dazwischen. Das ergreifendste Erlebnis der Jugendjahre jedoch war ‚Hamlet', Herbst 1953. Mit ihm wurde begonnen. Um 1958 dann: W.B. Yeats. Der Titel der Neufassung des Essays für Eva-Maria ist einem seiner Gedichte nachempfunden.

Nach dem Erlebnis W.B. Yeats und der englischen Romantiker beginnt die Neufassung mit einem Roman von Louis **Aragon.** ‚Aurélien', erschienen 1944 bei Gallimard, begegnete 1965, im ‚Jahr der roten Geranie'. Moderneres hat keinen Eindruck hinterlassen. Antik ist **Euripides'** ‚Hippolytos', gelesen sehr viel später, trotz früher Beschäftigung mit Racines ‚Phèdre'. Nach Aragon ergab sich (während des Theologiestudiums) ein Abstieg in den wiederentdeckten Alten Orient. Die sumerische Gottheit Inanna eignete sich sowohl für das, was die Lektorin wünschte, als auch für eine Monographie, nicht jedoch für das, was Eva-Maria entsprach. Ihr wurde zugedacht Europäisches. Zugedacht wäre ihr auch die Neufassung, könnte eine Unglückliche es noch zur Kenntnis nehmen.

Der Essay für Eva-Maria war geschrieben worden in einem Stil, der nach dreißig Jahren und dem Schreiben von siebzehn Büchern überholt ist. Die Neufassung ist vor allem eine Anpassung an den Altersstil.

Überblick

Die Verwertung der Bruchstücke der Reise nach *** beginnt mit dem Beitrag zu einer 1988 erschienenen Anthologie ‚zur Paradiesesthematik', geschrieben für Eva-Maria, überarbeitet und veröffentlicht dreiunddreißig Jahre später, die schönste der Scherben:

Ein Raunen im Haselgehölz. Revue früher Leseerlebnisse von Aragon bis Euripides.

Das Rascheln der Kokrotschen. Beschreibungen: ein Arbeitskabinett, ein Bücherregal, Studenten und *Didaskalia*. Das meiste wurde später in anderweitige Bücher eingefügt.

Das KENOTAPH. Kap. VI Bücher und Buden. Varianten und die Fünfte Etappe. Eine unvollendete Autobiographie.

Das Betrachten eines Triptychons. Malen als Therapie. Das Arbeitskabinett als Gemäldegalerie. Die Beschreibung dreier Ölgemälde. Miniaturkopien sind hinzugefügt worden.

Nyas am Morgen. Fünf Faszikel und die Muse in den Krüppelbäumen. Eine Sammlung aller übrigen Scherben, ebenfalls stilistisch übermalt.

Das ehrbare Abenteuer Afrika. Ein Versuch, die eigene literarische Produktion im Überblick darzustellen. Ins Internet gestellt und nach drei Jahren wieder entfernt.

Das Graienauge. Ein fiktiver Briefwechsel zwischen zwei Kusinen, beide mit abgeschlossenem Studium der Neu-Philologie; die eine Mutter von vier Kindern mit Eigenheim und Studienrat, die andere, spät verehelicht ohne Kinder, sechzehn Jahre Berufstätigkeit in Afrika und Autorin ungelesener Bücher. Ein Versuch, zu verstehen, warum.

Ein Raunen im Haselgehölz

Revue
früher Leseerlebnisse
von Aragon bis Euripides

Das Atelier 2020

Rückblick auf eine Mansarde
Damals, im Jahr der roten Geranie

Der Essay für Eva-Maria beginnt mit der Beschreibung eines Ateliers im Süddeutschen, vier Jahre nach der Rückkehr aus Afrika, im zweiten Jahre einer Beurlaubung aus unersprießlicher Berufstätigkeit, ‚um Afrika aufzuarbeiten'.

Der Überarbeitung voraus soll nunmehr, im Jahre 2020, wiederum der Blick auf ein Atelier vorausgehen: auf eine kleine Alterswohnung, ebenfalls unter Dachschrägen, ebenfalls in angenehmer Wohnlage, eine Poetenklause in bequemer Reichweite der größeren Gelehrtenwohnung des Ehegefährten. Hier sind in knapp zwanzig Jahren fünfzehn von siebzehn Büchern geschrieben worden und hier findet die Überarbeitung des Essays für Eva-Maria statt.

Die Überarbeitung (stilistisch: Vermeidung der 3. Person Singular und des entsprechenden Possessivpronomens) will einem neuen Untertitel (‚Von Aragon bis Euripides') gerecht werden und beginnt daher mit dem Roman ‚Aurélien' von Louis Aragon (1897-1982), verknüpft mit der Erinnerung an eine Mansarde im ‚Jahr der roten Geranie'. Eine kleine rote Geranie stand im Fenster der Mansarde, in welcher um die Mitte der sechziger Jahre des vorigen Jahrhunderts eine umfängliche romanistische Dissertation über Aragon, Malraux und Camus entstand. Man war (tagsüber) zu zweit. Der eine schrieb von Hand, die andere tippte ab in die Schreibmaschine. Die rote Geranie sah zu. Aragons Roman war traurig-schön. Es war nicht das übliche. Es stimmte nachdenklich. - Euripides' Tragödie ‚Hippolytos', gelesen irgendwann nach 1980/81 während der Kehre weg vom Alten Orient und zurück zu den alten Griechen, ermöglichte einen Vergleich mit Racine. Von ‚Hamlet' 1953 an folgt die Chronologie einer lückenhaften Erinnerung an Privatlektüren und Studium.

Überblick

Das Atelier
Literaturerlebnis und Wissenschaft
Das Erlebnis W.B. Yeats

Bérénice und Aurélien	Louis **Aragon**
‚Hamlet' und ‚Der Idiot'	Shakespeare und Dostojewski
Penthesilea und Achill	Kleist
Isolde und Tristan	Gottfried/Wagner
Héloise und Abälard	Abälard und Rousseau
Mathilde de la Môle und Julien Sorel	Stendhal
Phädra und Hippolytos	Racine und **Euripides**
Die Princesse de Clèves	Madame de Lafayette
Candida	G.B. Shaw

Es überschneiden sich zwei Chronologien.
1. Nach Vorwegnahme der englischen Romantiker und W.B. Yeats folgt Aragons Roman ‚Aurelien'. Vom Theatererlebnis ‚Hamlet' 1953 bis zu Shaws ‚Candida', um 1963, geht die Erinnerung der ungefähren zeitlichen Abfolge nach. Die Lektüre von Euripides ‚Hippolytos' (auf deutsch) erfolgte irgendwann um 1985.

2. Die Chronologie der Dichter/Schriftsteller (mit Héloise und Mme de Lafayette sind nur zwei Frauen unter ihnen) geht von Aragons ‚Aurélien' (1944, deutsch 1961) *zurück* bis zu Euripides' ‚Hippolytos' (um 430 v. Chr.) im Vergleich mit Racines ‚Phèdre' (1677).
Es folgt die 2020 überarbeitete Fassung des Essays für Eva-Maria von 1987.

Das Atelier

Blondgebeizt und geräumig überragt es die umliegenden Gärten der Vorstadt. Durch das große Dachfenster flutet und wandert das milde Licht der Septembernachmittagssonne und vergoldet im Vorübergleiten das bronzefarbene Medaillon im Nachtblau des Wandteppichs über dem altersgrauen Sofa. Bücher türmen sich in Hochregalen, und die Schreibmaschine steht bereit.

Nach langen Jahren in Afrika eine heimatliche Bleibe, süddeutsch, Neubau in ruhiger Randlage, dem Lärm und den Abgasen der Stadt entrückt. Blick in den Himmel und hinüber zu Feldern und Rebenhängen: das Unverhoffte, das Nahezu-Ideal. Eine wahrhaft inspirative und großzügige Klause zu schreibfroher Klausur. Der ideale Ort für den Neubeginn auf höherer, auf literarischer Ebene, parallel zu einer akademischen Karriere des Ehegefährten, den es nach Berlin verschlagen hat. Das gemeinsame Abenteuer der Lebensmitte, unten am Äquator, es ist bestanden.

Zwei Schritt jenseits der Lebensmitte, im Rücken lange Jahre Berufstätigkeit im Regenwald Westafrikas und nun, ehelich abgesichert, ein paar Jahre Beurlaubung: Grund und Ursach, sich gelassen mit dem Gefühl zu befreunden, daß wesentlich Neues an Ereignis und Erlebnis kaum noch zu erwarten ist. Der Blick wendet sich zurück auf alles Bisherige, Gehabte und Erlebte.

Ein Schreib-Atelier also: eine Insel zum Sichbesinnen. Was soll über die Tasten der Schreibmaschine und überdauern, wenigstens eine Weile? Was ist bereits vorhanden, was soll noch werden? Soll ich mich noch einmal ablenken lassen vom exotischen Abenteuer der Lebensmitte? Eva-Maria, vielseitig interessiert, promoviert und habilitiert, wünscht einen Essay zum Thema ‚Paradies' – was habe ich zu bieten? Wen interessiert Afrika? Lese-Erlebnisse also aus dem eignen Kulturkreis: auf der Suche nach dem Glück.

Literaturerlebnis und Wissenschaft

Die Bücherregale ragen zu beiden Seiten des nachtblauen Wandbehangs; das bronzefarbene Rautenmedaillon öffnet sich. Herfür treten eine Frage und eine halbe Ahnung. Waren es nicht Bücher, die verführten? Waren Bücher nicht mitschuld an nur halb gelebten Studienjahren, verschleudert an eine Literaturwissenschaft, die imstande war, zu zerstören, was durch Kindheit und Jugend hindurch an Literatur-Erlebnis gehortet worden war? Der rückwärtsgewandte Blick gleitet auf und ab an den Regalen: *des âmes faites papier.* Leben und Erlebnis aus zweiter Hand. Dennoch und *faute de mieux*: Erlebnisse. Bildungserlebnisse, verleitend zu dem Wunsch, des eigenen Lebens *aventiure* gleichfalls ins Literarische zu reduzieren durch Aufnahme von sinn- und formgebenden Elementarteilchen.

Literaturwissenschaft und Literaturerlebnis: fallen sie nicht auseinander wie Vernunft und Offenbarung? Das Studium hat trübe Erfahrungen beschert. Was lieb und teuer war, hat sich indes retten und in Sicherheit bringen lassen, als offenbar wurde, was in den Proseminaren mit Shelley und Keats geschah. Mit verkrümmter Seele und trockenem Hirn dazusitzen und die mühsamen Analysen über sich ergehen zu lassen, mit welchen die Westwind-Ode zu völligem Abflauen und die Nachtigall zum Verstummen gebracht wurden - wer sollte das und wie lange ertragen! Wer wollte, mochte sich Hamlets Melancholie zerreden lassen von Seminargeschwätzigkeit. Warum hingegen soll gelehrter Besserwisserei ausliefern, wem Wesentliches längst als Offenbarung zuteil geworden war?! Germanistik, Anglistik, Romanistik: wähle das eine oder das andere: Du wirst es bereuen. Du wirst ein Schein-Studium absolvieren. Und die eigenen Daseinskrisen zu bewältigen haben ohne Literatur und Wissenschaft. Manches vom Selbsterlesenen freilich könnte bleiben: krisenfest, ein *ktäma es aei.*

Das Erlebnis W.B. Yeats

Von Byron-Shelley-Keats nach Innisfree

Auf Germanistik also war von vorn herein verzichtet worden, um Schiller und Goethe zu retten vor dem Zerredetwerden. Beide geliebt und gelesen aus freien Stücken; Dramen und Balladen des einen, des anderen Liebeslyrik bis tief in die moschusduftenden, hafisseligen Gefilde des West-Östlichen Divans hinein. Zu Herzen ging die idealisch hohe, resignative Gedankenlyrik Schillers, ‚Auch ich war in Arkadien geboren'. Ehrfurchtsvoll der Aufblick an der Klagemauer standhafter Entsagung. Begriffen, wie das Wissen und die Trauer um Tod und Vergänglichkeit zusammengehören mit griechischem Sinnenglück. ‚Auch das Schöne muß sterben' - nicht Schuld, sondern Verhängnis. Es prägte sich ein und blieb, ein elegischer Grundton des Lebensgefühls. Germanistik also nicht.

Anglistik als harmlosere Alternative, wenngleich auch in der Sprache Shelleys und Keats' bereits viel an Literaturerlebnis zugefallen war: Romantisches am Rande des Tragischen. Die Scheiterhaufen von La Spezia, ein Tod in Missolunghi, die Gräber an der Cestiuspyramide in Rom, sie stimmten überein mit dem großen Odenrauschen von Nacht und Westwind, Herbstnebel und Melancholie. Das Wetterleuchten scheiternden Strebens nach einem Absoluten war um den Dichter und seine Helden, wenn vor gestirntem Alpenhimmel *Manfred* seine verbotene Liebe beschwor und *Childe Harold* das Mittelmeer umsegelte in Spenser-Stanzen. Dazu Mond- und Marmorphilosophie, rankend um Hirtenknaben und eine attische Vase, um Liebe, Kunst und Vergänglichkeit: alle die großen Themen des Weltschmerzes und der Sehnsucht nach dem Absoluten. ‚The desire of the moth for the star…'

Die Anglistik von Tiliapolis bescherte als erstes Beowulf im Urzustande und greuliche Grendelgeschichten.

Die Romanistik fuhr weithin im gleichen Fahrwasser. Man verbiß sich in Sprachwissenschaft, suchte keltische Wurzeln im Vokabular der Bienenzucht, und das Eigentliche vegetierte am Rande. Da Streben nach Glück, verknüpft mit Leiden mancherlei, blieb im Bereich der schönen Literatur weiterhin und weithin eigener Wilderei überlassen. Rousseaus ‚Nouvelle Héloise' immerhin kam eines Semesters vor, regte an zu sorgfältiger Arbeit und bekam eine gute Note. Wo aber blieben, auf der Ebene von Goethes Werther oder Hölderlins Hyperion, Mussets ‚Nuits' und Nervals ‚Desdichado' – ‚Je suis le Ténébreux, le Veuf, l'Inconsolé' / Le Prince d' Aquitaine à la tour abolie'?

Die Spur der Verknüpfung von Liebe, Leid und Literatur, sie zieht sich durch alle gebildeten Sprachen. Die Verhinderung von Glück, kompensatorisch ein Kunstwerk nach sich ziehend, bestätigt eine alte Triebverzichtstheorie. Das Unglück der Liebe und die Kunstkleinode, die daraus entstanden; ‚things of beauty' und ein Glück für immer, sie alle hätten das Licht der Dichtung nicht erblickt ohne die Versagungen der Aurores und Augustas, der Susettes und Charlotten. Und wunderbarerweise ergab sich dergleichen bisweilen auch andersherum. Hätte das tugendhafte Fräulein von Droste-Hülshoff ihren Dioskuren bekommen und ihren ‚Tiger Giselheer' die erotisch umherzigeunernde Lasker-Schüler, es wären viele schöne und tiefe Gedanken nicht gedacht und die entsprechenden Gedichte nicht geschrieben worden. ‚Ich bin dein Wegrand / Die dich streift / Stürzt ab.' ‚Das Leben ist so kurz, das Glück so selten / So großes Kleinod, einmal sein statt gelten.' Es prägte sich ein und hielt sich durch. Längs und quer durch alle literarischen Gattungen zieht sich das Thema; es drängt sich geradezu auf. Was Wunder, daß auch die eigene Primanerlyrik davon nicht unberührt blieb. ‚Du jedoch der du vor allen / Träumen tief und dunkel warst...'

Das Ineinander von Leben und Dichtung ergriff und ernüchterte besonders und vor allem bei **W.B. Yeats**. Als noch Unbekannter begegnete er früh und zufällig, in einem tiefen Sessel am Kamin sitzend, weißhaarig, aufgenommen wenige Jahre vor seinem Tod (1939), ausgestrahlt um 1958 nebenan bei den Nachbarn, wo man bisweilen zuschauen durfte. (Oder mußte, als wenig später unvermutet ‚Nuit et brouillard' gesendet wurde.)

Yeats' sparsam andeutende Lyrik regte die Vorstellungskraft an. ‚The light of evening, Lissadell': umgeben von anglo-irischem Herrenhauslusxus ‚two girls in silk kimomos, both / Beautiful, one a gazell.' Man erliest sich die Realien, und die Vorstellung nimmt genauere Konturen an. Mythisch verklärter Freiheitskampf vermischt sich mit dem Unglück der Liebe. Maud Gonne, die berühmte Kämpferin für die Unabhängigkeit Irlands, widersteht dem Werben des Poeten; vermutlich ist er ihr ist zu poetisch verträumt.

Was folgt? Wieder einmal bringt das Unglück der Liebe Literatur hervor, Poesie von kristalliner Transparenz. Wieder einmal kann einer die Umworbene nicht haben, möchte ihr die sternengestickten, zwielichtdurchwirkten Damaste des Himmels unter die flüchtigen Füße breiten – aber ach, er hat nur seine Träume -

, I have spread my dreams under your feet;
Tread softly because you tread on my dreams'.

Oder

‚I bring you with reverend hands
The book of my numberless dreams
White woman that passion has worn
As the tide wears the dove-grey sands.'

Da ist die jahrelang schwelende Glut ausharrender Hoffnung, und eines Tages der Rückzug ins Ordentliche und Ordinäre: eine andere geheiratet, Kinder gezeugt, den Nobelpreis erhalten. ‚Cast a cold eye / On life on death…'

Ein ernüchterter Blick fiel auf das bürgerlich-solide Ende einer großen romantischen Liebe. Etwas wie Enttäuschung deutete sich an. Wenngleich doch etwas überlebt hat vom Unglück der Liebe: die Gedichte. Es mochte bisweilen sogar den Anschein haben, als sei dieses Unglück nicht nur zu schönen Worten kristallisiert. Es fühlt sich mitunter an, als sei es hinübergeflutet in Landschaftsmetaphysik. Etwas wie Zivilisationsmüdigkeit breitet sich aus und eine Sehnsucht, die sich erst nach Innisfree, dann nach Byzanz und schließlich ins Okkulte begibt, um dort zu enden, wo sie herkam: im keltischen Mythos.

Das Inselidyll ‚Innisfree' verfolgte bis nach Afrika. Der einmalige Versuch, das Gedicht afrikanischen Studenten nahezubringen, führte ins Unzumutbare. Auf die Frage, wo die Tutorin sei, konnte der Fragende fortan und bisweilen statt ‚Sorry, I don't know', die augenzwinkernde Antwort erhalten: ‚She has gone to Innisfree'.

Tauflimmern, Grillenzirpen, ein Seufzen im Schilf; *ein Raunen im Haselgehölz*. Meer und Sterne rauschen ineinander, eine durchsichtige Kühle breitet sich aus, Glück und Unglück umarmen einander… Das Raunen im Haselgehölz, was will es letztendlich besagen? ‚Die Welt ist tief / Und tiefer als der Tag gedacht?' Der gestirnte Himmel, sofern sich unbewölkt seine Tiefen öffnen, vermag er nicht bisweilen etwas zu offenbaren, das einer Ahnung vom Sinn menschlichen Daseins nahe kommen könnte?

W.B. Yeats beeindruckte so tief, daß der Wunsch aufkam, sich angelegentlicher mit Person und Werk zu beschäftigen und damit zu promovieren. Das war zu der Zeit, als ‚Geistesgeschichte' am Auslaufen war und mit transatlantischen Vorgaben der *New Criticism* auch für deutsche Universitäten verbindlich wurde. Man analysierte fortan keine Dichterseelen mehr und ihre zeitgebundenen Gegebenheiten, sondern die *Struktur* literarischer Texte.

Bérénice und Aurélien

Aragons Heldin und der goût de l'absolu

Eine kleine rote Geranie stand im Fenster der Mansarde, in welcher um die Mitte der sechziger Jahre /.../ Die rote Geranie sah zu. Aragons Roman war traurig-schön. Es war nicht das übliche.

Mitten im Krieg, im besetzten Frankreich, war ein Liebes- und Verzichtroman entstanden. ‚Aurélien' ist 1944 in Paris erschienen, wo der Autor auch bei der ‚Résistance' mitmachte. Das war wohl gut. Der Roman ist besser.

Die Heldin heißt ‚Bérénice', wie die antike Prinzessin bei Corneille und Racine, die aus Staatsräson auf den Kaiser Titus verzichten muß. Ein Zitat aus Racines Drama findet sich gleich auf der ersten Seite: ‚Je demeurais longtemps errant dans Césarée'. In der deutschen Übersetzung des Romans: ‚Ratlos irrte ich lange / In Cäsarea umher...' Der Vers fällt dem Titelhelden ein im Verlaufe eines inneren Monologs, der darüber nachsinnt, warum die Begegnung mit der Provinzlerin ihn beschäftigt. Erster Satz des Romans: ‚Als Aurélien Berenice zum ersten Male sah, fand er sie ausgesprochen häßlich. Sie mißfiel ihm geradezu.' Ein Haken, an dem der Held hängenbleibt.

Bérénice. Zu Anfang der zwanziger Jahre kommt sie aus der Provinz nach Paris, um bei Verwandten Ferien zu verbringen. Hier begegnet ihr der vom Weltkriegtrauma verstörte, im vergnügungssüchtigen Friedensalltag der *happy few* vor sich hinbummelde Aurélien. Die kleine Provinzlerin irritiert ihn. Er meint, sie müsse zu haben sein wie jede andere, zumal Promiskuität zum guten Ton gehört in den Künstlerkreisen, die Held und Heldin frequentieren. Doch die unscheinbare Bérénice zeigt sich erotisch verstockt. Sie bleibt ihrem einarmigen Apotheker-Ehemann zwar nicht treu (mit einem jungen Musikus die Ehe zu brechen bereitet ihr keine Gewissensbisse) - warum entzieht sie sich diesem Aurélien, der ihr nachstellt und den sie liebt? Warum? Weil sie nur eine unter anderen wäre. Weil ihr ein *goût de l'absolu* eigen ist. Der *amour passion* verinnerlicht sich im Verzicht. Er perenniert wie ein abgehauenes Haselgehölz, das von neuem ausschlägt. Bérénice geht zurück in ihr Provinznest und lebt neben ihrem unbedeutenden Mann vor sich hin in der Erinnerung an das unerfüllte Glück einer absoluten Liebe.

Der ferne Geliebte heiratet schließlich, zeugt Kinder, geht ehrbarer Arbeit nach und vergißt Bérénice. Da kommt der Zweite Weltkrieg. Der fast Fünfzigjährige wird Soldat zum andern Male. Zufällig in ihrem Dorfe in der Provence einquartiert, trifft er Bérénice unverhofft wieder. Sie und ihren Mann und dessen Geliebte. Glückliches Wiedersehen? Aufflammen der alten Liebe? Verlegenheit breitet sich aus, inmitten allgemeiner Rührung ringsum: man weiß von der unerfüllten Liebe. Der eine möchte die alte Flamme neu entfachen; die andere hat resigniert und redet von *résistance* (Frankreich hat kapituliert, Pétain ‚kollaboriert'). Die Welten klaffen auseinander. ‚Mein lieber Aurelien...' Es klang, als habe sie zu einem Toten gesprochen.'

In einem Fahrzeug, durch die Nacht gesteuert in einer Gegend, wo die Deutschen am Vordringen sind, sitzen die ehemals Liebenden, nunmehr ‚faux amants', nebeneinander. Man gerät in einen Stoßtrupp und getroffen von Maschinengewehrsalven stirbt Bérénice lautlos.

‚Das Licht fiel auf die /.../ beiden falschen Liebenden. /.../ Ihre Augen waren halb geschlossen, ein Lächeln lag auf ihrem Gesicht, das Lächeln der Unbekannten aus der Seine...Die Kugeln hatten sie durchbohrt. Die tödlichen Einschüsse liefen wie eine Kette um ihren Hals.'

Das ist vielleicht etwas nahe am Melodrama. Das Ende wirkt verworren, sentimental und brutal. Aber Bérénice stirbt glücklich, wenn man dem Lächeln glauben darf, das der Romancier auf das Gesicht der Toten malt. Es mag

Kitsch sein für den besseren Geschmack. Aber liegt nicht über allem derartigen Glück ein Hauch von Kitsch? Der Schatten einer Idealisierung, der süßliche Fäulnisgeruch überreifer Empfindung? Es bleiben Fragezeichen. Ob Marmor oder Gips – es ist nicht zu entscheiden. Bérénice jedoch stirbt glücklich: es läßt sich nachempfinden. Auch wenn das Glück einer Träne im Ozean weltgeschichtlichen Unheilsgeschehens gleicht.

'Aurélien'. Gelesen im Jahr der roten Geranie, als in einer Studentenmansarde die Ergebnisse romanistischer Forschungen aus einer winzigen Handschrift in ein Typoskript übertragen wurden. Das war im Jahre 1965.

Es ergaben sich späterhin Nachklänge. 'Einsam irrte ich lange…' tauchte auf und begleitete ziellose Spaziergänge durch die stillen *beaux quartiers* von 'Bethabara', im Frühsommer 1973. Die Verfilmung von 2003 mit Olivier Sitruc und Romane Bohringer ('Die Unbekannte aus der Seine') mutet zwiespältig an. Bérénice ist gut und richtig dargestellt; Aurelien hingegen wirkt 'irgendwie daneben'.

Hier folgt ein nachträglicher Einschub in den ursprünglichen Essay für Eva-Maria: Theatererlebnisse aus den Jahren des Studiums in 'Tiliapolis.'

Anschließend soll das Erinnern der zeitlichen Abfolge des Lesens und Erlebens nachgehen, wohl auch nachstolpern, denn eine genaue Chronologie der Lektüren hat sich der Erinnerung nicht eingeprägt. Einzig das Theater-Erlebnis 'Hamlet' vom Herbst 1953 und das Fürst-Myschkin-Leseerlebnis vom Sommer 1955 sind genau datierbar. Datierungen der übrigen, in Erinnerung gebliebenen Lese- und Theatererlebnisse wären vermutlich in den Tagebüchern jener Jahre zu finden, vor allem der Studienjahre in Tiliapolis, 1957 - 64. Danach zu suchen würde indes zu viel kostbare Lebenszeit kosten.

Theatererlebnisse

Aufbewahrte Theaterkarten belegen siebzig Theaterbesuche. Es wären über achtzig, würden Doppelt- und Dreifachbesuche mitgezählt. ‚**Don Giovanni**' sah ich viermal.

Mozarts Oper schenkte eine Arie, die im Herzen widerklang: ‚Nur ihrem Frieden weih ich mein Leben'. Die ersten Takte des Champagnerliedes (der Schauspieler ein Abbild von Slevogts d'Andrade!) waren vor dem Abitur dilettantisch auf dem Klavier geklimpert worden. Das Erscheinen des steinernen Gastes gab Mörike recht.

‚**Hoffmanns Erzählungen**' von Jacques Offenbach, ebenfalls mehrmals genossen, prägte einzelne ‚Nummern' bis zum Nachsingen ein: Klein Zack (‚Dann erst das Gesicht und diesen Züge!), der Puppe Olympia Koloraturen, des Poeten Ekstase: ‚O welch ein selig Feuer!' (‚O Dieu de quelle ivresse') und, natürlich, die Barkarole - ein Melodienrausch, ein berauschtes Nachsingen in einsamen Stunden.

Suppé, **Boccaccio** - hinreißende Melodien zu hingerissenem Nachsingen (‚Florenz hat schöne Frauen, die schönste bist du') frivol-heiteren Lebensgenusses (‚Hab ich nur deine Liebe, die Treue brauch nicht').

Eine Szene in Shakespeares **Maß für Maß** beeindruckte so sehr, daß ein Gedicht entstand: Darüber, wie es Lord Angelo, den Sittenstrengen und Keuschen, packt beim Anblick Isabellas, der jungfräulich Gottgeweihten. Es lag allein am Schauspieler, der das Gepacktwerden so eindrucksvoll ausspielte, daß es wie ein Funke übersprang.

Dostojewskis **Die Dämonen**, in einer Bearbeitung von Camus, sah ich im Jahr vor dem Staatsexamen. Was da über die Bühne ging, verwirrte gründlich. (Den Roman hatte ich noch nicht gelesen). Das Begreifen blieb zurück hinter dem faszinosen Eindruck, den eine Hauptfigur mit Namen Stawrogin machte. Ausgegossen wie sein Hohn lag er da in weißem Hamlet-Hemd auf einem grünen Sofa…

‚Hamlet' und ‚Der Idiot'

Shakespeare und Dostojewski

Zu Beginn der langen Nacht der Adoleszenz stand auf einer Provinzbühne einer oder etwas mit unabsehbarem Ende – an schauspielerischen wie an existentialen Interpretationsmöglichkeiten. Noch in diesen späten Jahren begegnet im Internet eine sehens- und bedenkenswerte, bislang unbekannte, eine russische Leinwandvariante…

Nach Jung-Siegfried, dem stolzen Knab; nach Teja, dem Tapferen und Winnetou, dem edlen Wilden, war Hamlet der erste Held, der eine Ahnung von Seelenverwandtschaft abseits kindlicher Bewunderung und schwärmerischer Verliebtheit weckte. Vor oder neben dem Unglück der Liebe gab es das umfassendere Unglück des Scheiterns an der Übermacht der Reflexion und am verpaßten Kairos.

Es widerfuhr im empfänglichen Alter zwischen sechzehn und siebzehn. Es begegnete ohne Vorkenntnis auch nur einer einzigen Zeile Shakespeare. In der Provinz gab es eine Volksbühne; eines Tages stand ‚Hamlet' auf dem Spielplan, und im November trat er auf als Inkarnation des eigenen Daseinsgefühls.

Es stand dieser Hamlet auf der provisorischen Bühne des Festsaals einer benachbarten Irrenanstalt, denn das Stadttheater lag in Trümmern und das Publikum war anspruchslos und dankbar in jenen Jahren. Es bekam vorgespielt, was sich gehörte: ohne die versnobten Eigenmächtigkeiten der Regie, die moderne Aufführungen verhunzen.

Hamlet also stand auf der Bühne, ganz in Schwarz, Samt und Seide, blond und schmal und ideal, die Stirn umwölkt, die Stimme spröde, und das Auge streute düstere Blitze umher. Er war so schrecklich traurig und so schrecklich bereit zum Sterben. Und als es an ein Fechten ging und die Rapiere gebracht wurden, zog er den hüftlangen Pagenrock aus, stand da wie entblößt in reinweißem Hemd mit flatternden Ärmeln, und am Halse der weite Kragen war offen und gab ihn preis. So bloß und hell stand er da, und neigte das Haupt so zur Seite und schloß die Augen einen Herzschlag lang als nehme er den Tod vorweg. Da löste sich etwas vom eigenen Sein, zögerte einen Augenblick im Niemandsland zwischen den Identitäten, umkleidete sich alsdann mit Hamlets Sein und Scheitern und litt die Last des Unsagbaren zu Ende.

In jenen Tagen, und wochen- und monatelang noch, fanden sich im Innersten alle die Gedanken und Stimmungen wieder, die da in glänzendes Schwarz gekleidet auf der Bühne gestanden hatten. Die Monologe, wenige Male nachgelesen (Schlegel-Tieck, ein Reclamheftchen; eine Gesamtausgabe Urtext erst viele Jahre später) sprachen sich alsbald auswendig vor sich hin. Es schlich umher, ganz in Schwarz, weltschmerzumdüstert. ‚Ekel, schal und flach und unersprießlich' schien das ganze Treiben dieser Welt, und einfach wie das Schlafen schien das Sterben. Wie traumwandelnd durch Tage und Wochen hin wiederholte sich ein von Reflexion gelähmtes Leben; das tödliche Zögern, das Buhlen mit des Lebens Unzulänglichkeiten durch die lange Nacht der Adoleszenz hindurch – eine Schwermut, die zum Sterben warm und wohlig war, durchzuckt von Ausbrüchen ätzender Ironie und bissigen Witzes. Nachempfunden und nachgespielt das ganze elegische Pathos, so steil und so schmal, aufgebäumt und zurückgebogen in schrecklichem Lachen; das Flimmern des Wahnsinns im Helldunkel zwischen Verstellung und Wirklichkeit...

Dieser Hamlet war ein Doppelgänger. Ein Spiegelbild war er, ein Medium der Selbsterkenntnis. ‚Nehmt alles nur in allem: ich werde nie mehr seinesgleichen sehen.' Hamlet beherrschte das Nachempfinden allein. Alles andere war nebensächlich. Ophelia wirkte eher störend. Es war in Ordnung, daß sie zu den Nixen und Fischen ging. Hamlet allein überlebte wunderbar.

Er überlebte so, wie er damals auf der Bühne gestanden hatte: jung und schmal und nordisch-blond; ganz in Schwarz und dem Tode schon anheimgegeben. Es kam nie wieder zu einer Identifikation wie jener im Herbst 1953. Der Schauspieler, dessen Name und Person damals nicht interessierten, sei hier genannt: Kurt Müller-Graf.

Es hat beeindruckt später der Film mit Lawrence Olivier. Was dem Internet an weiteren Variationen zu entnehmen ist, hat in diesen vorgerückten Jahren kein Interesse geweckt – mit einer Ausnahme: die russische Verfilmung mit Innokenti Smoktunowski.

Nur noch einmal berührte ein weiterer Held der Weltliteratur von ferne in ähnlicher Weise: das war im Sommer 55 Dostojewskis ‚Idiot'. Die Lektüre und die Gestalt des ‚armen Fürsten Myschkin' war imstande, abzulenken von Gefühlsverwirrungen, die sich im Klassenzimmer der Unterprima ergeben hatten. Wieder war da ein Zögernder, freilich nicht von des Gedankens Blässe, sondern von des Herzens Mitgefühl Angekränkelter. Ein Leidensbereiter sanfterer Art; frömmer, eine mönchische Seele, durch Krankheit geläutert, verwundbar durch Mitleiden. Ein reiner Tor, der mit den Frauen nicht zurechtkommt, weil er es zu gut mit ihnen meint. Ein Heiliger, der Unheil anrichtet unter ihnen, die ihm zufallen, ihn anfallen und zum Einsturz bringen, in endgültige Umnachtung hinein. Ein Weltfremder, ein Eigentümlicher, ein ‚Idiot' fürwahr: einer, der an das Gute im Menschen glaubt. Eine reine Flamme. Einer, an dessen Leidensbereitschaft zwei Frauen gegensätzlichen Typs auf je eigene Art irre werden.

Von den russischen Verfilmungen, spät entdeckt im Internet, sind die Fragmente mit wiederum Smoktunowki mimisch am eindrücklichsten. Die TV-Serie mit Jewgeni Mironow ist sehenswert, vor allem der Nebenrollen wegen. Der Held selbst wirkt etwas blaß und eintönig.

Penthesilea und Isolde
Kleist und Gottfried/Wagner

Die einzige weibliche Identifikationsfigur während der Jahre, da Hamlet dem Lebensgefühl entsprach, war das diametrale Gegenteil des Melancholikers aus dem nebligen Norden (und ein sagenhafter Kontrast zu der mitleidsvollen Märchenfee aus ‚Peterchens Mondfahrt'). Unter mediterranem Himmel ritt sie heran, ‚Unbehelmt, voran der Hundemeute / Den Köcher an der bleichen Mädchenhüfte': so unbesonnen-aggressiv, so pathologisch fixiert auf das Objekt erotischen Begehrens und Hassens: Penthesilea.

Kleists Drama ließ scharfe Spuren zurück, Spuren von Metall, von Krallen und Zähnen. Hier war sie: das undomestizierte Weib unzensierter Jungmädchenträume, stolz, keusch und grausam; *parthenos adesmos*, eine Schwester der Artemis-Diana, der Großen Jägerin, die das weite Draußen durchstreift, die Wälder und wilden Fluren, die Mondsichel über dem Scheitel, dem flatternden Haar, die Mädchengöttin, die sich nicht rauben läßt, der kein Kore-Schicksal beschieden ist, die weder Haus noch Herd bedarf und keinen Mannes Haupt über sich duldet.

Penthesilea freilich, Amazonenkönigin, ist sterblich und muß den Stamm fortpflanzen, ohne die Gynaikokratie zu gefährden. Der Mann als Mittel zum Zweck muß erobert und überwältigt werden mit Waffengewalt; der Begatter muß sterben. Das hatte etwas für sich. Woher kam die frühe Faszination durch Heldenweiber? Bei den alten Germanen, im Nibelungenlied, war es Brunhilde, die Walküre, die mit Speeren und Felsbrocken um sich warf im Wettkampf mit den burgundischen Recken. Dieselbe die, von Siegfried, dem Ebenbürtigen, getäuscht und betrogen, ihren Königsgemahl Gunther in der Hochzeitsnacht überwältigt und in den Rauchfang hängt zu allgemeiner Sekundanergaudi. ‚Wâfen, sprach dô Hagene /waz hat der künic ze trût!'

Penthesilea, weltenweit entfernt von der groben Komik solcher Nibelungen-Episoden, hinterließ ein zwiespältiges Hochgefühl. Die Begegnung zweier Ebenbürtiger: das kriegerische Weib / der Mann der Männer - warum mußte das tragisch enden? Was war's, das beider Seelen so gewittrig stimmte? Was ging vor im Herzen einer Ungebundenen, so reif für das Glück und so blindwütig verwirrt, daß sie des wehrlosen Mannes Verwirrung nicht wahrnehmen kann und vernichtet, was sie liebt? Und was, wenn die Besinnung wiederkehrt? Selbstvernichtung als Logik einer hypertrophen Leidenschaft. War das archaisch-barbarisch oder war das auch 19. Jahrhundert, Nachwehen von Sturm und Drang, Genie und Wahnsinn ineinanderblendend? Was war es, das da so wild um sich schlug in der Phantasie des Dichters? Fragwürdiger noch: warum konnte eine introvertierte Achtzehnjährige sich so mühelos einfühlen?

Vieles blieb unbegreiflich, bloßem Starren und Staunen vorgestellt. Denn hier, wo keine Standesschranken das mögliche Glück verunmöglichen; wo auch der Kulturunterschied – hier Barbarin, hier Hellene – nur Akzidenz ist, hier tauchen im Mythen- und Sagengewande, in kyklopischer Monumentalität aus Seelenschächten, unauslotbar, urweltlich-ungeheuerlich die Ambivalenzen des Eros. Im Unberechenbaren zwischen Weib und Mann erhebt der Dämon elementarer Haßliebe ein rosenbekränztes Medusenhaupt und verwirrt der Liebenden Sinn ins Blutrünstig-Abgründige hinab. Wo hatte dieser Kleist das her?

Penthesilea: ein *tremendum fascinans*, widersprüchliche Empfindungen bündelnd. Eine Apotheose des absoluten Gefühls, die Grenzen jeder noch so großzügigen Moral sprengend. Ein Gegenstand auch des Entsetzens, nicht etwa nur geheimer Bewunderung. Die Bewunderung für das Undomestizierte hatte Grenzen. Gleichwohl war es möglich, daß der Schatten Penthesileas auf die linienzarten Umrisse des Kleinen Prinzen von Saint-Exupéry fiel…

Es waren innerhalb solcher Grenzen Penthesilea-Gefühle und entsprechende Attitüden nicht fremd. Der Zwiespalt griff zum Dolch, immerhin nur in Tagträumen und mit Kohlestift auf dem Papier. Das eine Mal. Das andere Mal freilich kam es zu Worten hin und her, auch auf dem Papier, aber darum nicht weniger, eher noch hemmungsloser verletzend. Die wildem Hunde des Sarkasmus, der Zynismus einer frühreifen, sich überlegen dünkenden Illusionslosigkeit, sie wurden losgelassen, unbesonnen und erbarmungslos, auf Annäherungen, in welchen die Gefahr der Realität drohte oder zu drohen schien. Es galt, eine empfindsam-poetisch-romantische Innerlichkeit zu verteidigen gegen die Ansprüche einer Wirklichkeit, die banal und kleinkariert erschien. Die äußere Ungebundenheit nicht nur, auch die inneren Seelengemächer sollten frei von dergleichen bleiben. Damals. Dreißig Jahre später stand der abgeblaßte Schatten Penthesileas von ferne und schüttelte das ergrauende Haupt. Nach weiteren dreißig Jahren sitzt die Erinnerung schlohweiß vor dem Computer und einem halben Jahrhundert gemeinsamem Leben. Der einst, als ‚Achill' verkannt, blindlings-böse angegangen wurde, geht als stiller Gelehrter zum Bäcker und holt Brötchen.

Wie weit ist der Weg von Penthesilea zu **Isolde**? Wie ernst war das Moralische im Blick auf Leidenschaft hier, Ehe da und im einstmals geheiligten Sinne? Es ergab sich ein Widerspruch. An einer merkwürdigen Ungerührtheit nämlich, allenfalls an einem skeptischen Stirnrunzeln, zog das klassische Ehebruch-Liebespaar aus keltischen Sagenzeiten vorüber, Oper und Epos entstiegen. (Gottfried von Straßburg nicht gelesen, Wagners Wunderwerk nur in Auszügen von Schallplatte gehört.) Die Gestalten erschienen in diffusen Umrissen, gehüllt in dichte Schwaden nebulöser Gefühle und Wertvorstellungen, deutlichere Konturen gewinnend erst durch die später hinzugelesenen Analysen von Denis de Rougemont. Die romantisch verschleierte, ekstatisch gefeierte und schließlich reuelos gesühnte feudale Ehebruchsaffäre blieb eine ferne, eine dubiose Mär. Und selbst die Musik. Was da zu hören war an Violinsehnsüchten und Orchesterorgien: es ließ sich nicht vorbehaltlos genießen. Möglicherweise standen im Hintergrunde gewisse Autoritäten, Pathos parodierend, kritische Grimassen schneidend, störend auf jeden Fall. Gewiß stand da monumental ein großer Topos: Liebe-stark-wie-der-Tod; ehrfurchtgebietende Tragik in der Verknotung von Schicksalsmacht und Triebdynamik; Schuld und Verhängnis unauflöslich ineinander verwoben. War der Zaubertrank nicht ein sinnreiches Symbol für die Unwiderstehlichkeit und Fatalität der Begegnung? Und dennoch.

(Als im weitläufigen Flur einer Poliklinik, damals in ‚Bethabara', über die Köpfe der übrigen Kursteilnehmer hinweg der vage Schatten Tristans zuwartete und erst trank, als eine ferne und reichlich harmlose Abart von Isolde den Plastikbecher zum Munde hob, da war der überspringende Funke ein Bildungsvorsprung. Im Becher war ein Polio-Impfmittel, und der eine wie die andere mochte sich der Parodie bewußt sein. Und im Einverständnis. ‚Verschweigen wir, was uns verwehrt ist…')

Tristan und Isolde: tragische Verstrickung im antiken, Furcht und Mitleid erregenden Sinne. Es entzog sich dem christlich-bürgerlichen Moralzentimetermaß.

Dennoch. Nachdenklichkeit mochte sich nicht hinreißen lassen zu Bewunderung oder gar Identifikation. Nachdenkenswert erschien jedoch der episch breit und dramatisch hoch aufgerichtete Scheiterhaufen der Hindernisse. Denn nicht zum Scheitern schien er aufgerichtet. Im Gegenteil. Es waren die Hindernisse offenbar notwendig, um der Liebenden Leidenschaft von immer neuem zu entflammen und fortlodern zu lassen. Begreiflich, daß der Absturz in den Tod die einzig sinnvolle Lösung sein mußte.

Mit dem Liebestod Tristans und Isoldens ist der Moral Genüge getan. Die Ehe als Institution wird ernstgenommen. Der Tod der Liebenden hingegen kann als ‚Rechtfertigung' im altehrwürdig religiösen Sinne verstanden werden: als Sühne. Ein solcher Tod ist Erfüllung in einem tieferen und höheren Sinne als es eine idyllische Grotte im Walde, als irgendein Liebesparadies sie hätte gewähren können. Denn eine solche, im wörtlichen Sinne *fatale* Leidenschaft hätte ungehemmt auf längere Zeit hin nicht überleben können. Sie wollte es auch nicht.

(Nein, sie wollte sich auch nicht hinabstürzen von dem Felsabsprung, dort und damals in den Vogesen. Aber abseits der anderen und nahe am Abgrund zu stehen, beide, in dem Wissen, daß es eine solche Möglichkeit gäbe, ist es nicht bereits ein Gemeinsames? Rein im Geiste und im Schweigen, ohne die geringste Geste in Richtung einer Grenzüberschreitung – und doch fließt etwas wie ein Strom von Elektronen hinüber und herüber, sehr hoch oben, auf gleichem Bildungsniveau. Und wenn es der Dritte, der eigentlich der Erste und Einzige ist, erfährt, weil es nicht das Geringste an Geheimnis geben soll, dann denkt er an ‚Le Bonheur' und an die Frau, die ins Wasser geht. Wenngleich nicht das Geringste, kein Wort, kein Blick, keine Geste – aber eben: etwas wie ein Strom von Elektronen...)

Als tragisches Liebespaar, schuldig-unschuldig, sind Tristan und Isolde unsterblich. Als Ehepaar wären sie unvorstellbar. Peinlich oder langweilig. Das war intuitive Erkenntnis, damals, und als solche ein *ktäma es aei* unter anderen. Das Liebesglück, der erotische Rausch vom Typus Tristan und Isolde, ist nicht gedacht und nicht gemacht für die Ansprüche, die Allgemeinheiten, das Durchhaltevermögen in den Banalitäten des Ehealltags. Es ist kein Glück auf Dauer. Das Glück, das sich dem Rauschtrank Brangänes verdankt, ist ein episches und opernhaftes. Es ist ein Versehen. Verhängnis und Schicksalsschlag.

Héloise

Abälard und Rousseau

Es war in jenen Jahren das Große Latinum noch eine Zierde und ein Muß für Neuphilologen. Man mußte nicht nur seinen Cäsar (Gallia omnis divisa est in partes tres) und seinen Sallust (Omnis homines qui sese student praestare ceteris animalibus…) und natürlich auch Cicero gelesen haben (Quo usque tandem, Catilina...) Als Romanist hatte man dazuhin wenigstens noch eine Übung in mittelalterlichem Latein vorzuweisen. Es fügte sich, daß eines Wintersemesters Abälards *Historia calamitatum* und zwei Sommer später Rousseaus *Nouvelle Héloise* das akademische Menü bereicherten. Das eine war mühsam zu lesen, das andere lohnte sich für eine Seminararbeit.

Die Unglücksgeschichte der beiden Mittelalterlichen mutet merkwürdig modern an. Es ist, als schreibe da eine Romantikerin vom Typ Caroline oder eine neuere Emma-Emanze. *Et si uxoris nomen sanctius ac validius videtur, dulcius mihi semper extitit amicae vocabulum.* Abgesehen davon, daß es keines Zaubertranks bedurfte, wenn ein Professor der Dialektik, aetate provectus, und eine junge, intelligente Frau, neunzehnjährig, zusammen Studien obliegen, nicht vor schwarzer Wandtafel, umgeben von zwanzig Mitschülern, sondern zu zweit allein im Kabinett des Onkels Kanonikus, dann ergibt sich alles übrige von selbst.

Das merkwürdige Verhältnis von Leidenschaft und Hindernissen führt auch hier zu der Frage: Wie wäre es weitergegangen, wenn des Onkels Wut den Kleriker nicht zu endgültigem physischem Verzicht gezwungen hätte? Wären die beiden als normales Ehepaar auf Dauer miteinander glücklich geblieben? Von Kloster zu Kloster flammte das Wetterleuchten der Leidenschaft, wachgehalten durch erzwungenen Verzicht (und auch nicht neutralisiert und aufgehoben durch ein Kind, heimlich entbunden und Verwandten überlassen). Hätten sie, die clam furtim Verehelichten, ihre Ehe vor aller Welt (und zum Nachteil eines gelübdebrüchigen Gelehrten) führen dürfen oder müssen: wie lange wäre das leidenschaftliche Verlangen nach einander lebendig geblieben? Ist es nicht, als bedürfte die Liebe des Unglücks, um sich ins Unüberwindliche und Dauerhafte zu entfalten? Nach vielen Umbettungen liegen sie seit 1817 steinern vereint auf dem Friedhof Père-Lachaise.

Rousseaus Briefroman ‚Julie ou **la nouvelle Héloise'** von 1761: Höhepunkt des französischen Briefromans im 18. Jh. und darüber hinaus der Romanliteratur überhaupt. Was ist neu an der ‚neuen' Heloise? Sie gibt sich nicht bedingungslos der Leidenschaft hin, sie wappnet sich, wie auch der Held seinerseits, mit Vernunft. Zum Konflikt zwischen Leidenschaft und Vernunft kommt der Standesunterschied. Der Held ist bürgerlicher Herkunft, die Heldin gehört dem Adel an. Zur epistolarischen Analyse der Leidenschaft kommt hinzu eine Pflicht- und Tugendmoral. Dann gibt es aber in der Schweiz an einem See einen Leukadischen Felsen: ‚La roche est escarpée, l'eau est profonde, et *je suis au désespoir*.' Erfolg der Drohung: das erste nächtliche Rendez-vouz. Danach: ‚Mon ami, je suis trop heureuse. *Mon bonheur m'ennuie'*. Wer wollte die Tiefe der Einsicht überbieten! – Später: Schuldgefühle und ein tugendhaft-bitterer Verzicht; ein Unfall, der Tod, die Weltreise. In vieler Hinsicht sicherlich ergreifend, in manchem langatmig. Und ansonsten? ‚Sehr intelligentes Referat mit Blick für alle wesentlichen Punkt der Fragestellung. Sehr reife Leistung.' Das war im Sommersemester 63, wenige Wochen vor einem Nervenzusammenbruch, Auszug aus der Mutterwohnung und Krankenhausaufenthalt. Ein kleiner bunter Puzzle-Elefant kam ratenweise in Briefen. Das eine, das not war, es kam in bescheidenem Kleinformat.

Mathilde de la Môle
Stendhal

Es kam die Zeit der Pflichtlektüren. Unter anderem Stendhal, Le rouge et le noir. Es kam um die eine Ecke die Frage: Warum wird das Unglück der Liebe tragisch erst in höheren Schichten der Gesellschaft? Wegen der Fallhöhe. Nun gut. Aber warum besonders dann, wenn der Fall eine Frau betrifft, die, wie die neue Heloise, dem Mann, den sie liebt, gesellschaftlich um einige Zentimeter überlegen ist? Wenn der Prinz sich in das Aschenputtel verliebt und das schlichte Kind aus dem Volke emporhebt zu seinem Thron, so ist das ein erbauliches Märchenmotiv. Wenn umgekehrt die Prinzessin sich in den Schweinehirten verliebt, so ist das schon um einiges pikanter. Der Schweinehirt ist jedoch und natürlich ein verkleideter Prinz. Wenn hingegen die Königin sich in ihren Stallknecht verliebt, oder Lady Chatterley sich mit dem Wildhüter ihres kriegsbehinderten Gatten einläßt, so war das einst ein Skandal und wurde verboten. Heute ist es ein Film, (es gibt der Verfilmungen bereits sechs und manches ist Geschmackssache).

Um die andere Ecke kam keine Frage, sondern die Erinnerung an Victor von Scheffels ‚Ekkehard'. Eine jung verwitwete Herzogin und ein gelehrter Mönch, der in seiner Einfalt viel zu spät merkt, was ihm da an hochherrschaftlicher Neigung zuteil wird. Man liebt an einander vorbei. Und wieder wird das Unglück literarisch, natürlich auf Seiten des Mannes, des entsagenden Mönchs, der in einsamer Alpenklause das Waltharilied dichtet.

Stendhals Salonroman um Mathilde de la Môle und den Aufsteiger Julien Sorel ist ein weit raffinierteres Psycho-Schachspiel als Scheffels einfaches Grundmuster. Da sind nun einerseits wieder Standesschranken aufgebaut, andererseits stehen sich Ebenbürtige gegenüber: die gelangweilte und überspannte Aristokratin nimmt es auf mit dem ehrgeizig-raffinierten Plebejer aus der Provinz. Das romantisch verzwirbelte Fräulein de la Môle wittert das extraordinäre erotisch-heroische Abenteuer mit dem Mann ihrer Träume: wagemutig muß er sein und den Kopf hinhalten, ein Held nach berühmtem Vorbild.

Der kühl und korrekt, nahezu arrogant zurückhaltende Privatsekretär ihres Vaters verspricht ein exquisites Abenteuer. Sie wird ihn aus dem Staub seiner Herkunft emporprovozieren, wofern er ähnliches riskiert wie sie selbst.

Da bleibt auf einen zweiten Blick die Romantik doch auf der Strecke. Dieser Emporkömmling, dieser Taktiker des Gefühls und Napoleon von Kupidos Gnaden; dieser Salon- und Schlafzimmerpirat: wie er das extravagante, literarisch hochgezüchtete Abenteuergelüste der Demoiselle mit exaktem Kalkül provoziert, frustriert und schließlich befriedigt: es erscheint fast noch ungeheuerlicher als Penthesileas Liebesirrsal. Zwischen Mathilde und Julien gibt es nichts Spontan-Elementares mehr. Nicht aus Leidenschaft, gar aus triebhaft Überhitztem kommt das Unglück. Es kommt aus dem intellektuell Unterkühlten, aus dem künstlich-und-fein Zubereiteten. Die Empfindungen sind literarisch vorstilisiert, die Seelenregungen rational ziseliert, die Affekte sorgfältig durchdacht, einstudiert und kaltblütig vorgespielt: *amour-passion* als Labor-Experiment. Was geschieht, wenn? Der andere ist Mittel zum Zweck, den jeweils eigenen Traum zu verwirklichen. Mademoiselle de la Môle braucht diesen Julien, um aus ihrer blasierten Salonwelt hinaus und in ein extravagantes Abenteuer hineinzukommen. Julien wiederum verlegt den Klassenkampf avant la lettre und cum grano salis ins Bett. Glücklich darf das alles nicht enden, weil es ja sonst wieder langweilig würde. Es endet also auf dem Schafott.

Da hat sie, Mathilde, schließlich ein Kind im Schoß und das verhüllte Haupt des Kindsvaters auf den Knien. Er hat es hingehalten - aus Unbedacht? Um sich und seinen Idealen treu zu bleiben? Geliebt hat er am Ende und im Grunde ja wohl doch: die andere, Unkomplizierte, Mütterliche, Madame de Rênal. Aber das interessiert weit weniger: eine bürgerlich-banale Ehebruchsgeschichte.

Psychologisch ist das erotische Schachspiel Mathilde de la Môle – Julien Sorel gewiß hochinteressant. Zurück bleibt dennoch ein Gefühl des Ungenügens. Eine Irritation. Held und Heldin sind und waren von den Helden eigener jugendlicher Traumspiele zu weit entfernt. In die Heldin zwar wäre Einfühlung in einer gewissen Richtung durchaus möglich: auch die eigenen jugendlichen Vorstellungen von so etwas wie *amour-passion* waren literarisch vorgeprägt – gewesen. Das Außerordentliche. Das Nichtalltägliche. Angesiedelt freilich auf einer sehr viel naiveren Ebene und sicherlich nicht mit solcher Blasiertheit am Frühstückstisch. Diese Mathilde war auf eines nicht erpicht: auf banales Glück. Sie suchte das Besondere. Sie wollte *was Aparts für sich*. Und fand es im provozierten Unglück.

Es macht nachdenklich. Wäre der *amour-passion* seinem Wesen nach eine *coincidentia oppositorum*? Der Volksmund hat sich diese Weisheit schon längst zusammengereimt. Der Liebende ermißt nur im Leiden das Maß seiner Liebe und des unmöglichen Glücks. Das Glück aber - was ist's? Etwas wie ein Regenbogen, über Abgründe gespannt. Wo das Glück den Boden berührt, zerfließt es. Es wird grau und langweilig. Oder es kommt unter die Räder wie das Glück der Anna Karenina.

Nachtrag 2020. Le Rouge et le Noir: kein Wunder, daß die Filmemacher sich darauf gestürzt haben. Ein Wunder hingegen: das kühl-beherrschte, nahezu minimalistische Spiel von Nicolai Jeremenko in der russischen Verfilmung von 1976. Wohltuend verhalten und leise andeutend, wo die italienische Variante (mit Kim Rossi Stuart, 1997) in Bettszenen schwelgt, auf die manche unter den Zuschauern gerne verzichten würden. Es wird gar zu langweilig.

Phädra und Hippolytos

Racine und Euripides

Mit zunehmenden Jahren wurde zunehmend interessanter eine Gestalt aus der unerschöpflichen Quelle griechischer Klassik, (oder, so man Wert auf Präziseres legen will: der ersten Nachklassik). Bei Racine ist die Tragödie nach der Heldin benannt, bei Euripides nach dem Helden.

Racine war Pflichtlektüre. Und das war nicht in Brocéliande, sondern in Büchel hinterm Berg, wo im Sommer 1961 ein Semester ausfiel und ein Blümchenbrief geschrieben wurde. (Das nur zur Erinnerung an das Zeitgerüst. Es war vor Rousseau.) Wörtlich im Gedächtnis blieb ein Vers, die Klage Phädras, der die Sinnmitte der Tragödie zu enthalten schien: *C'est Vénus toute entière à sa proie attachée*. Es war, statt versehentlich getrunkenem Liebestrank, der Zorn der Aphrodite, der personalisierte und divinisierte Trieb, dem sich der ethische Wille des Opfers vergeblich entgegenstemmt: Götterspruch, Fatum.

Als erstes nachvollziehbar und begreiflich wurde der Racin'schen Phädra Eifersucht auf die Geliebte des Geliebten. Wem wäre das ,grünäugige Ungeheuer' aus den Tiefen irrationaler Besitz- und Ausschließlichkeitsansprüche nicht vertraut? Das Gefühl der Vernichtung, das Versinken ins Nicht-sein, wenn Sein heißt: In-Beziehung-sein. Es bläht sich auf zu einem Riesenleguan, der mit gepanzertem Schwanz alle Sterne vom Himmel fegt und die Sonne verschlingt samt dem Mond. Alles Glück des Daseins wird erwartet von einem Du - und du, du trittst meine Sehnsucht in den Staub / und ich bin wie gefallenes Laub/ das unterm Regen liegt und vermodert. Kann ich dich nicht haben, sollst du auch keine andere kriegen. Hippolyt kommt um. Phädra nimmt Gift und gesteht ihre Schuld. Aricie wird von Theseus adoptiert. So weit Racine. Mit Aricie ergibt sich ein gewöhnliches Eifersuchtsdrama.

Bei **Euripides** gibt es keine Aricie. Der antike Tiefenpsychologe weiß besser, was mit dem Amazonensohn los ist. Die Tragödie heißt daher ‚Hippolytos'. Euripides weiß, wie das Unglück zustande kommt, die gottgewollte Vergeblichkeit erotischen Verlangens. Es ist der Zorn der Aphrodite, die Phädra als Mittel zum Zweck benutzt, Hippolytos zu strafen – weswegen? Was hat er verbrochen? Er hat der Jagdgöttin Artemis geopfert, aber nicht der Aphrodite, obgleich ein Greis ihn warnte.

Am Altar der Artemis opfert ein Mönchischer. Nein, kein verklemmter Asket; kein Selbstverschnittener mit schwülen Phantasien und auch kein Homoerotiker. Ein Freischweifender und rein sich selbst Genügender ist der Amazonensohn; ein Geweihter der Artemis. Er folgt der jungfräulichen Göttin der Jagd; sie ist seine Freundin. Er hat keine Lust am Weibe – und am Manne auch nicht. (Prinz Hamlet sagt es von sich anders herum.) Der spröde Hochmut der *virginitas* – ist er noch zu begreifen? Ist Jungfräulichkeit beim Manne nicht noch staunenswerter als beim Weibe? Es zieht an, wenn Partikel einer solchen psychosomatischen Verfaßtheit in den Labyrinthen des eigenen Selbst kursieren. Eine mondene Männlichkeit, eine zurückweisende Kälte und Klarheit, ein gänzlich vergeistigter Eros. Kann er nicht bisweilen weit stärker wirken als die raffinierteste Verführung ins Gewöhnliche?

Hippolyt also ist – der Ausdruck läßt sich nicht vermeiden – er ist keusch. Und sich dessen leider ein wenig zu hochmütig bewußt. Es ist diese Keuschheit weit entfernt von Verklemmtheit und mürrisch-muffiger Wohlanständigkeit. Sie ist hell und frisch wie die Wiesen der Artemis, kühl wie ihre Jagdgründe. Eben dies wird Phädra an ihrem Stiefsohn zur Versuchung und zum Verhängnis.

Das ist doch seltsam. Zorn der Aphrodite hin oder her. Gewiß muß da eine Gottheit den Verächter ihrer Allmacht strafen, und sie fordert der Opfer sogar dreie. Aber erklärt die Hybris des Hippolyt letztlich nicht nur Vorletztes? Daß Phädras Verlangen geweckt wird von Hippolyts Eros-Scheu – bleibt es nicht letztlich Rätsel und Wunder?

Ist Hippolytos' Empörung moralisch bedingt? Überwiegt nicht der Abscheu, ein instinktiver Widerwille? Er wäre vor *jedem* Weibe zurückgewichen. Oder hätte das Alter eine Rolle gespielt? Bei Euripides mochte Phädra kaum älter als der Stiefsohn sein, vielleicht sogar jünger. Wird es einfacher oder komplizierter, wenn einer älteren Frau die Rolle der Verschmähten und Gedemütigten zuteil wird? Wenn Hippolyt zwanzig und Phädra vierzig wäre? Die alternde Frau, der es ein Jüngling angetan hat... Hier würde die ‚Unnatur' bewirken, daß Hippolyt zurückscheut, von Ekel mehr noch als von Verachtung oder moralischer Empörung übermannt. Wäre damit das ‚Artemis-Phänomen' nicht ähnlich bereinigt wie bei Racine, nur seitenverkehrt? Statt der Reize einer jungen Aricie, der Abscheu vor einem alten Weibe?

Phädra wäre anzulasten: ein Übermaß an Leidenschaft und ein Mangel an Vernunft. Sie ist keine weise ergrauende k. und k. Feldmarschallin, die beim Blick in den Spiegel weiß, daß es zu spät ist. Die Gemahlin des Theseus weiß immerhin, was sie ihrer gesellschaftlichen Stellung, ihrer Ehre schuldig ist. Sie will ja eigentlich nicht, wozu ‚es' sie treibt. Sie beklagt ihre ungehörige Leidenschaft. Sie will lieber sterben als mit einem hoffnungslosen Verlangen leben. Die Amme hält sie davon ab. Nein, eine freche Buhlerin ist Phädra nicht; sie ist nicht Potiphars lüsternes Weib. Und auch die fürstliche Langeweile im Palast zu Trozen dürfte nicht, wie ein großer Gelehrter und Interpret meint, schuld sein an der Verwirrung der Gefühle. ‚Es' bleibt ein unbegreifliches *brutum factum*, mag man es verabscheuen als niederen Trieb oder erschaudernd verehren als *omnipotentia Veneris*. Erst als die Amme das Geheimnis erraten und verraten hat, ist alles verloren.

Verloren, weil der Geliebte und Begehrte sich maßlos empört und angewidert abwendet. Selbst wenn ein edelmütiger Jüngling das schändliche Geständnis nicht auf offener Bühne ausposaunt (er wird es, gebunden durch einen vorweg geleisteten Eid, vor Theseus verheimlichen und damit des Vaters todbringenden Fluch auf sich ziehen) - das Gefühl, in den Abgrund der Verachtung gestoßen zu sein, hätte dieser Phädra kein Weiterleben ermöglicht.

Aber warum Rache durch Verleumdung? Etwa, weil alles so schnell über die Bühne gehen muß und für Besinnung, keine Zeit bleibt? Keine Zeit, die Leidenschaft hinzuziehen und zu verdünnen; sie stückweise zu zerfühlen; sie zerbröckeln zu lassen in kleinen Gelegenheiten. Die Zeit drängt, und nun ist es nicht Aphrodite, die da, um mit Racine zu reden, wütet wie ein Raubtier, ihr im Nacken sitzt wie die Löwin der Antilope – es ist der verletzte Stolz einer kretischen Prinzessin, der ein Weiterleben verunmöglicht. Der Beleidiger muß sterben, und sei es durch Verleumdung. Daß am Ende sie selbst, die sich selbst gerichtet hat, durch göttliche Intervention als die Schuldige dasteht – daliegt als Leiche – ja, das ist halt so. Eine Art höherer Gerechtigkeit? Es ist nicht des Weibes angeborene Schändlichkeit, wie Hippolyt in berühmter Schmährede dartut (‚Zeus, warum mußtest du das Weib erschaffen? Ein Übel ist's...'). Es ist die Rache der Aphrodite.

Diese Phädra wollte am Ende nur noch sich selbst los sein. Sich und ihre *passion inutile.* Es ist wie ein großes Wasser, das über Vulkangestein in die Tiefe stürzt und zerstäubt. Durch das Rauschen klang es wie hämisches Meckern der Himmelsziegen, die da weiden in sicher umzäunten Tugendgefilden. Vielleicht hatte Phädra sich umbringen müssen zur Erbauung aller ältlichen Eheweibchen, die zu dergleichen Taten nicht mehr fähig wären, wenn durch ihr violett gestreiftes Abendrot ein letzter versprengter Strahl züngoldenes Jünglingsglück sprüht…

Die Princesse de Clèves
Eine, die weiß, warum

Madame de Lafayette ist neben Heloise die einzige Frau in der illustren Revue der hier abgehandelten Darsteller hoher Liebesleidenschaften von Aragon bis Euripides. Ändert das etwas am Blickwinkel oder an Einsicht?

Beim ersten Lesen (Pflichtlektüre) erschien das Unglück dieser Liebe am Hofe Heinrichs II von Frankreich unverständlich. Es war alles so ganz anders als bei Tristan und Isolde. Warum heiratet die edle Dame den edlen Herrn nicht, den sie doch liebt und der sie gleichfalls liebt? Warum nicht, nachdem einer *sanctificatio* und beiderseitig erwünschten *consummatio* nichts mehr im Wege steht? Die Prinzessin hatte doch, da ihr Gemahl noch lebte, aufs vortrefflichste Tugend und Treue unter Beweis gestellt. Als sie frei ist, Witwe geworden in allen Ehren, zieht sie sich zurück und will alleine bleiben. Der Geliebte muß weiter seufzen. Was sollte das?

Es gehe um Treue zu dem toten Gemahl, belehrt die Sekundärliteratur. Die edle Dame habe sich schuldig gefühlt am Tode des Gemahls, den sie schätzte, dessen Liebe sie jedoch nicht zu erwidern vermochte. Der Anstand, die guten Sitten hätten den Verzicht gefordert. Ja, tiefer und edler noch: des eigenen Herzens reine Bildung.

Hm. Könnte es nicht auch ein wenig anders gewesen sein? Eines späteren Tages rückte es näher und stellte sich als Frage vor: könnte im Hintergrunde nicht die Weisheit nachdenklich gewordener Leidenschaft stehen, die da ahnt: heirate ich den Ersehnten, dann ist das Beste vorbei. So lange sie einander nur von ferne bewundern und ersehnen, ist nicht nur die erhabene Tugendaura Racine'scher Helden um sie. Jenseits von Sitte und Anstand, ja jenseits selbst von edler Herzensbildung kommt vielleicht etwas hinzu, das den großen Verzicht zur weisen Entsagung macht.

Und das wäre? Ein romantischer Wunsch. Die Prinzessin möchte die immerdar Geliebte bleiben. Sie will den gespannten Bogen, von dessen Sehne der Pfeil nie fliegt. Sie weiß, daß die Erfüllung der Tod der Sehnsucht ist und bisweilen auch das Ende schöner Illusionen. Daß die unerfüllte Sehnsucht, statt solche Spannung auszuhalten, auch erschlaffen, rosten und verrotten kann, das will sie, obwohl sie es vermutlich ahnt, nicht wahrhaben.

In seltsamem Widerspruch zu der Prinzessin Überzeugung, daß jede Liebe in der Ehe erkalte, (sie expliziert es dem Geliebten in einer letzten Entrevue), steht und erscheint, daß ihr eigener Gemahl, der Herzog von Clèves, sie geliebt hat und an unerwiderter Liebe, vor allem aber an dem Geständnis, daß sie einen anderen liebe) an gebrochenem Herzen dahinsiechte und starb. Sie betrachtet ihn freilich als absolute Ausnahme. Die edle Dame ziert mithin die Liebe zweier edler Männer. Sie kann sich vom Hofe zurückziehen in ihr Landschloß, und den Rest des Lebens mit schönen und traurigen Erinnerungen verbringen. Kein Wunder, daß das gebildete Frankreich den Roman noch immer als eines seiner höchsten Kulturgüter schätzt.

Führt von der Princesse de Clèves ein geheimer Pfad durchs irische Haselgehölz zu Rilkes romantischer Glücks- und Entsagungsphilosophie? ‚Ach, in den Armen hab ich sie alle verloren…' Ist die Weisheit tief oder ein Sophismus des Gefühls? Es flimmert weiter und ins Abseits bis hinein in Philinens schnippisch-heitere Dreiviertelwendung hin zu und hinweg von Wilhelm Meister: ‚Wenn ich dich lieb habe, was geht es dich an?'

Was ging es dich an, Xenias, damals, als die Kastanien blühen rot und weiß vor den hohen Fenstern des altehrwürdigen Patrizierhauses, in dessen weitläufigen Fluren man sich verlaufen konnte, treppauf, treppab, die Stockwerke verwechselnd, im Labyrinth eines Frühsommers…

Candida
Shaw

Schließlich noch das Theaterstück eines Modernen, eines wie W.B. Yeats: aus Irland. Im guten alten Pongs (Herrmann Pongs: das Internet weiß alles!) steht nur der, welcher 1895 ‚Candida' schrieb. Der andere, der 1944 ‚Aurelien' schrieb, fehlt. Doch wohl nicht, weil er eine Zeitlang Kommunist war? Endete er nicht als Pessimist? G.B. Shaw also.

‚Candida' vermittelte tiefsinnig-melancholische Einsichten in zwei Spielarten des Glücks und der Liebe. Die kluge Frau des Pastors Morell weiß, daß die schöne, die traurig-wilde, wie von ungefähr hereingeschneite Dichterliebe des Jünglings Eugen, der ihr da zu Füßen liegt am ehelichen Kamin, daß sie den Ansprüchen und Gewöhnlichkeiten eines Ehealltags nicht gewachsen wäre. Sie weiß auch, daß diese noble, diese edle und generöse, die reine und unbedingte Leidenschaft, die sie ihrem hausbackenen Gatten abspenstig machen will, im Grunde egoistisch ist. Daß im Grunde nicht sie, Candida, gemeint ist, sondern das, was sie als Geliebte dem Dichter *bedeutet*.

Die kluge Candida weiß, daß die Liebe des Jünglings Eugen im Dienste einer anderen, anspruchsvolleren Dame steht – ‚O Muse, spectre insatiable!' Daher ihre Lebensklugheit es vorzieht, bei einem Moralprediger wie Morell zu bleiben, der zwar so penetrant den starken Beschützer spielt, im Grunde aber doch der Schwächere ist, weil er sie, Candida *pure and simple*, und nicht ihre poetische Inspirationskraft schätzt und liebt und ohne ihr häusliches Für-ihn-Dasein das Gleichgewicht und sich selbst verlieren würde. Ja, Pastor Morell liebt seine Candida. Er liebt sie mit einer durchschnittlich hausbackenen ehelichen Liebe, ohne poetische Glanzlichter, ohne idealistischen Höhenflug, mystischen Tiefgang oder tragische Akzente. Und dennoch, und daher – ja, was war von dieser Candida zu halten?

Das Unglück der Liebe ist einseitig angesiedelt in der Dichterseele des Jünglings Eugen. Daselbst ist es vom Glück poetischer Inspiration kaum zu unterscheiden. Das vorübergehende Unglück des armen Morell ist, moralisch betrachtet, ein wohlverdientes. Auch im Hinblick darauf, daß sein wiederhergestelltes biederes Glück sich auf die Dauer – vermutlich? – zurückverwandeln wird in das erbärmliche Behagen ehelicher Rechtsansprüche.

Candida hingegen, worauf verzichtet sie? Verzichtet sie auf Romantisch-Wunderbares, Stern- und Tränendurchfunkeltes? Auf den großen Atem der Freiheit und des Absoluten? Verzichtet sie auf Stürmisches oder auf – Windiges? Sie leidet offenbar nicht allzu sehr darunter, daß ihr edler Dichter und Ritter ‚hinaus in die Nacht' geht, um die Last seines Unglücks und den Preis der Inspiration allein davonzutragen. Hat diese Aufrichtig-Reine (*Candida*!) sich je vor einer Entscheidung gefühlt zwischen Ehemann und Liebhaber? Wenn dem so wäre, dann siegte neben ihrem warmen Herzen auch der gesunde Menschenverstand, der sich mit dem Spatzen in der Hand begnügt statt nach der Taube auf dem Dach zu hangeln…

Oder könnte es komplizierter sein? Wäre diese Candida im Grunde doch erotisch verwundbar? Sind ihre praktische Vernunft, ihre mütterliche Güte und weibliche Überlegenheit vielleicht und im Grunde nur die soliden selbstgeschmiedeten Käfigstäbe, hinter welchen, eingesperrt und flügellahm, andere, unvernünftigere Wünsche und Glücksvorstellungen sitzen und trauern? Ist diese Candida nicht gar zu brav, zu gutbürgerlich, zu moralisch? Wie nahe käme sie damit an Grenzen, an welchen Verlegenheit sich abwendet auf der Suche nach einer anderen Candida, die unvernünftiger wäre und beides will: den Spatzen in der Hand u n d die Taube auf dem Dach? Das eine in hausbackener Wirklichkeit, das andere in romantischen Träumen oder literarischen Variationen?

Der graue Spatz, der gemeine Haussperling (*passer domesticus*) in der Hand und auf dem Dach die perlweiße Taube (Symbol reiz- und gefahrvoller Göttinnen von Typ Ischtar-Aphrodite), sie wollen sich weder logisch noch praktisch kombinieren lassen mit der ernsten und verantwortungsvollen Hestia. Es ergibt sich ein Entweder-Oder. Aber handelt es sich um Widersprüche? Gibt es nicht eine dialektische Lösung, abgesehen von dreiwertiger Logik unter Einbeziehung der Zeit? Gibt es ein unglückliches Taubenglück, ein glückliches Spatzenunglück?

Die Lösung des Glücksproblems tschilpte einst der Spatz in der Hand ins hellhörige Ohr – leise, gar nicht frech, eher fromm; eine Losung, erlesen bei Louis Aragon, der beides gewesen war, Ehemann und Schriftsteller (also moderner als Eugen, der ‚Dichter'). Das weise, das einsichtige, das tröstende Wort galt der schriftstellernden und zeitenweise erfolgreicheren Ehefrau Elsa Triolet:

Il n'y a pas d'amour heureux
Mais c'est notre amour, à nous deux.

*

Ein Raunen im Haselgehölz

Nachgetragenes

Ein Haselgehölz am Wiesenrain, am Waldrand oder im Garten: unauffällig fast das ganze Jahr hindurch, auch zu der Zeit, wenn die Nüßlein reifen. Ein Blickfang nur, wenn im frühesten Frühjahr im kahlen Gezweig die gelben Kätzlein hängen und stäuben – Pollenflug in alle Winde. Große Vergeudung. Weniges fällt, Zufall, auf Winziges im Einhäusigen: auf Knospen, gekrönt von klebrig gezipfeltem Dunkelrot, daraus die süßen Nüßlein reifen.

Ein Raunen im Haselgehölz als Bild für das Unglück der Liebe in der Literatur? Das Bild ist der naturmystisch durchhauchten Liebeslyrik von W.B. Yeats nachempfunden. Es ist ein stillverschattetes Bild, (‚the shadowy hazel grove'), das sich ausmalen ließe: das Stäuben der Blütenstände ist der gleichen *omnipotentia Veneris* geschuldet wie das, was eine winzige Geste der Geliebten bewirken kann (‚you need but lift a pearl-pale hand /…/ and all men's hearts must burn and beat'), und die Nußbüschel, die Früchte großer *poiesis* reifen, um geerntet und gehortet zu werden im Thesaurus der Weltliteratur.

Es raunt im Haselgehölz, es rauscht im Blätterwald, in Lyrik, Drama und Roman. Das Unglück der Liebe, es gibt manch hartes Nüßlein zu knacken. (Ja, auch im Falle Hamlet, wenngleich nur nebenbei: ‚Ophelias Geist, mit Mohn bestreut…') Das Lesen, Nacherleben und Vergleichen mit eigenen Erfahrungen, es ging einst wahllos durcheinander. Es raunte in der Lyrik. Es wird bisweilen auch, in Mussets ‚Nuits' etwa, der Schrei der Verzweiflung hörbar. In Drama und Roman rauscht und kracht es. Blitze schlagen ein und Donner grollen. Es gibt Tote: Mord, Selbstmord und Hinrichtung. Es kann und soll nicht überhört, nicht überlesen werden. Aber es ist, im Rahmen eigener Leseerlebnisse, am Rande geblieben. Etwas derartig Gewalttätiges mochte auf der Bühne (Penthesilea, Phädra) oder im Roman seine Berechtigung und bisweilen auch sein lüstern-schauderndes Publikum haben. Isolde und Rousseaus Héloise blieben im Grunde fremd. Die Princesse de Clèves und Aragons Bérénice lebten und litten in sympathischerer Nähe.

Ein Raunen im Haselgehölz. Eine bisweilen als eigenartig empfundene Nähe der Empfindung ergab sich (und hat sich in Resten erhalten) zur Liebeslyrik W.B. Yeats. Was er zu sagen und zu klagen hat, wirkt gläsern, kühl und spröde, durchgeistigt von Himmels- und Meersweite als Zeichen und Hinweis auf Transzendenz. Es wirkt in manchem leiser und weiser als Rilkes bisweilen allzu gekonnt gereimte Entsagungsphilosophie.

Einem Raunen im Haselgehölz gleicht letztlich auch Aragons weises Reimlein: eine Liebe zwischen Mann und Frau, die nur aus Glück bestünde, gibt es hienieden nicht. Wichtiger und wesentlicher ist, daß auch im Unglück der Liebe – oder in der Alltagslangeweile einer Ehe – zwei nicht von einander lassen können oder wollen.

*

Das Rascheln der Kokrotschen

In den
Bücherregalen
eines Arbeitskabinetts
im Regenwald Westafrikas

Ungefüges und Stückwerk...

Nachdenken im voraus

‚Kokrotschen' – ? Weder im Brockhaus von 1957, noch im Großen Duden von 1981 sind sie zu finden; noch auch im allwissenden Internet von 2020. Warum? Es gab sie – inzwischen ist es lange her – in einem Arbeitskabinett in der Veranda eines alten Hauses im Regenwald Westafrikas, damals in den 70iger Jahren. Sie raschelten in den Bücherbeständen, fielen bisweilen auf den Bretterboden und verschwanden in den Ritzen.

Kokrotschen sind in Nachschlagewerken nicht zu finden, weil sie nicht heimisch sind in der deutschen Muttersprache. Sie stammen – *cockroaches* – aus einer Kolonialsprache, die ein Jahrzehnt lang von Berufs wegen gesprochen wurde. Eben damals im Regenwald. Von 1884 bis 1918 waren es ‚Kakerlaken' oder ‚Schaben' gewesen. Damit wäre die Ursache des Raschelns sprachlich geklärt. Sachlich ist nicht viel hinzuzufügen. Es gab der käfer- und spinnenartigen Mitbewohner in dem alten, vom Ende des 19. Jahrhunderts stammenden Hause im Campus von N. – nicht wenige.

Von Kokrotschen soll hier auf der Bildebene die Rede sein. Das Rascheln der blattplatten schwärzlichen Tierchen soll erinnern an das, worin sie raschelten: an den Blätterwald der Bücher, der mitten im Regenwald eine Art Enklave war, an deren Bildungsschätzen zwar nicht nur, aber doch vor allem, Die Reise nach * * * scheitern sollte.

Das Rascheln der Kokrotschen verbindet sich in der Erinnerung, die hier zu Papiere kommen soll, mit den Bücherregalen im Arbeitskabinett des einst von Missionaren erbauten Hauses in einem dörflichen Campus im Regenwald Westafrikas. Die Bücher und was sie an Leseerlebnissen in Erinnerung brachten, sie verhinderten ein Buch, das im Rausche einer Inspiration begonnen worden war und im Blätterwald der Leseerlebnisse verraschelte.

Ungefüge ist das Stück, das hier zusammengefügt wurde. Wie die daumengroßen schwärzlich-platten Fieslinge davonschlüpften, wenn sie zwischen einem Kompendium der Dogmatik und Bertrand Russells ‚History of Western Philosophie' (versehentlich falsch eingeordnet) oder zwischen Tillich und Przywara entdeckt wurden, so schlüpfte davon das Ziel der Reise nach ***, als (nach einem herkömmlichen Anfang medias-in-res) alles übrige nachzuholen war: die ‚Heldin', wer sie war, woher sie kam, was sie wollte und was eigentlich nicht – das Warum also und Wozu der Reise: vor den Bücherregalen im Arbeitskabinett geriet es in den Sog ausufernder Erinnerungen an Leseerlebnisse und das Ziel der Reise entschlüpfte. Was unter dem ‚Rascheln der Kokrotschen' zusammengefügt wird, ist weder inspiriert noch berauschend. Es ist ein Sichten, Ordnen und Überarbeiten dessen, was von Leseerlebnissen und Lehrerfahrungen erhaltenswert erscheint und zum Teil in das Erinnerungsbuch Nzab'ngen (2006) eingefügt wurde.

Überblick

Das Arbeitskabinett (Nzab'ngen I)

1. Das Arbeitskabinett in der Veranda
2. Das Philosophenregal
3. Anglistik/Romanistik
4. Aus deutschen Schatztruhen
5. ZEIT-Feuilleton
6. Kriegsliteratur
7.Theologie. Und Frömmigkeit

Didaskalia (Nzab'ngen II)

Das Pfarrseminar. Die Studenten
Englisch als Lehr- und Lernfach
Psychologie aus dem Handgelenk
Dogmatik und ‚Dogmatic Notes'

DIE REISE NACH ***

Das Arbeitskabinett

Nzab'ngen I

Vorweggenommen wird die Beschreibung einer Örtlichkeit als Rahmen für die Erinnerungen an Leseerlebnisse am Morgen der Reise. In Garamond wiedergegeben ist, was in **Nzab'ngen**. Erinnerungen an ein Schwellenjahr im Regenwald Westafrikas', BoD 2008, S. 63-65 veröffentlicht wurde.

Die roten Radieschen und die weißen Rettiche wurden eingepackt als Erfrischung für unterwegs und man erhob sich vom Frühstückstisch. An den graurosa Kerzendämmer des Wohn- und Eßzimmers grenzte die Düsternis von Isidors Arbeitszimmer. Von da gelangte man in das gemeinsame Schlafgemach und von da geradeaus in ein Draußen, das zugleich ein Drinnen war.

An der östlichen Schmalseite des Hauses war die ringsum laufende Veranda zu einer kleinen Räumlichkeit ausgebaut, die allen möglichen Bezeichnungen gerecht wurde: Kammer, Kabuff oder auch, vornehmer: Kabinett. An den Außenseiten deuteten dunkle Holzverkleidung, drei Türen und eine Fensterwand Innenraum an. Die vierte Seite, weißgekalktes Fachwerkgemäuer, erinnerte daran, daß hier eigentlich schon Draußen war. Die Ausstattung vermittelte dennoch das Gefühl, sich in des Hauses Innerstem zu befinden. Das Arbeitskabinett war sowohl Büro als auch Boudoir. Die Tür nach vorn, zur Anbauveranda, stand bei schönem Wetter sperrangelweit auf und ließ den Blick vom Schreibtisch her seitwärts schweifen. Ob da der Koch mit einer Frau aus dem Dorf um eine Ananas feilschte, Schülerscharen vorbeizogen oder im nahen Gästezimmer Fremde ein- und ausging: es mußte zur Kenntnis genommen werden. Die Tür stand auf nicht nur aus Belüftungsgründen (zu diesem Zwecke hätte sich die Tür zur hinteren Veranda öffnen lassen), sondern vor allem, um Studenten, die jederzeit das Recht hatten, eine Lehrkraft anzusprechen, rechtzeitig zu bemerken.

Das Arbeitskabinett war wohnlich ausgestattet und ein wenig afrikanisch dekoriert. Das Gemäuer zum Schlafzimmer hin war bis in Kopfhöhe mit rotbraun-sandbeige gemustertem Tuch bespannt, ein großzügiges Dekor: dicht an dicht gemustert mit kreisrund abstrakten Mondaufgängen, muskatfarben, kristallin gebrochen, streng und lieblich zugleich. Ein paar Wasserfarbengemälde von eigener Hand aus früheren Zeiten erinnerten an Heimat, die es eigentlich nicht gab. An dieser Wand entlang stand ein langes, halbhohes Regal, angefüllt mit einem Teil der Bücher aus den Seekisten, deren anderer Teil in einem Hochregal rechter Hand neben dem breiten Fenster Platz gefunden hatte. Neben der Tür zur hinteren Veranda stand ein hölzerner, mit Polstern belegter Sessel für Besucher. Er füllte die Ecke aus, in der anfangs ein dicker, vor Altersschwäche wackeliger Schrank gestanden hatte, der sich in die andere Ecke, neben der Tür zur vorderen Veranda, hatte verschieben lassen, ohne auseinanderzubrechen. Dahinein konnte alles das gestopft und verstaut werden, was keinen angemessenen Platz in den Regalen fand: Packpapier und alte Akten, Stoff- und Wollreste, Nähzeug, Bindfäden, verrostete Nägel. Das kubische Ungetüm war beinahe eine Müllablage. Es war, bei der weiten Entfernung zum WC, am Ende der Anbauveranda, zudem ein Verschlag zum Aufbewahren eines überaus notwendigen Nachtgeschirrs. Aber nicht nur dieser Schrank und sein eigentlich unaussprechlicher Inhalt machten das Kabinett zu einer Art Boudoir. Es stand ihm gegenüber, an der dunklen hinteren Schmalwand, eine Liege, eine schmale Holzpritsche, die, mit einer Matratze und bunten Decken versehen, notfalls Gästebett für eine Nacht sein konnte. Sie diente jedoch überwiegend als Bücherablage und als ‚Chaiselongue' – hier saß die Tutorin, wenn in dem Besuchersessel ein Student saß. Im Rücken kroch, dem Haussa-Händler Ali abgekauft, an der Wand entlang allerlei Getier des Graslandes: Chamäleon, Spinne und Schlange, weiß gestickt auf bordeauxrotes Tuch. Das Fenster, aus Quadratscheiben zusammengesetzt, zum Öffnen ungeeignet, ließ die Morgensonne, sofern Regen und Nebel sie nicht verhüllten, gegen halb sieben herein, wenn sie hinter dem nach Nordosten abflachenden Berg hervorstieg. Auch der Mond kam von dorten. Sonne und Mond und sonst niemand sah von draußen durch mürbe Gardinchen. Auch ein paar rostrote, goldgeblümte, mottenzerfressene Vorhänge hatten sich unter allerlei, von einer Vorgängerin nachgelassenen Resten gefunden. Vorsichtig befestigt und abends zugezogen, hielten sie zudem einen Teil des Wassers auf, das durch die Rahmenritzen drang, wenn der Wind den Regen, der vom Dache ohne Dachrinne strömte, gegen das Fenster drückte.

Der Tisch, auf dem die Ellenbogen rechts und links eines Buches eben noch Platz fanden, war der Ort, an welchem während eines jeden Trimesters der größere Teil der wochentäglichen Denk- und Schreibarbeit vonstatten ging. Hausaufgaben, Klausuren und Diplomarbeiten wurden hier gelesen, korrigiert, annotiert und benotet. Hier wurden Briefe geschrieben und Tagebuch. Während der ersten Regenzeit wurde hier an der Wissenschaft weitergestrickt. Und am unvollendeten ‚Epos' von 1973, ‚Bethabara'.

Nun war Dezember und Trockenzeit. Es war sieben Jahre später und frühester Morgen. Es dämmerte noch nicht. Der Berg, Bäume und Gesträuch standen schwarz zusammengedrängt im aquatischen Halbmondlicht. Es lohnte sich nicht, eine Kerze anzuzünden. Es ging darum, sich zu erinnern. Wo, in welchem Buch, war ein bestimmter blauer Umschlag verwahrt worden? Es erschien ratsam, etwas mehr - für alle Fälle, man konnte nie wissen - Geld mitzunehmen. Aber wo –? Fressen Kokrotschen auch angegammelte Banknoten? Sie könnten sie immerhin anknabbern…

In den Besuchersessel neben der Tür zur hinteren Veranda drapiert, die lang behosten Beine ausgestreckt, die Arme über die Lehnen hängend, begann das Suchen in den Labyrinthen des Gedächtnisses und in den Regalen. Wo war der blaue Umschlag?

In dem breiten Hochregal standen die Bücher nach Disziplinen geordnet, und deren gab es drei: Philosophie, Theologie, Schöne Literatur. Deutsch und Englisch durcheinander. Fließende Grenzen, gewiß, und doch auch ein gewisses Maß an Ordnung.

Die Gedanken schweiften entlang an den Umrissen und Andeutungen einer Topographie von etwas wie ‚geistiger Heimat'. Ein Arbeitskabinett und zwei Bücherregale als Heimat? ‚Heimat' in einem verinnerlichten Sinne, das war seit zweimal sieben Jahren - nun: *Tu mihi solus*... Daran änderte auch eine gewisse neuerliche Ratlosigkeit nichts. Heimat aber im eigentlichen und ursprünglichen Sinne? Ein Großelterngarten zwischen Liegnitz und Leuthen. Das war lange her und verloren. *Je suis sans pays natal*...

Je suis à la recherche. Auf der Suche bin ich nach etwas - etwas jenseits von Papier, Literatur und Wissenschaft. Etwas, das von ferne leuchtet und das heut abend, wenn der Abendstern blickt, nahe sein wird...

Nahe wird es sein und dieses Arbeitskabinett samt allem, was da dicht gedrängt und bisweilen durchraschelt von Kokrotschen in den Regalen steht, es wird - eine Weile? Für immer? Verschwimmen ins Überflüssige. Ist es nicht Luxus an diesem Ort? Hat es nicht allenfalls Symbolwert, Lehr- und Wanderjahre durch die Institutionen westlich-bürgerlicher Bildung dokumentierend? Lesejahre, Schätze sammelnd, seit eine Zehn- bis Zwölfjährigen in mehreren Tempeln und heiligen Hainen zugleich Götter und Helden entdeckte unter Germanen, Griechen und Indianern? Wo war alles, was sich hinzuerlesen und erlebt hatte, seit eine Sechzehnjährige an Hamlet gelitten und sich zehn Jahre später von Kierkegaard zu einem Zweitstudium überreden ließ, das unversehens *rite* in einen Beruf und schließlich in den Regenwald Westafrika geführt hatte?

Es nahmen sich die Bücher in den Regalen letztlich doch recht verwunderlich aus inmitten von Urwald und Elefantengras. Aber sie waren nun einmal da, trotz Schimmelpilz und Kokrotschen. Paraphernalien eines offiziellen Status'.

Nun aber stand unmittelbar bevor: das von langer Hand eingefädelte Reiseabenteuer. Die Reise nach * * *.

Das Philosophenregal
Unterwegs zu Kierkegaard

Der luftpostblaue Umschlag – wo war er? Man mußte da wohl mal entlangleuchten, um der Erinnerung nachzuhelfen. Im schwachen Lichtkegel einer Taschenlampe – es herrschte noch violettes Morgenzwielicht – streifte der Blick entlang an Namen und Begriffen, die das Bewußtsein weder aufnehmen wollte noch auch nur in Umrissen zu vergegenwärtigen vermochte. Auf engem Raume, zerhackt in ausgewählte Stücke, vereinigt in Anthologien, gebunden in bunte Biographien reihte sich Band an Bändchen abendländischer Ideenkosmos, Primäres und Sekundäres, darunter manch tiefsinnige Fragestellung, die sich einstens auch eigenem Nachdenken nahegelegt hatte. Die Begriffsakrobatik der formalen Logik, die nachgeturnt worden war; eherne Prinzipien einer soliden Moral, die ‚irgendwie' eingeleuchtet hatten; kritische Erkenntnistheorie und existenziale Daseinsanalytik – die Denkanstrengungen von Jahrhunderten, sie standen da aufgereiht im materialen Aggregatzustande eines Druckerzeugnisses, gebunden und geleimt (für die Kokrotschen!), das Gehirn-Exsudat der Wörter und Sätze, der Systeme und ihrer Kritik im Jargon der jeweiligen Eigentlichkeit, das meiste schon längst überholt, alle die papierenen Schätze des Wissens, der Weisheit und der Meinungen; die Mumifizierung des einst und immer Lebendigen und Schmerzhaften, der Leidenschaften und des Absoluten durch den Geist, das Unerforschte. Philosophie – die Liebe zum Wissen, zum Erkennen und zur Weisheit. Das Wahre und die Wirklichkeit. Das Gute und das Böse und ihr Verhältnis zu einander. Das Relative und die Relativierung in Richtung auf das Religiöse und den Fanatismus. Schließlich das Schöne – ein Luxus? Ein Seitenpfad ins Religiöse? Das Ekstatisch-Hinreißende, dem Tode schon Anheimgegebene…

Vollständig versammelt in vielen Taschenbuchbänden dämmerte da *Nietzsche*, die erste, unverstandene Liebe, entzündet an Zarathustra-Dithyramben unter dem Saphirhimmel von Sils-Maria, so fern vom gepriesenen Leben, so metaphysisch. Nietzsche, der Existentialist avant la lettre, die große Leere aus dem Vollen schöpfend, den bunten Abgrund, die siebente Einsamkeit einer schmerzensreichen Lebensliebe. Dionysische Delirien. Und der Droschkengaul von Turin. Heroischer Nihilismus einer am Geiste zerbrochenen Männlichkeit: ergreifend für jungmädchenhafte Suche nach dem Sublimen und Absoluten. Ein großer Philosoph und armer Narr. Es gab keinen seinesgleichen.

Als Gegengewicht *Kant* in Auswahl. Weniges. Solides Übungsmaterial für Proseminare, damals in Tiliapolis, unter der Leitung eines großen Hermeneuten: die Prolegomena. Der Metaphysik einen empirischen Fußtritt versetzt, den kategorischen Imperativ etabliert und eine schwerfällige Begriffsmaschinerie in Bewegung gesetzt, Kategorien, Postulate, apri- und aposteri-. Eingeprägt hatte sich indes vor allem der gestirnte Himmel. Als habe hinter der Königsberger Denkerstirn etwas gedämmert von Rotverschiebung und fliehenden Galaxien.

Es fehlte der Dritte im Bildungsbunde der frühen Jahre. Sein Glanz war nachgedunkelt. Jahrelang hatte sein Bildnis, ein Porträt aus wenigen Kohlestrichen in schmalem Silberrahmen, über dem Arbeitsplatz gestanden und ein Kranz von Immortellen welkte vor sich hin unter den traurigen Augen des Wiederentdeckers der Ingredienzien christlicher Existenz. Philosoph, Theologe und Poet dazu: *Kierkegaard* war (bis auf die ,Erbaulichen Reden') lesenswert damals, als er große Mode war und sogar Professoren unterhaltsam über ihn zu plaudern wußten. Die romantisch-ironisch getönte Schwermut des Melancholikers aus dem nebligen Norden war von nahezu erotischem Reiz. Das poetische Pathos und dialektische Versteckspiel, besonders jedoch die unglückliche Verliebtheit in das Besondere und Unmögliche erweckten Nachempfinden und Mitgefühl. Es war das unsagbar Schmerzhafte, das einem kurzen Leben den düsteren Glanz des nahezu Tragischen gab: *Infandum, Regina, iubes renovare dolorem…* Und dann und im übrigen: glitt da nicht Hamlets Schatten an der soliden Mauer der dänischen Staatskirche entlang?

Kierkegaard ward exzerpiert, Tag um Tag, in einem Winkel des Philosophischen Seminars, Seite um Seite, Buch um Buch – wo hätte eine von staatlicher Beihilfe abhängige Kriegswaise die Mittel zum Erwerb seiner Werke hernehmen sollen? Kierkegaard ward ersehen – ja, nahezu mißbraucht - zu Prüfungszwecken. Die ‚Philosophischen Brokken' waren gekaut und manche auch geschluckt worden. Der Anspruch eines radikalen Entweder-Oder konnte nur widerstrebend hingenommen werden. ‚Furcht und Zittern' indes und ‚Die Krankheit zum Tode' entsprachen dem damaligen Daseinsgefühl inmitten politischer und familiärer Krisen, als der Gott der Institution Kirche sehr fern und unwahrscheinlich erschien. Die scharfsinnige Dialektik des Johannes Climacus war imstande, einige herkömmliche Zweifel am Wahrheitsgehalt christlichen Glaubens in Zweifel zu ziehen. Hinzu kam das langsame Sterben der Großmutter und ein Briefwechsel, der dazu führte, das Allgemeine zu realisieren, auf das SK verzichtet hatte. (Das Philosophikum geriet ins Nebensächliche – Schelling?)

So war also derjenige, der eine innere Wende mitzuverantworten hatte, nicht anwesend; vertreten nicht einmal durch eine jener schmalen, bebilderten Monographien, vermittels welcher sich Geistesgrößen, auf Mini-Format reduziert die Sammelleidenschaft reizend, unters Volk bringen ließen. SK war angeeignet worden bis zum Verschwinden. Er war für die Kokrotschen nicht verfügbar.

Vieles andere war nur äußerlich und stichwortartig angeeignet worden. Allgemeinbildung. Man sollte Francis, den

Shakespeare-Zeitgenossen, nicht mit Roger aus dem 13. Jh. verwechseln. Als Preis für gute Leistungen, Fleiß und Wohlverhalten hatte die Abiturientin 1957 ‚Du und die Philosophie' von 1952 erhalten: schwierige Materie unterhaltsam aufbereitet. Ein oft gelesenes Buch mit Unterstreichungen und Kommentaren. Ein Grundkurs Philosophie von den alten Griechen bis zu – nun, allenfalls bis zu Sartre. Gadamer und Löwith waren noch zu nahe, und Habermas zu jung, damals in Tiliapolis. Weder Descartes noch die englischen Empiristen interessierten; allenfalls Berkeley – *esse est percipi,* mit Neigung zum Solipsismus. Spinoza sagte zu, en passant, weil der enge biblisch-mythische Theismus sich mystisch-materialistisch ausweitete ins Kosmische. Rousseau beeindruckte durch Verfolgungswahn und die Leiden der tugendhaften Neuen Héloise; Voltaire durch seine Frechheiten. Im übrigen waren die Franzosen keine Philosophen in deutsch-pedantischen Sinne, sondern Literaten und bisweilen Sozialisten.

Von Hegel bis Heidegger; vom Marx bis Husserl: nur Splitter. Von Marx nur das, was bis zum Abitur aus dritter Hand zu erfahren war (Hegel vom Kopf auf die Beine gestellt. Oberbau – Unterbau, Sein und Bewußtsein, dideldumdei. Es leierte sich ab, als die Spatzen es von den Dächern zu pfeifen begannen).

Zur Verlobung vom Verlobten, der sich mit Aragon, Malraux und Camus angelegt hatte: die Vorrede zur Phänomenologie des Geistes. Die Lektüre stockte auf Seite 20. Vorzuziehen war ein stilleres Wissen um die Vergeblichkeiten menschlicher Existenz im Gewühle einer Weltgeschichte als permanentem Unheilsgeschehen, das sich unaufhörlich dem Urschlamm der Naturprozesse entwand, um wieder darein zurückzumünden.

Zwischen der ‚Vorrede' und den bunten Biographien stand ein schmales schwarzes Bändchen Essays von 1961: ‚Der Sinn der Geschichte', siebenmal durchdacht, auch von zwei Theologen. Auf der letzten Seite handschriftlich: ‚Geschichte und Tragik: ein Mensch glaubt, er tue das Gute und Richtige. Er verzichtet, er bringt Opfer. Er bringt auch andere um. Nach einem verlorenen Krieg sind die Werte, an die er geglaubt hat, zu Unwerten geworden. Er wird verurteilt nach dem neuen Wertesystem.'

Das Studium der Geschichte war nach drei Semestern und den römischen Bürgerkriegen aufgegeben worden. Es zeigten sich die Wissenslücken der Verweigerung. Im Unterrichtsfache Philosophie hingegen war es möglich, im Fach Philosophie ein Tutorium über Staats- und Gesellschaftslehre durchzuziehen, einige Grundgedanken der ‚Politeia' und ein wenig Nikomachische Ethik zu referieren, den ‚Principe' und den ‚Leviathan' auftreten zu lassen, Contract social und Kommunistisches Manifest wenigstens dem Namen nach als Meilensteine aufzustellen, denn es gab ja schließlich und half ganz ausgezeichnet des ehrwürdig-respektlosen Bertrand Russell ‚History of Western Philosophie', ein Edelschmöker von unschätzbarem Wert. Dergestalt auf Hölzchen und Stöckchen durch die Jahrhunderte hüpfend und stolpernd war der Eigennutz am Ende vermutlich um vieles höher als das, was bei afrikanischen Studenten hängengeblieben sein mochte.

Es war also deutlich, was im Grundkurs Philosophie fehlte: Politische Theorie und Soziologie. Die Sonderfonds der zeitgenössischen Intelligentsia, damals, in den späten 60-iger Jahren, blieben vollends beiseite: Marx/Lenin, Mao, oder zahmer: Adorno, Horkheimer, Marcuse - welcher? Von den Frauen war auf heimlich-unheimliche Weise eine Weile nachgegangen Rosa Luxemburg. Hannah Arendt? Eher ein Schatten mit Zigarette. (Die ‚Banalität des Bösen' interessierte erst viel später.) Aber dann, aber nun – Ulrike Meinhof, Gudrun Ensslin? Idealisten, Utopisten, ein wenig wie die Attentäter in Camus' ‚Les Justes'? Es war zwiespältig. 1977 war so lange noch nicht her.

Auch auf dem afrikanischen Kontinent ergaben sich zwar Namen - Kenyatta, Nkrumah, Nyerere, Senghor - aber kein näheres Interesse. Das waren anderer Leute Jagdgründe. Was mochte schuld daran sein? Unreflektierte Skepsis? Eine Neigung zu Historismus und Relativismus? Agnostizismus, Fatalismus? Burckhardt beeindruckte und Löwith; das weisheitliche Kopfschütteln derer, die da sitzen bei den Wurzeln des verworrnen Lebens und sich wundern...

Bei den Psychologen war Freud damals große Mode. Alle Verfemten, Verfolgten und Emigrierten einer hoffnungsvoll begonnenen, unglückselig endenden Dodekaetie waren wieder da und obenauf. Freuds Traumdeutung, gelesen zur früh, zur unrechten Zeit, immunisierte für immer gegen Psychoanalyse. C.G. Jungs Typenlehre erschien annehmbarer und sogar geeignet für eine Seminararbeit. Sprangers *Psychologie des Jugendalters* kam einer Offenbarung gleich. Das war's dann auch schon. Mehr war nicht notwendig, denn für das seelische Gleichgewicht war - nicht immer und unbedingt, jedoch im wesentlichen - gesorgt durch den, der einen Campus im Regenwald Westafrikas zur gemeinsamem Wirkungsstätte ausersehen hatte.

War das Philosophenregal so etwas wie ‚geistige Heimat'? Waren die Bücher ein Hinweis auf Identität? War nicht im Grunde alles eitel und ein Haschen nach Wind? Schall und Rauch, habe nun, ach -? Warum überkam trotz der Reichtümer abendländischer Philosophie die Suche nach dem einen, das not ist? Nach der πηγη αλλομενη εις ζωην αιωνιον? Aus Übersättigung nicht. Aus Langeweile auch nicht. Die Suche ergab sich auf Durststrecken in wüsten und ausweglosen Gegenden des gelebten Lebens. Weil da unversehens eine schmale Pforte sich auftat, führte der Weg über den, der im Philosophenregal fehlt, zu einem Zweitstudium Theologie, ermöglicht durch Ersparnisse aus Referendar- und Assessorenzeit. Denn es war trotz allem ein Staatsexamen für das Lehramt absolviert worden.

Anglistik/Romanistik

Alles übrige

Eine Allerweltskombination. Es fiel nach dem Abitur nichts Besseres ein. Studium auf einen Beruf hin durfte und sollte sein. Kein Gedanke an Ehe und Familie – nein, nicht auch noch in dritter Generation Abhängigkeit und Enttäuschung.

Die Schule war Zuflucht und feste Burg gewesen in wirrer Nachkriegszeit, am Rande einer kriegszerstörten Familie. Es drängte in dumpfem Drange zurück ins Klassenzimmer; Beamtung war willkommene Zugabe. So wurde denn der ganze Cursus - nein, nicht *durchschmarutzt*. Es wurde, nach anfänglicher Ratlosigkeit, gewissenhaft gearbeitet. Nicht nur, weil Fleißprüfungen abzulegen waren für das Geld, das der Staat Kriegswaisen zugestand.

Vieles von dem, was damals angeeignet wurde, versandete und verlandete wieder. Vorzüglich die historische Sprachwissenschaft, die in Tiliapolis positivistisch zu Tode geritten wurde. ‚Beowulf und die greulichen Grendelgeschichten' – Þæt fram ham jəfræjn / Hygelaces Þejn – wurden mit eisernem Fleiß und nicht selten bis zur späten Mitternacht bewältigt (um von Kommilitonen, die ein Sommerfest vorzogen, abgeschrieben zu werden). Linguistik erbaute wenig und führte zu durchschnittlichen Leistungen. ‚She is good average' stand in der Empfehlung für ein Auslandssemester in Reading/Berkshire.

Literaturgeschichte war spannender: wie die Äneis die Göttliche Komödie beeinflußte im Blick auf die Unterwelt; wie die Satire von Horaz zu Rabelais stolperte und Ovid in in den Liebesillusionen des Ritters von La Mancha nachspukt. Dergleichen mußte mühsam selbst zusammengesucht werden; denn Geistesgeschichte war gerade außer Mode gekommen. Man importierte auf der einen Seite New Criticism und erhellte auf der anderen Seite große Literatur peinlich-kleinlich vom ökonomischen Unterbau her.

Es waren Zeiten akademischer Freiheit. Die Zeit der Theater- und Opernbesuche, der Luxuskurse Altgriechisch (mit Graecum) und ein wenig Russisch. Weil ein Semester durch Krankheit verloren ging, mußte am Ende ein Darlehen aufgenommen werden – ein gern gezahlter Preis für alle die Schätze, die gesammelt wurden in jenen Jahren. Bei jeder Gelegenheit war seitwärts der nahe Hain der Philosophen zu erreichen, mit Angeboten weit über das hinaus, was für ein Pflicht-Philosophikum erforderlich war.

Es war die Zeit des Romanelesens: ein erlesenes Menü aus Pflicht und Neigung. Wäre nach Resten gekramt worden, hier und jetzt, in diesem Arbeitskabinett in früher Morgenfrühe, auf der Suche nach einem blauen Briefumschlag, beim Rascheln der Kokrotschen - es wäre vermutlich vieles und auch Bedeutendes nicht mehr vorhanden gewesen. Von *Balzac* vielleicht das triste Interieur einer Pariser Advokatenstube, die der Held, ein abgetakelter Soldat und Spätheimkehrer, demütig betritt. Von *Thomas Hardy*: Morgennebel über einer englischen Kuhwiese, wo Held und Heldin einander begegnen, Milcheimer schleppend. Von *Joseph Conrad*: ein schlingerndes Schiff, über das die Wogen eines schweren Vokabulars hinrollen; zu Herzen gehen mochte *bei Flaub*ert der armen Emma ungestillte Lebenssehnsucht hinter den Gardinen ihres Ehegehäuses. Bei *Henry James* die bleiche adelige Dame in einem Pariser Salon, am abendlichen Kamin in entsagendem Gespräch mit einem naiven Amerikaner, der dann enttäuscht an einer Klostermauer entlangschleicht. Vielleicht noch bei *Scott Fitzgerald*: Riviera, Suff und Neurotisches unter einem mißbrauchten, von Keats gestohlenen Titel. Von *Hemingway*: Sprach-Stakkato, *understatement* und jenes existentiale Nobelpreis-Fischgerippe, das der alte Mann fatalistisch-heroisch durchs Meer zieht. Seminararbeiten wurden geschrieben – worüber? Über Miltons ‚Comus' und über den Quäker-Roman eines obskuren Brockden Brown.

Auch beim Studium der Romanistik ging einiges durcheinander. Monumental-Mystisches fand sich bei *Claudel;* Donna Proheza und ihr ‚Soulier de Satin' gaben zu denken; zu fühlen gab das Verschmelzen zweier Schatten auf einem Schiff vor Mogador bei Mondenschein. Zermürbendes am religiös-existenziellen Abgrund bot *Bernano*s. Dann waren da zwei, deren Größe und Elend bei aller Verschiedenheit sich wunderlich widerspiegelten über den Ärmelkanal hinweg: zweimal griechischer Eros, einmal puritanisch-intellektuell, das andere Mal nahezu byronisch-genial. Zur Bewunderung reichte es nicht hin, wohl aber zu Nachdenklichkeit im Blick auf die gefährliche Interferenz von Leben und Dichtung. Sollte das eine durch das andere nicht eher verschleiert statt enthüllt werden? Aufs Ganze gesehen war *Gide* sympathischer; er konnte genauer denken. Er brachte es fertig, seine Gefühle mit Moral zu versalzen, während *Wilde* sie mit dem Zuckerguß der schönen Worte dekorierte und sein Genie in geistreichen Sprüchen verpulverte, so daß der Schrei *de profundis* am Ende eher pathetisch und nicht ganz echt klang.

Kurz und zwiespältig entstanden Gefühle der Empörung und sozialen Mitleidens angesichts des zappelnden Kinderelends bei *Dickens.* Nicht etwa, weil Kinder besonders rührten, sondern weil kindlich-argloses Vertrauen so hilflos preisgegeben war der Bestie Mensch. Bitter schmeckte auch das Arbeiterelend hinter den Rübenfeldern zwischen den Abraumhalden im Norden Frankreichs. Verwilderte Überlebensinstinkte bis hinein in die verschütteten Minengänge der Kohlengruben. Makabres, Brutalitäten der Armut: *Zola,* Germinal. Schließlich das Vertriebenenelend auf amerikanischen Landstraßen; der gerechte Zorn der Enterbten, vom Großkapitel Überrollten; das niedergewalzte Häuschen, Blut und kalifornische Orangen: *Steinbeck* – auch das war keine genußreiche Bildungslektüre gewesen, und der Nobelpreis war sicherlich verdient.

Naturalismus mochte als Sozialkritik berechtigt sein; vielleicht rüttelte er hier und da Gewissen auf und half der Sozialgesetzgebung nach. Aber in ganzen verstärkte er doch eher den Fatalismus, das Gefühl der Hilflosigkeit. Und widerlich wurde es da, wo der nackte Sexualtrieb dargestellt wurde, ohne begründenden oder sublimierenden Mythos, ohne Seelengewandung, ohne ethischen Zwiespalt oder ästhetische Zweifel. Das war unerbaulich, es stieß ab und wurde letztlich langweilig. An *D.H.Lawrence* ‚Sons and Lovers' war nichts besonders Anstößiges zu finden. Wenn er Triebregungen darstelle, so wußte er doch auch noch mit Symbolen umzugehen, mit weißen Lilien und gelben Pollen. Wenn aber alle Welt einen schließlich unzensiert zugänglichen Skandalroman las, dann war das ein Grund, ihn nicht zu lesen.

Mit *T.S.Eliot* war anfangs nicht viel anzufangen. Die Dramen - ein etwas wässriger Anglo-Klassizismus. Aber dann, die Gedichte! ‚Let uns go now, you and I' * ‚April is the cruellest of months' * ‚The nightingales are singing near /The convent of the Sacred Heart' - ein erlesenes Collage-Kunstwerk, ein exquisites Ratespiel für Leute, die sich auskennen, die Sprache Platos und vielleicht sogar der Upanischaden beherrschen; ein Gesellschaftsspiel übers humanistische Gymnasium hinaus, ein Gebilde aus glitzernden Bildungssplittern: das Motto für *Ezra Pound,* die Sibylle in der Ampulle schon ein Stolperstein für normale Sterbliche; wer hat schon Petronius' Satyricon gelesen? [Heut eignet man sich dergleichen mit einem Mausklick im Internet an.] - *Ezra Pound* selbst blieb ein Rätsel in einem Käfig.

Von *Joyce* war Pflichtlektüre gewesen ‚Portrait of the Artist as a Young Man'. In den ‚Ulysses' mußte man als Anglist wenigstens hineingelesen haben; aber was da begegnete, mutete teils monströs, teils unappetitlich an oder auch schlicht unverständlich. Da halfen auch Kalypso und die Schönsten Sagen des klassischen Altertums nichts.

Proust war zweifellos vornehmer und sensibler; aber die Suche nach der verlorenen Zeit war zeitraubend, und es gab noch so viel anders zu lesen. *Virginia Woolf* etwa: da war die Biographie und die Forderung nach einem ‚Room of one's own' freilich interessanter als das, was in einer solchen Schreibklause literarisch entstanden war.

Im übrigen gab es noch dies und das, auch und bisweilen Lyrik. Ein – immer noch die ärgerliche Verwechslung von sonnet und Sonett! Ein Sonett also von *Shakespeare* - ‚Like as the waves make for the pebbled shore' – wurde im Rahmen einer Seminarübung erfolgreich interpretiert. Es gab da noch *Coleridges* Seegespensterballade vom ‚Ancient Mariner' mit allen Schaudern des Übernatürlichen und einer merkwürdig trivialen Tierschutzmoral und das phantastisch-exotische ‚Kubla Khan'-Traumgesicht, empfangen im Opiumrausch, in Worte gebannt mit berauschender Rhythmik. Es gab *Wordsworths* unsterbliche Narzissen und *Blakes* Theodizee-Frage im Blick auf das Raubtier Tiger: ‚Did He wo made the lamb / make thee?'

Es gab *Lord Tennysons* ‚Sunset an evening star' und danach dann die moderne Zertrümmerung der Welt und ihrer Neuschöpfung aus heterogenen Assoziationen, deren Fragmente reimlos und überraschend zusammenschossen. Das war auf die Dauer denn doch ermüdend und unergiebig für die Suche nach Sinn. Ein langer prüfender Blick flog hinüber zu Kiplings ‚Mandalay'. Das Dschungelbuch war für Kinder. Die Sehnsucht nach einer ganz und gar heidnischen Glückseligkeit im Schatten von Palmen und Pagoden? Am ehesten für den Seemann aus dem nebligen Norden. Wahrheit von einst war zu finden im Ethos von ‚White Man's Burden'; das durfte man freilich laut nicht mehr sagen. Zu nachdrücklich fühlte das alte Europa sich belastet von nachkolonialen Schuldkomplexen. Die Kulturbringer von einst waren unversehens zu Kulturzerstörern geworden. Da blieb nur der Rückzug nach Innisfree…

Die Großen, Shelley, Keats, Yeats, sind um 1987 ausersehen worden für einen Essay, der in diesen späten Jahren stilistisch überholt, inhaltlich überdacht, erweitert und vertieft wurde: ‚Ein Raunen im Haselgehölz': das Unglück der Liebe in Lyrik, Drama und Roman.

Anglistik/Romanistik also. Man liest nicht zur guten Unterhaltung; man liest, um Einsichten zu gewinnen in die Problematik menschlicher Existenz. Was ist in dem halbhohen Regal längs der Wand mit den muskatfarbenen Mondaufgängen vorhanden? Es sieht nach Askese und Verzicht aus - oder nach Desinteresse? Es stehen da symbolisch-beschwörend nebeneinander *Milton*, Paradise Lost, winzig, antiquarisch, 1882; *Pater*, Marius the Epicurean; *Wilde*, The Picture of Dorian Gray; *Gide*, L'immoraliste; *D.H. Lawrence*, The Trespasser; *Saint-Exupéry*, Le petit prince; *Sartre*, La nausée; Simone *de Beauvoir*, Le deuxième sexe und *Lukian*, Hetären- und Totengespräche.

Letzteres das einzige an Ausgefallenem. Es genügt das Banale im Wortverstande: das was alle (die breite Masse der Bildungsbürger) lesen. Es sind da außerdem noch zwei Bildbände: zu W.B.Yeats der eine, der andere über die Präraffaeliten. Zwei Reproduktionen der letzteren waren an die Wand gezweckt: ‚The Beguiling of Merlin' in der Weißdornhecke, von Burne-Jones, und von Waterhouse, ‚The Lady of Shalott' - ein Abbild eigener Sehnsüchte? Aufbruch zu einem unbekannten Ziel ungenauer Vorstellungen - von Glück? Statt des Bootes ein Landrover…

Wo bin ich? An welchem Punkte im Koordinatenkreuz von Raum und Zeit. Ich befinde mich im Arbeitskabinett in der Veranda eines alten Missionshauses im Regenwald Westafrikas, am 18. Dezember 1981, in frühester Morgenfrühe, auf der Suche nach einem luftpostblauen Umschlag mit einem Bündel Banknoten. Die Abfahrt des Landrovers - African time - verzögert sich.

Aus deutschen Schatztruhen
Diamanten und Perlen

En attendant. – Warum war Germanistik nicht in Frage gekommen? Vermutlich, weil der Muttersprache literarische Schätze dem Herzen - der Einfühlung und dem Nachempfinden – zu nahe waren. Am offenen Herzen aber oder in seiner Nähe möchte man nicht das Skalpell kritischen Sezierens spüren.

Noch einmal der Blick zurück, - nein, nicht bis in den Blaubeerwald. Es begann während der Flüchtlings-Hungerjahre im Thüringer Wald (1945/48), als Deutsche Heldensagen und Peterchens Mondfahrt, die Regentrude und des Sängers Fluch, Alt-Mütterchens Tod im Schnee und Der Rebell (von Luis Trenker) die Phantasie einer Zehn- bis Zwölfjährigen beschäftigten. ‚Mutter Erde', ein geschenktes Buch ‚Lebenskunde' von 1943, und ein zerfleddertes Liederbuch ab Nr. 95, ‚Deutsches Herz, verzage nicht', aus einer Rumpelkammer, waren im Rucksack, als im Mai 1948 Mutter und Tochter bei Sonneberg und bei Nacht in die Westzone stolperten, damit das Kind bei Verwandten zur Oberschule gehen konnte.

Aus den ersten Jahren im süddeutschen Rebenland ist erinnerlich Felix Dahn, ‚Ein Kampf um Rom' und ein Karl May nach dem anderen. Die Freundin aus dem Pfarrhaus schenkte der Freundin aus der Flüchtlingsbaracke zur Konfirmation Storm, ‚Von Meer und Heide. Die zehn schönsten Novellen'. Es folgten ‚Quo vadis', Ekkehard', Gotthelf-Keller-C.F.Meyer; Kleist, Sämtliche Werke; Freytag, ‚Soll und Haben'. (Das durfte man damals noch mit gutem Gewissen lesen.) ‚Du und die Literatur', ‚Du und die Philosophie' waren weitere Belohnung für ‚Für Fleiß und Wohlverhalten' bis zum Abitur. (In Klasse I gab es nur eine Belobung: das Kind hatte wegen Scharlach viele Wochen Unterricht versäumt)

Im Unterricht gab es Schillers ‚Jungfrau von Orleans' und Mörikes ‚Mozart auf der Reise nach Prag' - das mit der Orange blieb ein Rätsel; die Sache mit Lionel hingegen war begreiflich. Minnesang und Nibelungenlied im Urtext aus Unter- und Obersekunda wurden verkraftet. Besser jedenfalls als später während des Studiums ‚Beowulf' und die ‚Chanson de Roland' mit absolut unerotischen Helden. War doch um Siegfried, wie tumb er auch sein mochte, immerhin das Wetterleuchen rivalisierender Frauen. Von Wolframs Parzival blieb hängen die Frage des Knaben ‚Weh, muoter, waz is gôt?' Goethes edle Iphigenie hingegen ging an klassischer Langweile zugrunde. Unergründlich langweilig blieb auch die bürgerliche Tragödie ‚Maria Magdalena' in Erinnerung. Lessings Emilia Galotti – nun ja. Schillers ‚Räuber' wurden rollenverteilt gelesen in einer Burgruine. Sprach der Knabe, der den alten Moor las: ‚Herman, mein Rabe, bringst du mir Brot und die Würste?' Olympische Heiterkeit. Zur Qual wurde die Faust-Lektüre, denn das Gretchen lesen mußte eine, die sich als Penthesilea fühlte. Diesen Faust rettete nichts mehr. Im Verein mit Schwager Chronos fuhr er ‚mit Trara zur Hölle.'

Weil der Deutschlehrer es empfahl, wurde aus der Stadtbibliothek entliehen und gelesen ‚Die Buddenbrocks': außer Stuck und einer geigespielenden Dame prägte sich freilich nicht viel ein. Es war die Zeit, da Freud und Nietzsche interferierten, Zarathustra und Traumdeutung. Es beschäftigte mehr, traumhaft und traumatisch.

Vieles von dem damals Gelesenen in der Sprache, die für eine Bildungsbeflissene dichtete und dachte, versank wieder. Vinetagleich wie Sonntagsglocken klangen in späten Jahren Erinnerungen herauf; Bilder dämmerten wie durch seetanggetrübte Flut. Von sehr tief und fern kam die Klage Hyperions um das unmögliche Glück Griechenlands und der Liebe. Büchners Danton monologisierte sich revolutions müde bis hin zur Sehnsucht nach der Guillotine. (‚Komm,

Tod, komm Schlaf, du versprichst nichts, du hältst alles'.) Dicht daneben zirpte das romantisch-ironische Liebesgeplänkel Leonces und Lenas im Wiesengrunde vor dem Schloß. ‚Klingsors letzter Sommer', ein Farben- und Lebensrausch, kräuselte empor und schäumte auf – ‚Sora Ersilia, sing uns ein Lied!' Es war das Beste, was von Hesse blieb. Auch von Storm überdauerte nicht viel: eine dunkle Erinnerung an ein Gemälde mit Seerosen auf schwarzem Samt und ein ertrunkenes Kind. Freilich auch der Katzenspuk in ‚Bulemanns Haus'. Von C.F. Meyers schön gemeißelten Erzählungen blieb ein torsohafter Eindruck, blieb ein Marmorbild mit Blutspuren: Lukretia Planta erhob die Axt wider den Geliebten; durch Palast und Heide geisterte, umwallt von Minister- und Bischofsgewändern, die asketische Gestalt des ‚Heiligen', fromm und unversöhnlich. Dazu der unerschöpfliche Schatz der Gedichte! ‚Schwarzschattende Kastanie...' ‚Meine eingelegten Ruder triefen...' ‚Was Gott ist, wird in Ewigkeit kein Mensch ergründen...' Es konnte nicht versinken. ‚Gustav Adolphs Page' hingegen, die Schullektüre, versank.

Zurückgeblieben im 19. Jahrhundert. Alles was es da sonst noch gab, Jean Paul, Raabe, Stifter, Fontane: blieb für später. Es reichte noch zu Ricarda Huch, ‚Aus der Triumphgasse' von Triest: es gab da einen melancholisch-schöner Jungpriester, den die Frauen so lieben, weil der Mann des Geistes nichts von ihrem Fleische will. Ja, erstaunlich, wie viele schreibende Frauen es damals schon gab; aber der schwedischen Lagerlöf ‚Gösta Berling' kam auch erst spät an die Reihe. Der Ebner-Eschenbach hundeseelenzerreißende ‚Krambambuli'-Erzählung war immerhin Schullektüre gewesen. Es gab dann auch eine Zeit der Häppchen-Lektüre und zwei Bände ‚Deutsche Erzähler', der erste Band ausgewählt von Hugo von Hofmannsthal. Hier begegnete zum ersten Male Jean Paul.

Im 20. Jh. sah es, was Lese- und Bildungserlebnisse anging, dürftig, dürr und düster aus. Kafkas ‚Hungerkünstler' hatte es gerade noch in den Lehrplan der Oberstufe geschafft. Mußte man die Romane lesen? Und wenn, warum? Nun gut, man kann's versuchen. Die Lektüre brach ab in der Bierlache unter der Gasthaustheke vor dem ‚Schloß'. Auch die obskure Schuld des Angeklagten K interessierte nicht sonderlich. In der Stadtbibliothek war alles zu haben, u.a auch Jüngers ‚Heliopolis'. Weil da kaum etwas zu verstehen war, wurde der erste Satz auswendig gelernt: ‚Es war dunkel in dem Raum, den ein sanftes Schlingern wiegte.' ‚Auf den Marmorklippen' blieb zurück eine Eidechsenart. Der Roman war Spätlektüre wie Musils ‚Mann ohne Eigenschaften'. Der ‚Nachlaß zu Lebzeiten' erschien lesenswerter, die Geschichte vom ‚Fliegerpfeil' blieb in merkwürdig intensiv nachempfundener Erinnerung. Von Döblins ‚Hamlet oder die lange Nacht…' machte Eindruck nur der Anfang, ein japanischer Kamikaze-Angriff zur See.

Das war schon beinahe alles. Grass? Böll? Gruppenbild mit Butt? Es war da kein Lesebedürfnis nach all dem Nachkriegs-Blechgetrommel der frühen Hundejahre. Kriegs- und Trümmerliteratur; Verhöhnen und Karikieren dessen, was eben noch edel und verteidigenswert war? Nichts für mich. Gelesen wurde immerhin (im Krankenhaus 1963) ‚Und sagte kein einziges Wort'. Familienelend der Nachkriegszeit: annähernd vertraut. Aber sonst? Nobelpreis hin oder her, das linkslastige Abrechnen mit der jüngsten Vergangenheit mutete eher peinlich an. Vielleicht würde man später manches nachholen. Angeeignet worden war alles, was in Hugo Friedrichs gründlich zerlesenem Büchlein von 1956 zu finden war. ‚Die Struktur der modernen Lyrik', von Baudelaire bis zur Gegenwart, erschien kostbarer als Diamanten und Perlen. Benn, Trakl und Krolow Seite an Seite mit Mallarmé, Guillén und Eliot – es war Europa, es war Abendland im besten Sinne. Nur die Russen fehlten.

ZEIT-Feuilleton

Das Zeitgenössische überhaupt – es reizte nicht. Es blieb links liegen. Vielleicht war letztlich auf vertrackte Weise mitschuld das Feuilleton einer Wochenzeitung, die unregelmäßig mit drei bis vier Monaten Verspätung von der Hafenstadt herauf das Abseits von N. erreichte.

Das umfangreiche Wochenblatt wurde von Zeit zu Zeit gelesen, vor allem das Feuilleton. An gewissen Sonn- und Feiertagen in Überdosen genossen, versetzte die Lektüre ein jedes Mal in einen Entrückungs- und Betäubungszustand eigener Art, aus welchem das Erwachen eine Benommenheit nach sich zog, die unfähig machte, sich in Gegenwart und Geographie der nächsten Umgebung und Stunden zurechtzufinden. Es war wie ein Entkommen aus Aladins Wunderhöhle, geblendet und benommen von den daselbst aufgehäuften Schätzen. Es war wie Erwachen aus berauschenden Opiumträumen, (so weit sie aus Beschreibungen vorstellbar waren). Ein Blick ringsum zeigte Berg, Park und Palmen wie im Fönlicht. Ein Gang durch das Haus glich dem Wandeln durch ein altes Bilderbuch; das Ehgemahl war vorhanden wie ein Möbelstück, verkeilt mit dem Schreibtisch. Kurz: das selbsteigene Selbst war nicht bei sich selbst.

Das alles war die Wirkung einer Schreibweise, die nicht von Schriftstellern oder gar von Dichtern geschrieben wurde, sondern von ehrbaren Rezensenten.

Es war ein Stil, dessen literarische Ambitionen zu schierer Perfektion ausarteten. Eine Sprache, die hinriß und umwarf. Da war jeder erste Satz ein Köder, an dem sich gierig festbiß, wer, ausgehungert durch theologisch-pädagogische Formulierungsaskese, bereit war, sich fortschleifen zu lassen von einer Schreibweise, an der alle Adjektive scheiterten. Die Inhalte schienen gleichgültig. Auch Kraut und Rüben wurden, aufgewärmt, in edlem Meißner Porzellan mit Goldrand serviert und der billigste Halbedelstein – oder wäre es auch nur eine Plastikperle gewesen? – erhielt eine Diamantfassung mit Brillantschliff. Jede Besprechung war schwelende Beschwörung eines Höheren, Edleren, Unerreichten; war Nachformulierung bedeutender Momente oder gekonnte Vernichtung des zu leicht Befundenen: Wortmagie ohne jegliche Sprach- und Atemnot. Es war Verführung zu hemmungslosem Lesen, zum In-sich-hineinfressen, bis das Gehirn, tropen- und metaphernüberfüttert, reagierte wie einst die Mägen beim Gastmahl des Trimalchio. Das Gedächtnis, von rhetorischen Reizen aufs lustvollste gemartert, versagte. Es behielt nichts.

Ähnliche Übersättigungssymptome hatten sich einst eingestellt nach übermäßigem Genuß von Lyrik. Was für sich allein genossen schön und edel war, eine einzige Rose oder Herbstzeitlose, zwei weiße Nelken im Wind, das wurde in der Häufung unerträglich. Der Kult und die Orgie der schönen Dinge, die Pflege erlesener Gefühle endete im Bedürfnis nach Ironie, Witz und Satire, wie nach zuviel Süßem der Appetit nach Salz und Saurem steht. Inmitten des Zuviel an Mond und Magnolien, flieder- und goldregen-(*laburnum*!)-aromatisierter Atelieratmosphäre (Das Bildnis des Dorian Gray!), inmitten von *would I could live up to my blue China*, von pfirsichfarbnen Abendhimmeln und edlen Brokaten, von unsagbaren Veilchen- und Hyazinthendüften fehlte das Gran Skatol, das sich dann doch noch unter nordischen Jasmin mischte. Dann endlich Benn. ‚O Nacht, ich nahm schon Kokain...'

Bei alledem: kein Gefühl, etwas zu verpassen. Konnte das Ungelesene nicht aufgespart bleiben für die alten Tage? Rückblickend mochte zur Kenntnis genommen werden, was die Gegenwart einst literarisch bewegt hatte. Hier im Regenwald genügte es, zwei Insel-Bände Deutsche Erzähler greifbar zu haben. Da war ‚Der Schatten des Körpers des Kutschers'. Aber auch Nossack, ‚Der Untergang'.

Kriegsliteratur

Es gab in diesem 20. Jahrhundert nur e i n Thema, bei dem es zu bewußtem und beharrlichem Ausweichen kam: Kriegsliteratur. Nicht soldatischer Kampf an sich, aber alles, was mit Kriegsverbrechen an der Zivilbevölkerung und an Gefangenen zu tun hatte. Die wenigen Versuche, sich auf diesem Gebiete zu ‚bilden', scheiterten. Bisweilen freilich war ein Ausweichen nicht möglich.

Im Herbst 1944 hatte in einer dunklen Scheune, im heimatlichen Dorf in Schlesien, eine Gasmaskenübung stattgefunden. Ein Feuer schwelte und es war dunkel. Zuvor mußte eine Wochenschau ausgehalten werden, ein Kriegsbericht, ‚Stadt Goldap wieder frei': es krachte und explodierte, Panzer fuhren auf und Soldaten rannten. Es war etwas Unbegreifliches. Es machte Angst. Dann wurde dem Kind etwas aus Gummi über das Gesicht gezogen und es war, als müßte man ersticken.

Das Kind entwuchs dem Kindsein, und die Illustrierten, die bei Onkel und Tante herumlagen, waren voller ‚Dokumentarberichte' und vielen Schwarz-weiß-Aufnahmen von dem, was da geschehen war und weit über eigenes Erleben hinausging. Die Bombardierung Egers war aus zehn Kilometer Entfernung zu sehen gewesen, der rote Rauch von Dresden nur bei Nacht und im Vorüberfahren aus einiger Entfernung. Nun, Jahre später, gab es, in Wort und Bild, Dinge, die sich aufdrängten, die wider Willen gesehen und gelesen wurden, und das machte, als es während Berlin- und Kubakrise voll ins Bewußtsein drang, daß der Lebenswille, von der Vorstellungskraft zermürbt, aufgab und in dumpfer Hilf- und Ausweglosigkeit für den nächsten Ernstfall Gift oder eine Pistole wünschte. Das gleiche Fernsehen bei den Nachbarn, das die erste Begegnung mit W.B.Yeats schenkte, mutete auch ‚Nuit et brouillard' zu. Es ging über seelisches Fassungsvermögen. Wie sich aus dergleichen ein Gedicht machen ließ, das berühmt wurde, blieb unbegreiflich. Es war, als würde ein kostbar verziertes Trinkgefäß aus einem Totenschädel hergestellt. So jedenfalls fühlte es sich an. Dokumentarfilme über das, was in verschütteten Bombenkellern, auf den Fluchtstraßen von Ostpreußen her oder in eisiger Ostsee geschehen war, gab es nicht. Aber es gab Berichte darüber. Und es gab späterhin gute Gründe, den Glauben an ein Jüngstes Gericht sinnvoll, ja notwendig zu finden.

Es gab auch ein Gedicht von Georg Heym; ob lange mißverstanden, mag dahingestellt bleiben. Zusammen mit einer Radierung gab es Ausdruck dem, was zu Anfang der 60iger Jahre das Dasein in Frage stellte und allen Lebensmut nahm: ‚Aufgestanden ist er, welcher lange schlief'…/ ‚und den Mond zerdrückt er in der schwarzen Hand.' Es stampfte über Land, weitausschreitend, nackt mit geschlossenem Visier, mit Schild und Keule, unter dem weitausgreifenden, ambosartigen Elefantenfuß rückt winzig ein Heer mit Lanzen und Fahnen an und wird im nächsten Augenblick zertreten sein. ‚Der Koloß' von Kubin hielt keine großen Reden mehr. Miltons Luzifer war überholt. Das ästhetische Faszinosum des Bösen löste sich auf in hilfloses Entsetzen vor seiner nackten Faktizität.

Es war nicht zu ertragen. Es wurde beiseitegeschoben um des Überlebens willen. Es kam schockartig immer wieder. In der Unterprima während eines Film über den 20. Juli, den die Klasse geschlossen ansehen mußte. Im Hörsaal, als zum Abschluß einer langweiligen Vorlesung über deutsch-englische Kulturbeziehungen im 19. Jahrhundert ein Lyriker des Ersten Weltkrieges zitiert wurde: *‚Brother, what have we done to each other / Brother, it drives me mad.'* In Hörsälen heult man nicht. Man schluckt. (‚In Flandern's fields the poppies grow' ist etwas anderes: es ruft nicht zur Versöhnung auf, sondern zum Weitermachen: ‚Take up our quarrel with the foe.') Das sollte man wissen.

Kriegsliteratur. ‚In Stahlgewittern'? ‚Im Westen nichts Neues'? Schon das frühe Lesebuchstück aus dem ‚Simplizissimus' war kaum erträglich: wie das Kind sich wundert, daß sein ‚Knan' so lachen muß, als die Schweden ihn foltern. Die ‚Ilias' auf spätere Jahre verschoben; man wußte doch, worum es da ging. Plievier, ‚Stalingrad', Gaiser, ‚Die sterbende Jagd' -? Hemingway, ‚Across the River and into the Trees' -? In jenen Wäldern, im Hürtgenwald, war der Vater umgekommen, im Winter 44/45, in erbitterten Panzerschlachten. Nein, so etwas lese ich nicht, und KZ-Romane erst recht nicht. Auch Nossacks ‚Untergang' lese ich nicht. *Ich nicht.* Aber die Mutter hatte sich ein Buch gekauft über den Kampf um Schlesien, irgendein Augenzeugenbericht. Da mußte wohl – Es ist doch schon so lange her… Nach wenigen Seiten ging es nicht weiter – es war alles noch da, überlagert, aber lauernd und eruptiv. Es brach hervor in Weinkrämpfen. Unten im Keller, beim Büchernachlaß der Mutter. Erledigt. Nichts für mich.

Bei Bekannten konnte man gelegentlich in Solzschenizin und ähnlichem blättern und es wieder zurückstellen in repräsentative Bücherschränke, wo Gorki neben Tolstoi stand, Pasternak und alles übrige, das man gelesen haben mußte, um mitreden zu können - worüber? Über Ursachen und Anlässe, Schuld und Verhängnis? Über Recht und Unrecht des jeweils Stärkeren? Über Opfer, Henker, Sühne mit oder ohne Anführungszeichen? Über die Notwendigkeit des Bösen im Fortschritt zum Guten? Über Weltgeschichte als Weltgericht, und wo gehobelt wird, da fallen Späne, und daß es schließlich immer so gewesen ist oder sei, von Anbeginn, *homo homini lupus*? Schuldzuweisungen, Entrüstungen, ‚Wiedergutmachungen' (das alte Wergelt?) Theodizeen? Zynismen der Hilflosigkeit? Kampf der Interpretationen im Feuilleton, in Literaturgeschichten, in Parlamenten und Lehrplänen? Waren die Sinngerüste der antiken Tragödie, gezimmert für den Je-Einzelnen und seinen je-eigenen Tod, nicht längst zusammengebrochen unter der Last der Massen, die da verkohlt und verwest waren, umgebracht oder umgekommen durch Hunger, Kälte oder Massenmordmittel vom Himmel droben und in den Höllen auf Erden? Keine Lust auf politische Auseinandersetzungen. Der Einzelne und sein Tod ließen sich versöhnen, so lange eine Idee, ein Ideal zur Hand war. Denn da gab es Märtyrer und Helden. Wo das Ideal abhanden kam, blieb übrig das Unerträgliche, das Irrationale der *bruta facta,* das wie ein lähmendes Gift durch die Gehirnwindungen schwärte und den Lebenswillen in Mitleidenschaft zog.

Noch Dostojewskis ‚Dämonen', Anarchisten, Camus ‚Les Justes', Sartres und Malraux's edle Kommunisten und wer sonst noch für eine bessere Welt und gerechtere Gesellschaft kämpfte und starb, sie hatten Ideale. Die umgekommen und umgebrachten ordinären Massen hatten keine. Sie wollten nur leben. – Und sonst so?

Malraux's ‚La condition humane' war angelesen worden, als der Verlobte sich dissertierend mit dem Schriftsteller und seiner Zeit beschäftigte. Beim ersten Mord auf der zweiten Seite wurde das Buch zugeklappt. Aus dem Spanischen Bürgerkrieg gab es ‚Wir sind Utopia' und ‚Wem die Stunde schlägt', Propaganda und Gegenpropaganda. Und es gab Garcia Lorca, - *‚Cordoba. Lejana y sola… Ay, que la muerte me espera antes de llegar a Cordoba'* - umgebracht, weil er's mit den anderen Seite hielt. Mit der linken statt mit der rechten. Ja, und Picassos ‚Guernica' hatte im Lehrplan gestanden. Aragons ‚Aurélien' geriet in den Blick im Jahr der roten Geranie und wurde gelesen. Eine Schützengrabenepisode aus dem Ersten Weltkrieg, die der Romanheld widerstrebend erinnert, ging lange und alptraumhaft nach… Dem Kinde war ein Sprüchlein zu Ohren gekommen: ‚Rosa Luxemburg schwimmt im Kanal, Karl Liebknecht hängt am Baum hoch oben'. Es genügte später zum Thema ‚November 18'. War es nicht – auch banal?

Theologie

In der dunkelsten Ecke des Arbeitskabinetts, da wo auch am hellsten Mittage die Schatten nicht wichen, klebte, von den Kokrotschen angefressen, ein alter Zeitungsausschnitt: Auf den Trümmern einer zerbombten Stadt sitzt ein Mann, mager, abgerissen. Sitzt und hat das Gesicht in beide Hände vergraben. Vermutlich ein heimgekehrter, aus Kriegsgefangenschaft, Soldat. Handschriftlich ist dazugeschrieben: NON OBLIVISCAR. (Die Bitterkeit und Verzweiflung der einen, die umsonst gekämpft hatten, auf der einen, auf der anderen Seite die höhnischen Kommentare derer, die dagegen gewesen waren oder gewesen sein wollten.)

Da war versucht worden, das Gespenst an die Wand zu nageln. Rechts und links davon zwei ebenfalls schon vergilbte Sprüche in griechischen Majuskeln: ΕΝ ΤΩ ΚΟΣΜΩ ΘΛΙΨΙΝ ΕΧΕΤΕ und ΜΗ ΘΗΣΑΥΡΙΖΕΤΕ.

Auf der Suche, dumpf und untergründig, nach Sinn, der einer Überlebenden von damals angesichts neuerlicher Bedrohung zum Weiterleben hätte verhelfen können, führte ein schlingernder, von Zweifeln überwucherter Weg in ein Zweitstudium Theologie. Und von da, *rite vocata* und zu zweit, in einen Campus im Regenwald Afrikas…

Der Zufall wollte, daß die erste Vorlesung mit dem Anfang aller Anfänge begann: ‚Im Anfang war das Wort.' Es war das Schönste, Höchste und Tiefste, das in dem alten Doppelbuche zu finden war. Es war wie ein umgekehrter Regenbogen, wie eine Parabel: Anfang und Ende im Unendlichen, Abstieg und Aufstieg, und der Scheitelpunkt auf Erden, tangentenhaft-kontingent: ein kurzes Menschenleben. Träumereien über ΑΡΧΗ und ΛΟΓΟΣ. Eine siebenfältige Herrlichkeit leuchtete auf vor der dunklen Wolkenwand der Welt. Das Kreuz warf Schatten. Das Leben war zu haben je und dann am zerrinnenden Abglanz des Einen, das not war und zu denken gab.

Von dergleichen war in Hörsälen und Seminaren nicht die Rede. Es ergab sich nach und nach eigenem Nachdenken. Zunächst mußte man sich einarbeiten, sprachlich und historisch-kritisch; man mußte hinabsteigen in die dornig verstrüppten Niederungen der Textkritik und der Quellenscheidung - ach, wie bunt von Buntstiften prangten am Ende die heiligen Schriften! Es ergab sich, was man eigentlich vorweg hätte wissen müssen: Akademische Theologie, kirchliche Praxis und religiöse Sehnsucht (meist mit ‚Glauben' gleichgesetzt) waren dreierlei. Theologie hatte offensichtlich wenig zu tun mit einem *goût de l'absolu* auf der Suche nach Daseinssinn. Wo und wie erhält der Mensch Antwort auf etwas, das dumpf und unbegriffen Besitz von ihm ergriffen hat? Wer oder was hilft ihm begreifen, was ihn ergriffen hat? Wer die Antwort weder von der Psychologie, sei es Feuerbach, Freud oder Fromm, noch von einer Gesellschaftstheorie erwartet und sie in Heiligen Schriften auch nicht findet – wo wendet er sich hin? All das Entfremdungsgemunkel, der Drang nach Selbstverwirklichung und die Forderungen nach Veränderung der Verhältnisse halfen nicht weiter, es waren Abwege. Wer einen Ritt über den Bodensee hinter sich hat und wissen will, warum und wozu er noch lebt, fragt der nach dem besseren oder gar dem glückseligen Leben? Oder gar nach dem Glück der Unterdrückten oder der größtmöglichen Zahl? Er fragt nach einem privat-sinnvollen Leben; nach dem, was ein Jahrzehnt später so rührend-tappsig als ‚Lebensqualität' durch die anhaltende Wohlstandsmisere rumorte. Wenn einer Tochter, zum Kummer der Mutter, weder ein Häuschen mit Garten, noch die unverzichtbare Automobilität, noch auch eine eigene Familie erstrebenswert erscheinen, sondern ein Zweitstudium Theologie, zusammengespart aus immerhin zwei Jahren Staatsdienst: ist das unverantwortlich? Ist es Luxus? Und dann noch Afrika!

Man war inzwischen immerhin zu zweit.

Das Johannesevangelium also als Einstieg und kleine Offenbarung. Dabei blieb es. Der Jesus der Synoptiker und der Kyrios des Paulus blieben fremd, verleidet durch allerlei exegetische Manipulationen und durch Lehrautoritäten, die anzunehmen schwerfiel. Dem johanneischen Offenbarer freilich widerfuhren Metamorphosen der Aneignung. Der Auferstandene stand in der Morgendämmerung am See, neben dem Holzkohlenfeuer, und fragte: ‚Liebst du mich?' Und sie sagte: ‚Nein. Verstehen will ich.' Da entzog er sich. Entzog sich, um Jahre später wiederzukommen, wandelnd über den Atlantik in gar fragwürdiger Gestalt. Als ‚Superstar' kam er näher, freilich nicht so nahe wie die perplexe Liebe der Jüngerin aus Magdala und ihr ratlos-flehendes Lied ‚I don't now…' Es verschmolz mit eigener Ratlosigkeit, damals in Bethabara. Alles übrige mutete eher peinlich an, vielleicht sogar skandalös. Aber ER ‚kam an', der ins Hysterische wohlstandüberdrüssiger Jugendbewegtheit entfremdete Gottmensch der Hippies. Und er ist, kynisch verfremdet, geblieben in fragwürdiger Gestalt.

Warum und wozu überhaupt Gottessohn? Auf der Suche nach Gott-selbst lenkt ein halbgöttlicher Stellvertreter doch nur ab. Das war ein monolithisch-monotheistisches Stadium; Gott als Vaterfigur bereitete keinerlei Schwierigkeiten. Väterliche Autorität, gar Tyrannei, war einer Kriegswaise fremd. Auf der Suche nach Gott-selbst blieb der Neue Bund links liegen. Ansätze von Sinn und Verstehen zeigten sich im Alten, zunächst vor allem bei den Propheten und ihrer Rechtfertigung Gottes aus Schuld und Geschichte. Es beeindruckte die Weite des Feldes, das es zu durchstreifen gab. Keine Gedächtnistempel, errichtet auf der Schädelstätte eins Einzigen; statt dessen die Irrungen und Wirrungen des vollen Menschenlebens, kreisend um Gottes eigenen Maskentanz: Geschichte. Es geriet freilich recht bald ins Zwielicht des Verdachts das Glaubenskonstrukt ‚Heilsgeschichte', oder, allgemeiner: Geschichte als angeblich spezifisch biblischem Medium der Offenbarung. Solches begegnete nicht nur in einem gründlichen Grundkurs, sondern an jeder Ecke, an der eine Lehrautorität stand, leibhaftig oder als Papierdenkmal. Solche Dauerproskynese vor der Geschichte, dieser Dauerexodus, das Wandern von einer Verheißung zu anderen - war ermüdend und wurde unglaubwürdig. Eines Erzvaters Hoffnung auf gelobtes Land: schön. (Wenngleich problematisch bis in die unmittelbare Gegenwart.) Der Propheten Zukunftsvisionen von Gerechtigkeit und ewigem Frieden: gut. (Utopien müssen sein.) Aber hier und jetzt? Und wovon lebe i c h ? Von des Alten Bundes Schriften blieben übrig: Theophanien und Weisheitliches in Auswahl; Psalmen bei noch strengerer Auslese; vor allem jedoch das Buch Hiob: ihm war Allgemeinmenschlich- Nachdenkenswertes zu entnehmen.

Abtauchen in den Alten Orient

Dann waren da noch die Mythen der allerersten Kapitel (‚Im Anfang schuf Elohim...'; Eva und die Schlange) und hier und da bei den Propheten ein Hinweis auf weibliche Gottheiten in Konkurrenz zu einem vorgeblich vorexilischen Monotheismus. Da bissen auf der einen Seite die Archäologen an und auf der anderen die Feministen. Zwischen beiden Strömungen hindurch buddelte sich schiere Neugier zurück in den Alten Orient. Akkadisch lernen, gar Sumerisch? Tontafeln entziffern? Nur sehr sporadisch (Es genügte schließlich <Ama-uschum- gal-anna> ‚Meine Mutter ist der große Himmelsdrache'.) Lustvoll vorbei an Examenserfordernissen begann ein Schwelgen in Bildbänden und Mythologien aus dem Alten Orient.

Da ging unter die frühe Sonne Homers, (die späte leuchtet noch immer); das klassische Altertum versank, die schöne griechische Sinnenwelt, Tempel, Götter und Heroen, geliebt hölderlin- und hyperionhaft; die strenge Parthenos, der strahlende Phoibos und die Blumenjünglinge all, Hyakinthos, Narkissos, sie sanken dahin, überschattet von noch Älterem, Ursprünglicherem, Geheimnisvollerem, besiegt und verdrängt wie sie selbst einst besiegt und verdrängt hatten, was in frühen Mädchenträumen umgegangen war: das blondgelockte Heldentum Siegfrieds von Xanten, die gesamte Nibelungentragödie und Tejas, des Tapferen, Kampf um Rom. Dazu Karl May vor den weiten Horizonten des Wilden Westens, an der Biegung des Flusses, wo Winnetou Old Shatterhand begrüßte mit freundschaftlichem Handschlag: vorbei und dahin, übermocht von ältestem Vorderen Orient. ‚Geschichte beginnt mit Sumer'. Auferstanden Götter, Helden, Priesterfürsten, Tempeltürme und die Stadtmauern von Uruk.

Das war damals, zu der Zeit, als in den akademischen Kakaobunkern die fortgeschrittene Jugend Wilhelm Reich und Herbert Marcuse entdeckte, Marx und Freud sich erstaunt die Hand reichten zu gesellschafts- und triebbefreiendem Bunde, während hier und da eine Plastikbombe explodierte. Da saß eine bereits Überalterte in den verwinkelten Seminarbibliotheken von Gogingen, oft allein und bis spät in die Nacht, las und las und entdeckte Gestalten aus unvordenklicher Zeit. Die Große Mutter thronte, archaisch-dumpf, in Bärenhöhlen, und am Strande Syriens stand Astarte, nackt. Über die mesopotamische Ebene leuchteten die Mauern von Uruk; Gilgamesch klagte um Enkidu; Gudea, der gute Hirte, betete zu Gatumdug, seiner Mutter im Himmel, und auf Dumuzi, ihren sterblichen Geliebten, ließ Inanna die Dämonen der Unterwelt los… Während die Studenten revoltierten, saß eine graue Maus im Auditorium maximum, gerade einmal der selbsteigenen Existenzkrise entronnen, und der uralte Uhu, Subjekt hin, Objekt her, saß auf dem Kuckucksei des Prinzips Hoffnung und orakelte Mehrdeutiges in die gärende Veränderung der Dinge, kämpferisch noch immer und jugendbewegt durchaus. Die graue Maus aber, die überalterte Studentin, sie gedachte vornehmerer Gesten des Zögern und der Skepsis und der Arabesken einer opalberingten Hand hinter dem Katheder zu Tiliapolis, einen Sommer und einen Winter lang. Es stand da eine zerbrechliche Gestalt in grauem Haar, zu deren Füßen eine Kierkegaard-Adeptin saß, spätgriechischer Geschichtsphilosophie lauschend und dem Raunen reiferer Resignation, während vor den Fenstern die Linden blühten und kühles Schneelicht dämmerte. Es war auch, unerwartet, Begegnung geschehen; zwei Bände Hölderlin ergaben sich als Gegengabe für die Übersetzung eines geschichtsphilosophischen Essays. Es blieb entrückt und wie hinter sieben Schleiern. Es fiel wie welke Wintersonne auf braunes Mädchenhaar. Das war damals, vormals.

Bezaubert also von einem neuentdeckten Alten Orient saß eine spätverehelichte Theologiestudentin, bereits jenseits Dreißig, in der Seminarbibliothek, und aus der Schilfrohrhütte in den Marschen trat Inanna, Hetäre und Kriegerin, und stieg hinan zu ihrem Hochtempel und Hochzeitgemach in Uruk; als Astarte stand sie nackt am Strande Syriens, ehe griechische Gesittung sie mit goldenem Gürtel umgab und Aphrodite nannte. Eine Ahnung stieg auf von Archetypischem, vom Dämonischen im Eros, von Leidenschaft, umarmt vom Todestrieb, und wie Schicksalhaftes entstehen kann aus bloßem Anschaun: ‚Als die Tiara er aufs Haupt gesetzt / Hob ihre Augen auf die wunderbare Ischtar / Zu Gilgamesch in seiner Mannesschöne.' Die Göttin begehrt den Sterblichen. Ein Ebenbild der dunkelgoldglänzenden Bronzemaske, vielleicht des Sargon von Akkade: die gebogene Semitennase mit den schmalen Nüstern, das kleingeringelte Bart- und Haupthaar und ein Mund, schöner und grausamer als der eines griechischen Gottes. Das rechte Auge freilich ist eingeschlagen wie von erhobener

Sklavenfaust… Die aus Tontafelfunden wiedererstandenen Mythen des Zweistromlandes gab es inzwischen übersetzt als dickes Buch: Bottéro/Kramer ‚Quand les dieux faisaient l'homme' und weckten höchstes Interesse.

Ein Seitenblick Richtung Ägypten lief an Pyramiden und Sphingen vorbei zwischen Kalksteinstelen hin, über Flachreliefs mit merkwürdig verdrehter Perspektive, um an der Wucht der Lotossäulen von Luxor hinaufzustaunen und der Stein gewordenen Unsterblichkeitsträume der Gottessöhne auf Erden noch manches mehr zu bewundern, um sodann vom Nil zurück zurückzublättern an den Euphrat – was war früher? Beginnt Geschichte mit Sumer? Waren syrische Götter aus dem Südosten entlang der Karawanenwege des fruchtbaren Halbmondes gewandert? Ägyptische Einflüsse gab es zweifellos im Lande der Philister und Kanaanäer und somit schließlich auch bei den alten Israeliten. – Der wiederentdeckte Alte Orient berauschte. Es war kein Ende der Schätze aus den Ruinen unter dem Schutt der Jahrtausende. Noch einmal begann das Sammeln von Reichtümern im Reich des Geistes und mühsam war es, sich loszureißen, um das Zweitstudium Theologie mit einem ernsthaften Examen abzuschließen und nebenher Stoff für eine Dissertation zu sammeln.

Mit der Kenntnis der Mythen Sumers ebnete sich der ältere Teil des Kanons ein in die allgemeine Religionsgeschichte. Zumindest bis zum Exil. Dann mochte Persisches an Einfluß gewonnen haben. Des Alten Bundes Schriften waren jedenfalls fortan nicht mehr in dem gleichen Sinne ‚Wort Gottes' wie die des Neuen Bundes. Die Philosophie von Tiliapolis, vormals, während des Erststudiums, Gadamers Hermeneutik der Horizonterweiterung und Löwiths skeptische Geschichtsphilosophie, wirkten sich ebenfalls auf das Theologiestudium aus. Um Offenbarungsmedium zu sein, war Geschichte schließlich doch zu zwiespältig.

Propheten - wahre und falsche

Die Zwiespältigkeit von Geschichte wurde offenkundig in der Gestalt der Propheten Israels - die einen forderten und verhießen das eine, die anderen drohten mit dem Gegenteil. Wem sollte man glauben? Zu Bewußtsein brachte das Problem G. Quells Abhandlung über ‚Wahre und falsche Propheten' von 1952. Am Beispiel des Propheten Hosea und seiner im kanonischen Text als ‚Hurenweib' überlieferten Ehefrau Gomer konnte das Problem durchgespielt werden: wie geschichtliche Katastrophen Werte, Rechte und Gewissen umkrempeln. Was gestern allgemein Recht und Pflicht war (Teilnahme an den Höhenkulten und die Verehrung weiblicher Gottheiten) ist heut und fortan ein Verbrechen. Der Prophet hat vorweg gewarnt und verdammt; jedoch ‚Ein Narr ist der Prophet, verrückt der Geistesmann!' Überliefert wird und in Geltung bleibt, was sich im nachhinein als ‚richtig' erwiesen hat.

Das war das eine. Eine Dissertation, ein selbstgewähltes Thema, ein Doktorvater, der eine Frau aetate provecta, die aus dem Regenwald Afrikas kam, gewähren ließ und ein ‚rite', das sich rigoros zu ‚cum laude' verbessern ließ.

Die Kenntnisse, die sich auf dem Seitensprunge hinab nach Sumer angesammelt hatten, sollten eines Tages, mitgeschwemmt im Flußbett eines neuanschwellenden Feminismus, eine religionsphänomenologischen Studie ‚zum Verstehen fremder Religionen' ergeben: **Inanna**. *Wesensbild und Kult einer unmütterlichen Göttin*. Das ist im nachhinein vorweggenommen.

Vor dem Regal im Arbeitskabinett, wartend auf den Landrover und suchend nach einem blauen Umschlag mit Banknoten, in taubenblauer Morgendämmerung beim Rascheln der Kokrotschen, gingen die Gedanken vom Theologiestudium und seinen altorientalischen Abweichungen weiter zu der Frage nach Theologie und Frömmigkeit.

Theologie und Frömmigkeit

Das hohe und breite Regal Theologie gereichte dem Arbeitskabinett zur Zierde. Es war zudem eine Art Visitenkarte. Dem Zweitstudium verdankte sich ein Lehrauftrag und ein Bedarfsgehalt als Kollegin unter Kollegen.

Das Unterrichten am Theological College von N. war sinnvolles Zeitzubringen sieben Jahre lang – gewesen? Im fünften Jahre war das Fach Dogmatik hinzugekommen, richtiger: eine darauf Erpichte riß es an sich, nachdem des Alten Bundes Schriften sich historisch-kritisch und *cum laude* erschöpft hatten. Gemixt wurde nunmehr ein Cocktail aus Tillich und Przywara, Moltmann und Rahner, Elert, Althaus und Teilhard de Chardin. Augustin, Luther und Schleiermacher mischten Essenzen bei, tropfenweise. Aus dem Vollen schöpfend wurde frei verfügt über sinnvoll erscheinende Traditionen. Sinnvoll vor allem im Blick auf eigene Bedürfnisse. (Kierkegaard, ungenannt, mochte sich bemerkbar machen in der Ich-Bezüglichkeit des Systems: Wahr ist, was m i c h erbaut.)

Es ergaben sich seltsam ungekehrte Proportionen zwischen gelehrter Theologie und persönlicher Frömmigkeit. (Von ‚Glauben/faith zu sprechen war ratsam aus Gründen der Verständigung, war Ausdruckskonformität. ‚Sprtualität' war noch nicht in Mode gekommen.) Das nämlich, was als kürzeste Distanz anzunehmen gewesen wäre, die Linie zwischen ‚Frömmigkeit' und ‚Theologie', es lag in Wirklichkeit, das heißt auf der Ebene der Innerlichkeit und der Erfahrung, recht weit von einander entfernt. Und es war schwierig, eine Erklärung dafür zu finden.

Es war keine Heuchelei im Spiele. (Als wäre gelehrt worden vorbei am eigenen Glauben) Es war didaktische Anpassung und eine Frage der Ausdrucksweise. Für das eigene Empfinden aufgrund eigener Erfahrung war es ein schillernd-dialektisches Einerseits-Andererseits, abwechselnd und vermischt mit einem Sowohl-als-auch. Gelehrt wurde Formal-Orthodoxes, bibelbasiert im Vorfelde persönlicher Erfahrung, die sprachlich nicht zu vermitteln war.

Der in den christlichen Glauben hineinverführt hatte, Kierkegaard, hatte es durchdacht und dargestellt am Beispiel der Ehe als moralischer Anstalt. Wie überzeugend hatte Assessor Wilhelm darüber zu philosophieren vermocht! Aber es gab noch etwas darüber hinaus, etwas Unbedingtes und Absolutes – losgelöst von gesellschaftlichen Institutionen und zeitbedingten Moralmaßstäben. Was war das? Es war die Erfahrung von etwas, das im Gleichgewicht zu halten und dem Dasein einen Sinn zu geben vermochte. Etwas lebenslang am Leben Erhaltendes.

Im Innersten, wo Sprache aufhört und Begriffe versagen, wo es nur noch das Unsagbare gibt, Angst und Ausweglosigkeit sowohl als Sehnsucht und Erfüllung, jenseits von Gut und Böse im herkömmlichen Sinne – da, in einem Randbereich, jenseits auch von Heiligen Schriften, Mythen, Geboten und Dogmen, in einem mystisch-pantheistisch Unfestlegbaren, da war etwas, das ‚Gott' genannt wurde, ahnbar sowohl als je und dann auch nahe und erfahrbar. ‚Gott' konnte dem einfachen Gemüt sicherlich auch im einfältig geglaubten Evangelium begegnen. Wo aber war Gott in den Schrecken der Geschichte? Wo in Weltkriegen und wo war er einst am Kreuz gewesen, an dem ein von Gottes Geist Erfüllter starb? Das dem Menschen in Jesus von Nazareth zugewandte Antlitz Gottes mag Liebe und Erbarmen sein. Am Kreuz indes ist es – Finsternis. Gott war in allem, was je am tiefsten ergriffen und bewegt hatte. War er auch in den Tiefen der Ausweglosigkeit und der Verzweiflung? ‚Was Gott ist wird in Ewigkeit kein Mensch ergründen' - ?

Der Namenlosigkeit Gottes (‚Geheiligt werde *dein Name*' will besagen: ‚*Dein Persongeheimnis*') mochte entgegenstehen die Vielzahl der Attribute als Ausprägung unterschiedlicher menschlicher Gotteserfahrung. Denn konnte das, was ‚Gott' genannt wird, nicht in vielerlei Gestalt begegnen? War es in Nietzsches ekstatischem Nihilismus nicht ebenso wie in Kierkegaards schwermütiger Glaubensqual? War er nicht auch im Lächeln der Sargonmaske und im Glanze des Saphirhimmels über Sils-Maria? In Hamlets Bereitschaft zum Tode und in Cassius' Liebe zu Brutus? Sicherlich war er im griechischen Sinnenglück, im künstlerischen Schöpfungsrausch und in der intellektuellen Leidenschaft, die aus jedem großen Gefühl aufsteigt, das begreifen will, was ergreift. Hatte es nicht letztlich auch Anteil an der Macht der Astarte? (‚*Ich* bin seine Anath und Aschera'!) Das ‚Gott' Genannte offenbart sich christlichem Glauben am eindrücklichsten und am tiefgründig-rätselhaftesten in dem Manne aus Galiläa und in seinem Tod am Kreuz. ‚When I survey the wondrous cross…'

Es blieben viele Fragen offen. Wo war Gott in der Mutter Lebensenttäuschung und in ihrem Daseinskampf? Wo in ihrer Altersverbitterung? In der Abwendung von der Religion ihrer Eltern? Wo war er in der eigenen Angst und Hilflosigkeit, wo in den Sinnlosigkeiten der Geschichte und des Bösen zwischen Mensch und Mensch?

War Gott im Davongekommen- und Entronnensein, damals im Januar 45? Sicherlich war er in zuteil gewordener Zuneigung, in ehelicher Treue und frommer Vernunft, die im Gleichgewicht hielten – und die fromme Vernunft war nicht die eigene. Mithin war das ‚Absolute' keineswegs absolut, sondern mit zähen Fäden festgeklebt – vielleicht auch in Heiligen Schriften, vor allem aber in einzelnen persönlichen Daseinserfahrungen. Und war damit auch einem Ethos verhaftet. Es schwebte nicht frei im reinen Ergriffensein, in reiner Anschauung oder in reiner Sehnsucht des *cor inquietum*. Ein Bild menschlicher Gottessehnsucht mochte ‚the desire of the moth for the star' sein: Shelleys Sehnsucht der Motte im Sternenlicht. Christliche Gottes*erfahrung* indes hatte ein gültiges Vorbild im fleischgewordenen Logos.

Didaskalia

Nzab'ngen II – der Urtext

Docendo discimus. Seneca hat viele Sprüche gemacht; man findet sie inzwischen im Internet. Der Lehren-Lernspruch paßt besonders gut zu den Texten, die nun folgen. Wie zu Anfang, soll hier am Ende der Besinnlichkeiten im Arbeitskabinett ein längerer Text stehen, der in überarbeiteter und erweiterter Form in Nzab'ngen veröffentlicht wurde.

Im zweiten Schreibanlauf der Reise nach *** folgt auf die Erinnerungen an das Abtauchen in den Alten Orient eine Beschreibung des Theological College (Pfarrseminars), der Studenten und Erinnerungen an Unterrichtserfahrungen. Der hier wiedergegebene Text ist **Urtext,** eine Vorform dessen, was in mehr oder weniger überholter Form und erweitert um mancherlei Episoden in die ,Erinnerungen an ein Schwellenjahr im Regenwald Westafrikas' eingefügt wurde. Neben Episoden in den Fächern Englisch, Psychologie und Dogmatik erinnert der Urtext ,Dogmatic Notes' auf dem Wege zurück zu den alten Griechen.

Es folgt hier also die Urfassung des Didaskalia-Kapitels in dem Erinnerungsbuche Nzab'ngen. Nur wenige Passagen wurden wörtlich übernommen, im wesentlichen handelt es sich um eine Variante mit bedeutsamen Abweichungen. Das ,Lernen durch Lehren' erforderte eine Darstellung des Kontextes, sowohl des soziologischen wie des psychologischen. Zu letzterem gehörte, daß eine Frau Männer unterrichtete. Im Rahmen der Akkulturation durch Schulbildung mochte das an- und hingehen. Daß die Wurzeln des Empfindens jedoch noch weitgehend autochthoner Stammeskultur verhaftet waren, wußte der Feldforscher und Kollege Ehemann. Die Kollegin Ehefrau ahnte es bisweilen.

Das Pfarrseminar und die Studenten

Undurchsichtigkeiten

Das College stand da drüben, jenseits der Bougainvillea, jenseits der Dorfstraße und des Fußballfeldes. Der Pfad führte, vorbei an der alten Kapelle, eine baumumschattete Anhöhe hinan. Da stand ein flaches, längliches Gebäude mit mehreren Klassenzimmern. Durch Wellblechdach und Sperrholzdecke regnete es bisweilen, der Zementboden war rissig und fleckig, die Lamellenfenster schadhaft, die Tische morsch und die Stühle wackelig. Es störte selten, es behinderte nicht des Geistes Tätigkeit. Das war die Stätte der Lehrveranstaltungen. Hier fanden Daseinsberechtigung und Selbstbestätigung statt. Es gab auch eine Bücherei. Die mitgebrachten eigenen Vorräte waren nicht die einzigen Ansammlungen westlicher Papierweisheit in dörflicher Abgeschiedenheit im Wald hinter den sieben Bergen. Die baufälligen Räumlichkeiten waren Disputier-Arena und stille Zelle zugleich. Hier fanden die Kampfspiele des Geistes statt und die Einübungen in stilles Für-sich-Denken während der Klausuren.

Es saßen da, in einer jeden der zwei, bisweilen auch drei Klassen, im Durchschnitt je eine Fußballmannschaft. Bunt gemischt aus vielen Stämmen des Wald- und des Graslandes. Aus ländlichen Gegenden und einfachen, oft ärmlichen Verhältnissen, mit Grundschul-, selten mit Sekundarschulbildung und mehr oder weniger Berufserfahrung als Dorfschullehrer, Bürogehilfe, Gelegenheitsarbeiter oder auch gänzlich ohne Arbeit und Beruf, aber alle mit der Vorstellung von ‚Berufung'. Sie kamen als Katechistensöhne, dem Vater folgend und nach Höherem strebend, als Bauernsöhne, deren Väter als Stützen der Gemeinde Ansehen erworben hatten. Bisweilen auch als Söhne polygampaganer Väter, sich losreißend von alten Traditionen und auf Häuptlingswürde verzichtend.

Sie kamen, wissens- und machtdurstig, um in vier Jahren zu lernen, was erforderlich war für ein Diplomexamen als erster Stufe auf der Leiter, die über die Ordination ins Pfarramt führte, und bisweilen darüber hinaus zu allerlei erstrebenwerten Ämtern in der kirchlichen Hierarchie. Sie kamen mit allem, was ein Feldforscher erfragenswert fand, um es mit religionssoziologischem Blick zu betrachten und manches davon bei Tisch gelegentlich mitzuteilen, während die Kollegin Ehefrau anderes sah, das wiederum den Kollegen nicht sonderlich interessieren mochte.

Was war da zu sehen? Es gab Gesichter, weder anziehend noch abstoßend, die nur mit Mühe wiederzuerkennen waren: flachnasig, breitlippig, etwas heller oder etwas dunkler – unauffällig. Dann aber gab es Großäugige, die ein kindlich-frommes Gemüt vermuten ließen, dem schärferen Auge jedoch Bauernschläue verrieten. Das schärfere Auge hatte der Kollege Ehemann. Vielleicht aber sah er manches auch nicht. Es gab bisweilen Blitzendes und Glänzendes im Blick, sprühend im Feuer des Diskussionsgefechts. Es gab Vornehmes, Schmalschädeliges aus bestimmten Stämmen, Prinzengeblüt. Es gab Bärtiges mit finster-vorweltlichem Blick und gerunzelter Stirn, hinter der es knisterte. Es gab hinreißend hübsche Jünglinge, von überlegenen Jahren ‚Knaben' genannt. Ihr Witz und Charme nahm gefangen; es half dagegen eine gewisse Strenge. Schließlich gab es bisweilen Augenblicke, die ein geistesgegenwärtiges Ausweichen nahelegten oder die Aufforderung, den nächsten schwierigen Satz aus dem Griechischen zu übersetzen.

Charakteristisches mochte wahrgenommen werden: höfliche Aufmerksamkeit und schweigendes Abwarten; theatralisches Gebaren, Clownerien der Verlegenheit; spröde Zurückhaltung und überschäumender Eifer. Es gab die Stillen und die Vorlauten, die Begriffsstutzigen und die Ernsthaft-Nachdenklichen. Es gab Träge und Fleißige, Eigensinnige und Scharfsinnige. Es gab Undurchsichtige.

Undurchsichtig blieb vor allem die Welt der Frauen. Die Verheirateten unter den Studenten wohnten in kleinen Reihenhäuschen am Rande des Campus. Die Frauen kochten auf offenem Feuer zwischen drei Steinen in einer winzigen Außenküche; in ihren Kleidern und ihrem Haar war immer der Geruch von Rauch und Bohnenbrei. Sie arbeiteten auf den zugeteilten kleinen Farmen, wuschen die Wäsche an der Wasserstelle vor dem Wohnblock, und ihre kleinen Kinder spielten zwischen Hühnern und Hunden. Die größeren gingen zur Schule und halfen im Haushalt, während die Väter studierten. Es war eine fremde Welt, so nahe und so fern. Was hätte es zu reden gegeben mit Frauen, die allem so nahe waren, was dem eigenen Dasein so ferne lag: die Kochsteine, der Rauch, der Acker, die Kinder.

Nicht ganz so undurchsichtig blieb die Welt der ‚bachelors', der Unverheirateten. Für sie gab es ein gemeinsames ‚Refektorium' und gemeinsame Schlafräume, schuppenartige Unterkünfte, in die der Regen, der Wind und die Ratten allezeit Eingang fanden durch Lücken und Löcher im Gemäuer, im Wellblech und durch unverglaste Fensterhöhlen. Da hatte ein jeder sein Bett in einer Ecke, ein Stück von einem Tisch, einen Stuhl und ein kleines Regal für Bücher. Unter das Bett schob ein jeder den Blechkoffer mit den übrigen Habseligkeiten, und quer über das Bett spannte er eine Schnur für die Kleidungsstücke. Jeder hatte eine Buschlampe für das abendliche Studium (das Lehrgebäude wurde erst spät elektrifiziert) und ein Buschmesser für das wöchentliche Grasschlagen. Bisweilen standen auf den Regälchen auch Fotografien von Eltern oder Anverwandten.

Das alles war in Augenschein zu nehmen im Rahmen der wöchentlichen Inspektion, eine Pflicht, die im Kollegium reihum ging: alle Behausungen mußten auf Ordnung und Sauberkeit überprüft werden. Sicherlich wurde da manches übersehen, wenn die Tutorin pflichtbewußt alle vier Wochen inspizierte. Nicht nur bei den Undurchsichtigen.

Undurchsichtig freilich blieb im Grunde die Menschenlandschaft insgesamt. Es waren eben Menschen und keine Landschaften, die sich beim Betrachten von selbst erschlossen. Es waren auch keine Bücher, die man sich ohne weiteres aneignen konnte. Fremde Menschen waren wie Hieroglyphen. Sie ließen sich dem äußeren Eindruck nach beschreiben, aber ihrem Wesen nach nicht erkennen und verstehen. Es fehlte eine psychologische Hermeneutik für das Wahrgenommene. Es fehlte eine solide und pragmatische Menschenkenntnis. Eine solche war dem Kollegen Ehemann eigen. Auf seine Erkenntnisse und Urteile war Verlaß. Wo freilich gewisse Illusionen sich als inspirativ erwiesen, da waren sie willkommen.

Denn bisweilen war unter den vielen einer, der sich leicht zuhandenen Formulierungen entzog, der anders war als die anderen oder schien: der Schatten subjektiver Eindrücke fiel auf einen jeden. Auf einen solchen ließ sich in langsamem Gleiten und Kreisen, bisweilen auch in jähem Sturzflug, eine Art pädagogischer Eros nieder. Ließ sich nieder wie auf einem einsam ragenden Bumabaum und begann, im störrischen Geäst der Eindrücke ein Nest zu bauen aus Wunschvorstellungen und Sondererwartungen, aus Wirklichkeitsfragmenten und schönen Täuschungen, ein Gebilde, kunstvoller als die luftigen Hängenester der Webervögel. Dahinein ward der Erwählte sodann gesperrt, um mit besonderen Brocken philosophischer Weisheit und dogmatischer Orthodoxie gefüttert zu werden. Warum es jeweils gerade dieser war und wie dergleichen geschah, blieb weithin im Irrational-Dunklen, wo es ja auch hingehörte. Vielleicht war es geschehen in einer Stunde, in der nach langer Diskussion unter Beteilung aller Übereinstimmung zustande kam; dann jedoch, auf eine letzte Testfrage der Tutorin hin, dieser eine, der schweigend im Hintergrunde vor sich hingebrütet hatte, angespannt wie ein Leopard auf der Lauer, gedankenknisternd, plötzlich auffahrend anderer

Meinung war und es aussprach in finsterem Grimme und im Modus einer logischen Abstraktion, der allein die Tutorin zu folgen imstande schien. Solch spröder Jünglingsmut, der Beweis von Intelligenz und das Blitzen im dunklen Blick, es entzündete dann wohl den Funken. Vielleicht geschah es aber auch unmerklich, eins ans andere sich reihend durch viele Wochen hin, bis eines Tages Verwunderung feststellte, daß Lust und Laune vergingen, wenn dieser eine nicht zum Unterricht erschien. Ja, merkwürdig. Bei Tisch wurde dann der Kollege Ehemann befragt, was von ‚diesem da' oder jenem anderen zu halten sei.

Als eines Tages, und das war nach der Rückkehr aus dem Wissenschaftsfreijahr, der Garten verwildert und ein zuverlässiger Gartenjunge unter den Schuljungen des Dorfes nicht zu finden war, erging an einen der älteren Studenten die Anfrage, ob er an dieser Arbeit interessiert sei – für entsprechend angehobenen Lohn. Der Betreffende sagte zu, war fleißig und machte auch fleißig Schulden.

Englisch als Lehr- und Lernfach

Soyinka, Hamlet und Innisfree

Es fand Begegnung statt im Medium der Lehrinhalte. Zu unterrichten waren nicht nur die jeweiligen Spezialfächer, sondern alles, was der Lehrplan vorsah und einer Lehrkraft zugemutet werden konnte. Es gab das Lehrfach **Englisch**, gedacht sowohl zur Aufbesserung allgemeiner Sprachkenntnisse jenseits von Pidgin, als auch zur Lektüre von Literatur. Hier war Beschränkung auf das Nächstliegende ratsam. Das waren die jungen Schriftsteller emanzipierter ehemaliger Kolonien, im Hin und Her zwischen den Sprachen der beiden großen Kolonialmächte von gestern. Es gab davon bereits recht vieles, ‚African Writers' wurden fleißig publiziert von Heinemann, London, und fast alle Paperbacks waren vorhanden in der Bücherei. Der Klassiker von Chinua Achebe *Things fall apart,* war Sekundarschullektüre. Man las Mongo Beti, *King Lazarus,* die alte variable Geschichte vom polygamen Häuptling, der die Taufe will und doch nicht will und was damit so alles auf dem Spiele steht. Es gab zum anderen das Dilemma der intellektuellen Eliten in den Städten: westlich gebildet und westlich frustriert, weil zu politischer Passivität verurteilt. Man las und interpretierte von Soyinka: *The Interpreters,* schön und schwierig geschrieben im stream-of-consciousness-Stil, vermischt mit Mythischem und der Sehnsucht nach den alten Yoruba-Göttern. Das selbsteigene Staunen im nachhinein: diese schwierige Materie habe ich damals bewältigt. Zum dritten und in fließenden Übergängen gab es das unerschöpfliche Thema Korruption in nachkolonialer Unabhängigkeit. Man las Armah Achi Kwei: *The Beautiful Ones are not yet born.* Das alles war Pflichtübung und Absicherung für das Wagnis des Nicht-Vorgesehenen.

Der Versuch wurde gewagt: zweimal mit Shakespeare, einmal mit W.B. Yeats. Es wurden Schätze hervorgeholt in zitternder Vorwegnahme der Enttäuschung. Sie wurden hingehalten, gewissermaßen auf flacher Hand: Seht doch das Schöne, das Kostbare, begreift doch! Aber sie begriffen ganz offensichtlich nicht. Die Perlen entrollten. Sie sammelten sich in niemandes bewundernd zugreifenden oder auch nur tastenden Händen. Ihr Glanz spiegelte sich in keinem Auge wider. Es begegnete vielmehr der Ausdruck ratloser Überforderung. Was war da zugemutet worden?

Nicht weniger als die Krone aller Shakespeare-Monologe: *To be or not to be…* Ausgelotet wurde die Höhe, Tiefe und Breite einer unausschöpflichen Entweder-Oder-und-warum –lieber-doch-nicht-Philosophie. Die Darbietung wurde zum Monumentalmonolog, der einzig die Vortragende in einen Denk- und Formulierungsrausch versetzte, diejenigen jedoch, für die das alles gedacht und vorgetragen wurde, weit hinter sich zurückließ. Eine Tutorin wollte ‚ihre' Studenten miterheben in die höchsten poetischen Gefilde, die ein Dichter je betreten, um ihnen daselbst ein Wundersames, Gedanken-tief-Glänzendes zu zeigen, Seelenerleuchtendes, übersinnliche Nahrung und Labe – die Blicke jedoch, die begegneten, sie fragten ‚Ma-nah?' Es regnete ihnen zur Antwort kein fromm-vertrautes Himmelsbrot. Es hagelte barockes Meteoritgestein aus existenzdialektischen Sphären. Und sie zogen die Köpfe ein.

Es war gewiß nicht an dem, daß da zwei Spiralnebel in erhabener Gleichgültigkeit an einander vorbeirotierten. Tutorin und Studenten waren auf einander angewiesen und guten Willens auf einander bezogen; aber sie lebten in verschiedenen Interessensphären. Eine Europäerin gab von ihrem Eigensten und Besten, wollte weitergeben, was ihr als unvergängliches Denkmal im Gemüte stand, und keiner vermochte die Gabe zu fassen und zu begreifen. Es war da kein Brückenkopf für *traditio* und das Experiment wurde beinahe zum Verrat. Die einen begriffen nichts, und die andere begriff das Nichtbegreifen nicht. Zwei Welten standen einander fremd und freundlich gegenüber. Der Kollege Ehemann aber, dem das Mißlingen geklagt ward, erging sich in ironischen Kommentaren.

Als von Schülern der Sekundarschule ‚Julius Cäsar' aufgeführt wurde, und zwar bewundernswürdig gut, sollten auch Studenten der Theologie etwas davon begreifen. Der dramatische Aufbau wurde an die Tafel gemalt und erklärt, die wichtigsten Szenen gelesen, unter anderem die Auseinandersetzung zwischen Cassius und Brutus. Es sollte den Jünglingen und Männern das Ideal antiker Männerfreundschaft nahegebracht werden. Da aber saß einer in der Ecke, hinten links, sah prüfend nach vorn und bemerkte trocken: ‚You are a woman.' Zuckte eine Wimper? Der Betreffende wurde aufgefordert, den Brutus zu lesen, im nächtlichen Zelt vor der Entscheidungsschlacht, und die Tutorin, in der Rolle des Cassius, sie drohte: ‚Do not presume too much upon my love!' Und Cassius jubelte: ‚Fill, Lucius, till the wine o'erflow the cup! I cannot drink too much of Brutus' love!' Und weiter: ‚If we should meet again - ‚if not…' Symbol eines vollkommenen Abschieds: wie berauschend nach der Versöhnung der Tod schmeckte. Unbegreiflich vermutlich, daß eine Frau dergleichen nachempfinden konnte und sich vermaß, es mitzuteilen.

Eines Tages schließlich der Versuch mit Yeats' *Innisfree* : ‚I will arise and go now …' Es war das naive Unterfangen, europäische Asphaltmüdigkeit einem Geschlechte nahezubringen, das aus Wäldern und Savanne in die Städte strebte. Zwei Welten prallten von einander ab. Der Lernenden Höflichkeit und der Lehrenden Naivität verschleierten in geübtem Zusammenspiel das Fehlschlagen des Experiments. – Auf die Frage, kolportierte eines Tages der Kollege Ehemann, wo Student X sei, erwiderte Student Y: ‚He has gone to Innisfree'.

Es war, auf Seiten der Tutorin, ein blindes Hintappen sehenden Auges. Es war wie ein Sich-selbst-im-Wege-Stehen, und es kam schließlich zu einem Sich-Abfinden: zu sehen und nicht zu verstehen. Es saßen im Klassenzimmer allzumal Individuen je-eigenen Charakters, geprägt durch unterschiedliche Stammestraditionen, modifiziert durch westliche Schulbildung und bis zu einem gewissen Grade bereit, sich anzupassen an das Bücherwissen des weißen Mannes, vermittelt, ausnahmsweise, durch eine weiße Frau. Immerhin eine ordentlich ordinierte Theologin. Verheiratet, *aetate provecta*, aber noch nicht jenseits. Und sie lehrte Männer, keine Knaben.

Es war durchaus nicht immer einfach. Es gab ein Lehrfach, das dem Kollegen Ehemann überlassen blieb aus guten psychologischen Gründen: Ethik. Denn es gehörte wesentlich dazu auch Sexualethik.

Psychologie aus dem Handgelenk
Wildernd im Gehege des Kollegen

Was da nicht zur Sprache kommen konnte zwischen einer lehrenden Frau und zu belehrenden Männern, das war nicht etwa Freuds Traumdeutung und Sexualtheorie. In den wenigen Stunden **Psychologie**, die der Lehrplan vorsah, wurde dieses Thema mutig und ohne Verlegenheit angepackt und durchgezogen. Eine grundsätzlich (außer sonntags) in männlichem Habit Auftretende konnte sich dabei so recht als Gladiatorin und Chefärztin vorkommen und sich zusehen: wie der Stier bei den Hörnern gepackt, mit sicherer Hand das Skalpell angesetzt wurde. Die Materie wurde den Mannen klinisch-steril vordoziert, alle Infektionsmöglichkeiten durch Peinlichkeit waren ausgeschlossen durch kühle und trockene Selbstverständlichkeit. Thema und die Situation waren fest im Griff der kreidebewehrten, skizzenentwerfenden Hand, notfalls im tadelnden Ton der Stimme, im zurechtweisenden Blick, in der wortlosen Drohung einer pädagogisch gerunzelten Stirn, vor allem aber im sachlichen Ton der Gesprächsführung, als handle es sich um die Erklärung des Unterschieds zwischen Aorist und Imperfekt. Hinter dem Schutzwall der Überlegenheit an Alter, Amtswürden und theoretischem Wissen stand ein Gefühl der Sicherheit. Zudem war gleich zu Anfang als Anrede der übliche Ehrentitel in einer Stammessprache (‚ehrwürdige Mutter') verliehen worden. Mithin war, zumindest für das subjektive Empfinden, klar, das hier eine durch Wissen überlegene Autorität lehrte.

Freud also war kein Problem. Etwas wie Verlegenheit wollte jedoch aufkommen, als die Exegese zu Genesis 2 und 3 vor- und zurückrückte. Während sich in Genesis 1 das hundertjährige Problem ‚Schöpfung und Evolution' mit Teilhard de Chardin, auf Briefmarkenformat reduziert, beinahe spielend lösen ließ, bereitete das mehrere tausend

Jahre alte **Adam-Eva-Problem** weit größere, ja schlimmere Schwierigkeiten, je mehr sich Abweichungen von orthodoxen Selbstverständlichkeiten und damit Annäherungen an die Grenzen ‚feministischer' (die Anführungszeichen sollen Vorbehalt anzeigen) Umwertungen und Provokationen ergaben. Fragend, erwägend, andeutend, laut vor sich hinmeditierend, Diskussionen vermeidend, die sonst so anregenden – die Stunden waren unsichere Versuche, Zweifel zu insinuieren an Adams gottgewollter Überlegenheit. Die merkwürdige Rippengeschichte. War nicht jeder Mann ‚vom Weibe geboren'? War Evas Hören auf die Schlange schlecht? War ihr Wissensdurst böse? Wollte Adam ewig unwissend und geistig beschränkt bleiben? War sein Gehorsam dem Gebot Gottes gegenüber nicht geistige Trägheit oder gar Feigheit? Und wäre es nicht möglich, daß die Männer die Geschichte nur erfunden haben, um ihre Herrschaft über die Frauen zu rechtfertigen? ‚Mann' sah Richtung Katheder mit unverhohlener Skepsis, man lachte das Lachen der Verlegenheit. Aus der linken hinteren Ecke aber kam zum anderen Male die nüchterne Feststellung: ‚Well, you are a woman.' Somit war das auch geklärt und wurde geflissentlich überhört. Die Stunde war zudem zu Ende.

Moralpredigt und Wirklichkeit

Ethik wäre also als Lehrfach nicht in Frage gekommen. Als Mann unter Männern nahm man dem Kollege Ehemann (nach dessen eigener Aussage) in lebhaften Diskussionen ab, was bei einer Frau Irritation und verlegenes Schweigen hervorgerufen hätte.

Es wurde, besonders in den Morgenandachten, viel Moral gepredigt in einer auf gewisse Standards verpflichteten Gemeinschaft aus Studierenden und Lehrenden. Die drei Versuchungen, die immer wieder Revue passieren mußten, waren Frauen, Geld und Alkohol. ‚Frauen' im Sinne von

Vor- und Außerehelichem. Die indigene Sexualmoral war nicht besser und nicht schlechter als die westliche; im ganzen vielleicht eher noch etwas zwangloser. Eine Ehe wurde geschlossen um legitimer Kinder willen, und Kinder sollte eine Frau nur ehelich bekommen. Die Wirklichkeit sah, wie überall und allzeit, anders aus. In den wenigen Städten blühte die Prostitution, in den koedukativen Sekundarschulen herrschte Promiskuität, in die bisweilen auch das Lehrpersonal verwickelt war. Es wurde abgetrieben oder unehelich geboren, und es hatte allen Anschein, daß Frauen sich die gleichen Freiheiten, ‚anzumachen' nahmen. Es wirkten wohl noch alte Vorstellungen mit, daß ein Kind wichtiger sei als ein Ehemann. Oder daß in gewissen Ausnahmesituationen dem Sexualtrieb ein umfassendes Eigenrecht zustand: ‚Festpromiskuität'. Trotz aller Moralpredigt kam es immer wieder vor, daß Verheiratete wie Unverheiratete unter den Studenten an den verpflichtenden Normen vorbeilebten. Es gab Relegationen. Manches freilich wurde erst bekannt, nachdem der Betreffende das Studium erfolgreich absolviert hatte. Dann blieb die Sache in der Regel auf sich beruhen. Die Geistlichkeit der Jungen Kirche mußte sich manches nachsagen lassen in Blick auf die drei großen Versuchungen. Aber wußte das Volk von den katholischen Patres nicht auch Geschichten zu erzählen? Und was sollte letztlich so schlimm daran sein? Gab es nicht größere Probleme? So blieb es denn gewöhnlich bei der Feststellung ‚Well, man is man'.

Patriarchalismus.

‚Mann ist Mann' oder ‚Mensch ist Mensch'? Und wie stand es mit dem Selbstbewußtsein als Frau? In der Seminarbücherei stand, den Kakerlaken und dem Schimmelpilz preisgegeben, in zwölfbändiger Übersetzung der vermutlich oder angeblich größte der Dogmatiker des zwanzigsten

Jahrhunderts. Das System und seine Werteordnung war, eine Pflichtübung, studiert und leidlich begriffen worden. Zum Stein des Anstoßes wurde die Geschlechterethik des Vielgerühmten. Lange nämlich, ehe eine neue Generation von Feministinnen sich auf die alten Barrikaden schwang, war ein Extrakt aus dem Mammutwerk, ein dünnes Bändchen, in die Hände gefallen und hatte gründlich miß▫fallen. Das ist milde ausgedrückt. Denn die Lektüre hatte höchlichst empört und, noch in der Erstfassung der Bücherrevue im Arbeitskabinett, zu Ausfälligkeiten geführt, die im nachhinein pubertär und peinlich erscheinen. Sie seien dennoch in spitzen Klammern aufgeführt.

> <Unglaublich! Empörend! Beleidigend! Mochte Zarathustra die Peitsche schwingen, wenn er zum Weibe ging; es war wenigstens ehrlich und eindeutig und seine Freundin, die Schlange, mochte ihn dafür beißen. Dieser da jedoch, der das Weib mit patriarchal-wohlwollender Nachsicht aus dem Unten ins Oben, also auf die eigene überlegene Ebene hinauf zu erziehen sich anmaßte, der war erledigt, mochte er ansonsten der ehrenwerteste aller Professorenpapas sein und der charmanteste Frauenfreund posthumer Anekdoten. Hier stehe ich und gehe vor keinem noch so imposanten Lehrgebäude aufs Knie, schon gar nicht vor einem, in dessen sexualethischem Gebälk der Wurm männlicher Arroganz sitzt.>

Es war in der Tat merkwürdig, wie im Verhältnis der Geschlechter Vorrechte und Nachrechte bestimmt und aus ‚ewigen Schöpfungsordnungen’ abgeleitet wurden. Im nachhinein betrachtet, mag daran entwicklungsgeschichtlich und in einem konservativen Sinne manches richtig sein. Für eine Frau, die sich in erster Linie als Mensch und nicht als ‚Weib’ fühlte und verstand, kam es jedoch einer Beleidigung gleich. Und so haute eine solchermaßen Beleidigte drauf, behauptete, vor der Kritik der neuzeitlichen Vernunft verrammle das dogmatische System sich hinter den Mauern eines popanzhaft hypostasierten Wort-Gottes, und statt gewissenhaft den Weizen wesenhaft christlichen Glaubens von der Spreu kontextueller Zutaten zu trennen, werde ‚metaphysisches Stroh gedroschen'. Das war das eine. Als Frau ließ man es am besten auf sich beruhen und ging verachtend daran vorüber. Das andere war nachdenkenswerter:

Die Differenzierung von ‚love'.

Es ergab sich in exegetischem Zusammenhange, zwischen *Eros, Sexus* und *Agape* zu unterscheiden. Von ‚love' im Sinne von Agape-Caritas war allezeit und vor allem in den Morgenandachten genugsam die Rede. Es gehörte in die Sozialethik und war leergedroschenes Stroh. Die Kulturanthropologie war Territorium des Kollegen Ehemann. Es wurde, auf Seitenpfaden sozusagen, vorgetragen etwas, das zum Hintergrunde die eigenen Überzeugungen hatte und einem ins Individuelle und Beliebige befreiten Sexualverhalten, vorbei an bürgerlich-christlichen Normen, abhold war. Warum die Vereinseitigung des Eros zum Sexus weder gut noch schön sei und es zudem der Menschenwürde schade, wenn das Schöne so einseitig ins Triebbedürftige verzerrt, das Kostbare so billig verramscht wurde: es fand wenige, sorgfältig vorbedachte Worte. Man antwortete darauf mit Schweigen. Was hätte man sagen sollen? Es stand da eine Tutorin, eine westlich-weiße, kinderlos verheiratete Frau Anfang bis Mitte Vierzig, und versuchte, den zukünftigen Kollegen und geistlichen Hirten einer jungen Kirche vorsichtig einzureden, daß es außer Sexualität und Nächstenliebe noch ein Drittes gebe: den zum Eros vergeistigten Trieb. Von Natur und Geist, nicht in manichäischem Widerspruch, sondern in dialektischer Verhäkelung, wollte eine Europäerin den afrikanischen Brüdern in Christo reden und monologisierte als Frau vor Männern, die an allen möglichen Aspekten des objektiven Geistes interessiert sein mochten, an Macht und Ansehen, an Geld, guten Beziehungen und erfolgreichen Nachkommen, aber sicherlich nicht an einer hochgeschaukelten Sexus-Sublimation. Die Einsicht wollte sich zwar bemerkbar machen, kam zu vollem Bewußtsein jedoch erst im nachhinein.

Im übrigen hätte das Thema die Lektüre bedeutender Beispiele erfordert. Dergleichen war jedoch nicht vorgesehen. Platos ‚Symposion' wäre zudem unzumutbar gewesen. (Wer von den deutschen Kollegen hatte es denn gelesen?) In der religiösen Lyrik des täglich benutzen ‚Church Hymnary' erschien das erotische Geheimnis so tief verschleiert, daß es ein Wagnis gewesen wäre, darauf hinzuweisen. Das göttliche Verbot, vom Baum der Erkenntnis zu essen, herkömmlich ausgelegt auf der Ebene der Sexualität, blieb letztlich unerklärt. Wäre der Zustand träumender Unschuld das wahre und ewige Paradies gewesen? Wen sollte das interessieren? Das ‚Lied der Lieder', allen schwarz auf Weiß zugänglich, war auch nicht das, worum es ging. Die auf allegorischen Umwegen in den Kanon geschmuggelte Liebeslyrik war hinter blumiger Metaphorik bukolisch-eindeutig, nur am Rande den Abgrund tödlicher Eifersucht streifend… Hinzuweisen auf eine einzige hohe und tiefe Wahrheit (ki-azzah ka-mavet ahavah) wäre fern vom alltäglichen Leben und schlicht unverständlich gewesen. Zudem hätte die unbequeme Frage aufkommen können, warum die Tutorin sich wohl so angelegentlich mit dem Thema beschäftigte.

Es gab da also eine Grenzlinie im weiten Gefilde, an dem entlang sich etwas wie ein Elektrozaun zog. Ein Thema, das für eine lehrende Frau unter zu belehrenden Männern tabu war. Eine irisierende Aura um einen schwarzen Stern.

Dogmatik und ‚Dogmatic Notes'
Lehr- und Lernerlebnis

Sieben Jahre lang wurde neben diesem und jenem Fach als Hauptfach Altes Testament unterrichtet. Es stellte sich heraus, daß der Diesseits- und Segensrealismus der alten Israeliten afrikanischer Mentalität weit mehr zusagte als christliche Infragestellung der Güter dieser Welt. Propheten groß und klein wurden durchgenommen; Psalmen als Zettelgirlande im Klassenzimmer aufgehängt; sogar etwas Hebräisch wurde freiwillig gelernt. Schwierigkeiten bereiteten Adam-und-Eva und Hiobs Hadern mit Gott.

Als eines Tages das Fach Dogmatik zur Disposition stand, griff eine immer noch Lernbegierige zu. Frei und aus dem Vollen schöpfend ward verfügt über die zur Verfügung stehenden und zuträglich erscheinenden Traditionen. Nach einigem Experimentieren fiel in die Hände ‚der Pöhlmann'. Die Loci-Methode erwies sich je länger umso überzeugender als inspirierender Leitfaden.

Dogmatik wurde (mehr noch als Koine-Griechisch) zum eigentlichen und zentralen Lehr- und Lernerlebnis der Jahre in Afrika. Die eigene Begeisterung ging soweit, daß zweimal umfangreiche *Dogmatik-Notes* verfaßt wurden. Die ersten von 1975/76 (Christologie), geschrieben für eine Klasse mit zwei, drei überdurchschnittlich Begabten, wurden als Hausarbeit zum Zweiten Dienstexamen angenommen. Die zweiten von 1981/82, (Gotteslehre und Anthropologie) waren das kompensatorische Ergebnis einer Frustration: die betreffende Klasse erwies sich als zäh und phlegmatisch. Thema und Lehrvortrag begeisterten nur die Tutorin, die das existentielle Dilemma ‚Mensch' an Beispielen aus Shakespeare und den antiken Tragikern darstellte. Das Abschreiben des Handschriftlichen auf Matrizen wurde als Lohnarbeit vergeben und führte zu mehreren Besuchen am ‚Bitu-Berg', droben im Grasland, im Jahre 82/83.

Jenseits der Sprache

[Doublette und Variante zu ‚Theologie und Frömmigkeit']

Es ergaben sich im Verlaufe des Lehrens merkwürdige Spannungen zwischen dem, was mitteilbar war und dem, was innerlich und eigentlich blieb und sich nicht in Sprache zu entäußern vermochte.

‚Theologie' ließ sich ohne Mühe lehren. Von Glaubensinhalten allgemein zu reden, *fides quae,* bereitete keine Schwierigkeiten. Wo es jedoch um *fides qua* ging, um das, was nach innen hin als Frömmigkeit empfunden wurde und seine Wurzeln in der eigenen Erfahrung und im Gefühl hatte, da ließen sich keine Aussagen mehr machen. Es lag außerhalb des Sprachbereichs. Es ließ sich allenfalls von fern umschreibend andeuten. – Es mochte ein Pietist oder Prophet freimütig von Gott und dem eigenen Glauben reden können. Ein mühsam durch äußere Bedrängnis und innere Zweifel hindurch zustande gekommener Glaube kann offenbar nicht so frei und leicht oder gar missionarisch von sich selbst reden. Es war nicht eine Frage der Sprache, der Ausdrucksweise. Es war ein in sich selbst schillerndes Einerseits-Andererseits, ein wechselhaftes Sowohl-als-auch. Es war nicht Feigheit, wenn diese Art von Uneindeutigkeit beim Topos ‚Glaube' lehrend nicht zur Sprache kam; es war Einsicht in die Aussichtslosigkeit, für etwas derart Unverfügbares den richtigen Ausdruck zu finden. Der Existenzanalyse Kierkegaards war einst vieles zu verdanken gewesen, aber nicht alles. Die Ehe etwa als moralische Anstalt, wie schön hatte einer, der das Allgemeine nicht hatte realisieren können, durch die Feder seines Assessors Wilhelm darüber zu schreiben vermocht. Es war das Ethische gleichwohl nur ein Stadium vor dem eigentlichen, dem religiösen, mit Opfer und Verzicht verknüpften. Was einst Überleben ermöglicht hatte und noch immer im Gleichgewicht hielt; was fromm und unbeholfen als Zeichen der Liebe Gottes gedeutet werden mochte, es war nicht alles, und was darüber hinausging und im geheimsten Innersten hauste, dort, wo Sprache aufhört und Begriffe versagen, wo es nur noch Befindlichkeiten, außer Angst und Sorge auch das Erlebnis von Schönem gab und Sehnsüchte, da grenzte das mit ‚Gott' Gemeinte vielleicht ans Häretische. Es löste sich auf ins Mystisch-Pantheistische jenseits der Schrecken der Geschichte und des schuldschicksalhaft Tragischen.

‚Gott' war *absconditus* am Kreuz, offenbar in den Ostervisionen. So weit das Zeugnis der Heiligen Schrift.

Aber war das ‚Gott' Genannte nicht auch in Nietzsches exstatischem Nihilismus und in Kierkegaards schwermütiger Glaubensqual? War es nicht auch im Lächeln der Sargonmaske und im Glanze des Saphirhimmels über Sils-Maria? Es war in Hamlets Bereitschaft zum Tode und in Cassius' Liebe zu Brutus. Es war im griechischen Sinnenglück, im künstlerischen Schöpfungsrausch und in der intellektuellen Leidenschaft, die aus jedem großen Gefühl aufsteigt. Es war in der Macht der Astarte und im platonischen Eros. Es war im Davongekommensein inmitten einer kollektiven Katastrophe und späterhin in der Treue und frommen Vernunft eines Ehegefährten, der vieles ertragen und auf manches verzichtet hatte.

Dann freilich kommen die schwierigen Übergänge ins Dunkel und ins Dickicht, darin die Frage: ‚Wo ist Gott' hilflos hängen bleibt oder suchend umherirrt. Das mit ‚Gott' Gemeinte war verhüllt, fern und fremd in der Mutter Lebensenttäuschung und Altersverbitterung. Es war in Verkehrs- und Arbeitsunfällen, im Drogentod eines sensiblen und labilen Enkelkindes, in Gewaltverbrechen mitten im Frieden. Es war verfremdet und maskiert gewesen auch in der eigenen Angst und Hilflosigkeit angesichts der Schrecken und Sinnlosigkeiten der Geschichte, in Krieg und Bürgerkriegen und millionenfachem Tod. Es war im Allgemein-Bösen zwischen Mensch und Mensch, so weit es auf naturgegebene Affekte im Kampf ums Dasein ging, um Macht und Vorherrschaft.

Im Kreuz des Erlösers war ‚Gott' historisch kontingent und paradox als Verborgener offenbar. ‚Gott': im Gekreuzigten und Auferstandenen ein dem Menschen personhaft zugewandter Aspekt im unpersönlichen Schicksal und im Evolutionsprozeß allgemein. Von einem ‚Absoluten', von Mensch und Welt ‚an sich' Losgelösten konnte jedenfalls nicht die Rede sein, wenn das mit ‚Gott' Gemeinte mit so vielen und zähen Fäden in der Menschenwelt und ihren Daseinserfahrungen festgemacht und damit notwendig auch mit den unterschiedlichsten Auffassungen von Gut und Böse verknüpft war. Es schwebte jedenfalls nicht frei im Raum des reinen Ergriffenseins, in der reinen Anschauung oder in der bloßen Sehnsucht des *cor inquietum*, wenngleich das vollkommenste Symbol dafür ‚the desire of the moth for the star' sein mochte: Shelleys Motte im Sternenlicht. Oder in Rilkes ‚Du bist so groß, daß ich schon nicht mehr bin…'

Offenbarung fand statt nicht nur in der Geschichte als politischer, sondern auch im Andromedanebel, in Mitochondrien und im Neuronennetz des menschlichen Großhirns. Und wenn, dann doch wohl in *allen* Religionen, die je ‚Gott', sei es in numerischer Ein- oder Mehrzahl, gedacht und verehrt haben. Der Logos aber, der Mensch wurde, er wurde *Mensch*; daß er dem männlichen Geschlecht und einem bestimmten Volk, einer bestimmten Rasse und Religionsgemeinschaft angehörte, das war dann doch wohl *kontingent* und wäre in einem Zeitalter der Menschenrechte zweitrangig. War der Erlöser der Welt und der Menschheit nur Prophet wie andere Propheten, so mag er einem bestimmten Volke zugerechnet werden. War er *mehr* als ein Prophet, dann macht das *Mehr* Geschlecht und Religion qua Sozialisation zur Nebensache. Zum Akzidens.

So weit aus der Erinnerung Überlegungen, die sich am Rande des Dogmatikunterrichts, damals am Pfarrseminar von ‚Nzab'ngen', ergaben.

DAS

KENOTAPH

Kapitel VI

BÜCHER

UND BUDEN

Varianten

und Ergänzungen zum

Rascheln der Kokrotschen

Thesaurus auf Erden

Nachdenken Teil zwei

Monumental verschnörkelt und altmodisch (19. Jahrhundert) wie die holzschnittartige Schrifttype, die für den Druck des Wortes BÜCHER gewählt wurde, ist das gesamte Kapitel VI Bücher und Buden eines umfänglichen Schreibvorhabens mit dem Titel: DAS KENOTAPH.

Das literarische Scheitern der Reise nach *** hat dem Hang zum Monumentalen keinen Abbruch getan. Wie es zu dem Unternehmen DAS KENOTAPH kam, ist in der Einleitung (S. 9) skizziert worden. Hier nun soll weiter nachgedacht werden über das Sammeln von Schätzen auf Erden in der Gestalt von Büchern: Schul- und Lehrbüchern, allem, was sich der schönen Literatur zurechnen läßt bis hin zu den Büchern, die, anders als Die Reise nach***, vollendet und veröffentlicht wurden.

Warum sich das Leben weithin an Büchern entlanghangelte, an Wissenserwerb und Weitervermittlung nicht nur, sondern auch an dem Glauben, daß η πηγη της σοφιας δια βιβλιων ρει, hat, wie alles, seine Wurzeln in ‚Erbe und Milieu'. Die Mutter vererbte kleinbürgerliche Strebsamkeit, ein verlorener Weltkrieg trieb in Flucht, Armut und Vaterlosigkeit. Schule und Lernbegier waren der schmale, aber sichere Pfad ‚nach oben', freilich verbunden, aut –aut, mit dem Verzicht auf Herkömmliches. Schließlich gab eine Heilige Schrift den Rat: ΜΗ ΘΗΣΑΥΡΙΖΕΤΕ. Bücher, auch Heilige Schriften, konnten zwar von Schimmel und Kakerlaken angefressen werden; was Geist und Seele erbaute und Dasein mit Sinn versah, bewirkte, daß die Dürftigkeit von Flüchtlingsbaracken und Studentenbuden kaum spürbar wurde. Es lebte sich dankbar und sinnvoll auch in einem alten Missionshaus im Regenwald, in dessen Bücherbeständen die Kakerlaken raschelten.

Etappen und Variationen

Auf dem Weg durch den rosinenreichen Reisbreiberg abendländischer Kultur verzeichnet DAS KENOTAPH in Teil Drei: Fluchtpunkte, Kapitel VI Bücher und Buden, nach den Etappen Volksschule (während der Flüchtlingsjahre im Thüringer Wald) bislang nur die neun Jahre Gymnasium (im süddeutschen Rebenland). Hier bricht der Text mit dem Fach Mathematik (bis zum Abitur) ab. Die dritte Etappe (ein Erststudium Neuphilologie), die vierte (das Zweitstudium Theologie samt dem langwierigen Weg zu einer späten Promotion neben der Berufstätigkeit her) und eine spät hinzugekommene fünfte Etappe (‚Zurück zu den alten Griechen') soll dermaleinst aus dem vorliegenden Text Schöne Scherben übernommen werden.

Die varianten- und lakunenreiche, bisweilen jedoch auch wörtliche Wiederholung dessen, was unter dem Titel ‚Das Rascheln der Kokrotschen' im Abschnitt ‚Das Arbeitskabinett' zu lesen ist, mag irritieren. Es könnte jedoch auch bewußt machen, wie unterschiedlich ein und dasselbe erinnert und/oder absichtsvoll dargestellt werden kann, nämlich ‚nach Gunst und Gedächtnis'. Oder nach dem Prinzip ‚delectat variatio'.

Übersicht

Dritte Etappe
Neuphilologie

Beowulf und Hamlet

Anglistik/Romanistik also. Für das Lehramt an höheren Schulen. - Das meiste, was im Blick auf ein Examen angeeignet wurde, war bald wieder versandet und verlandet, vor allem die historische Sprachwissenschaft, die dornigen Gefilde der Linguistik - Velarisierung, Palatalisierung, i-Umlaut und ähnliche Steckenpferde, die dazumal in Tiliapolis positivistisch zu Tode geritten wurden. Beowulf samt Grendel und seiner Großmutter mochten hingehen, aber Orm und Orrmulum -? Die Chanson de Roland - gut. Aber ‚Buena puella fuit Eulalia' und eine ganze Chrestomatie ähnlicher Antiquitäten? Literaturgeschichte war eher dazu angetan, Fußspuren des Weltgeistes zu entdecken im Staub der Jahrhunderte: [wie die Äeneis... (S. 65)] [New Criticism] ging vorbei an dem, wonach der Sinn stand. Für dergleichen ermangelte es einem romantischen Gemüt an Geschmack. Man trottete mit, erbrachte nur durchschnittliche Leistungen und schlug sich bei jeder Gelegenheit seitwärts zu den Philosophen. In Zeiten akademischer Freiheiten war das bei sonstiger und allgemeiner Genügsamkeit möglich. Mit dem Geldverdienen hatte es keine Eile.

Romane zu lesen war Vergnügen sowohl als Pflicht. Wäre, zwanzig Jahre später, nach Resten gekramt worden, es hätte sich ein Flickenteppich von visuellen Eindrücken ergeben. [Von Balzac etwa... (S. 66)] Sprachmonumentales bei Claudel, Mondenschatten auf einem Segelschiff vor afrikanischer Küste. [Bei Bernanos... (S. 67)] Bei T.S. Eliot poetische Assonanzen, ein Kaleidoskop klassizistischer Bildungssplitter. Bedrängend das zappelnde Kinderelend bei Dickens, argloses Vertrauen hilflos preisgegeben. [Bitter schmeckte... (S. 67)]

Von Zola und Steinbeck führte kein Weg weiter längs des Naturalismus der Sozialkritik. In dieser Richtung verstärkte sich ein Gefühl des Fatalismus mehr als der Empörung. [Widerlich wurde es… (S. 68)] Bei D.H. Lawrence gab es, abgesehen von der verbotenen Lady Chatterley, immerhin noch herkömmliche Symbolik, [weiße Lilien… (S. 68)]. Das Wenige, das ein Blättern in Joyces Großstadtepos hinterließ, erschien, wo überhaupt verständlich, teils monströs, teil unappetitlich. Wo die Symbolik ins Hermetische streunte, half auch Kalypso nichts.

Proust war gewiß vornehmer und sensibler; aber die Suche nach der verlorenen Zeit war zeitraubend, um nicht zu sagen langweilig, und die Pflichtlektüre ward abgebrochen. Es blieben von näherem Interesse schließlich zwei, nein, drei. Zweimal Narziß, diesseits und jenseits des Kanals. Das eine Mal puritanisch-intellektuell, das andere Mal nahezu byronisch-genial. Zur Bewunderung reichte es nicht hin, aber zu Nachdenklichkeit im Blick auf die lebensgefährlichen Interferenzen von Leben und Dichtung. Aufs ganze gesehen war Gide sympathischer, er konnte genauer denken und er brachte es fertig, Gefühle mit Moral zu versalzen, wohingegen Wilde sie mit dem Zuckerguß der schönen Worte dekorierte und sein Genie in geistreichen Sprüchen verpulverte. Der späte Schrei de profundis klang pathetisch und eine halbe Note daneben.

[Das Folgende ist Variante zu ‚*Das Erlebnis W.B.Yeats*', in: ‚Ein Raunen im Haselgehölz', S. 21f.] Warum, frage ich mich, war es schließlich W.B. **Yeats** gewesen, der eingehender Beschäftigung wert erschien bis hin zu dem Gedanken, über ihn zu promovieren? Was war so faszinos um ihn herum? Gedichte von kühler Melancholie, natur-mystisch und symbolistisch, vor allem aber eine romantische Liebe – ‚tread softly, because you tread on my dreams…' verquickt mit irischem Freiheitskampf, und am Ende die Goldmosaiken von Byzanz. Der Zauber ist nicht mehr nachvollziehbar – ein kühles Silbergrau, das Wehen einer Weide im Herbstwind… Yeats war zum ersten Male begegnet nach dem Krieg, in den fünfziger

Jahren, als die Nachbarn schon Fernsehen hatten. Eines Abends saß in einem tiefen Sessel vor einem Kamin ein alter Mann; eine Strähne vollen weißen Haares fiel ihm in die Stirn, die Augen hinter runden, randlosen Gläsern blickten freundlich verkniffen, wie ironisch auf sich selbst gerichtet. Später begegnete ein Jugendbildnis: der Blick, überschattet von müden Lidern, ging entrückt ins Imaginäre, wie es sich gehört für einen Dichter und Träumer. Der alte Mann war gefilmt worden vor dem Krieg, vor 1939. Er las Gedichte vor; Rhythmus und Melodie klangen vertraut melancholisch. Bilder entstanden von Parklandschaft mit Schwänen; *ein Raunen ging durchs Haselgehölz*; Meer und Sterne rauschten ineinander und eine durchsichtige Kühle breitete sich aus.

Später zeigten sich Konturen: ‚The light of evening, Lissadell': umstellt von anglo-irischem Herrenhausluxus ‚two girls in silk kimonos, both / Beautiful, one a gazelle.' Verklärter Freiheitskampf, Beschwörung mythischer Vergangenheit, Cathleen-ni-Houlihan weht übers Land, und mit patriotischer Politik vermischt sich das Unglück der Liebe. Wieder einmal konnte einer eine nicht haben und ward darob zum Dichter, die sterngestickten, zwielichtdurchwirkten Damaste des Himmels herabdichtend, um sie der Geliebten unter die flüchtigen Füße zu breiten – ‚White woman, that passion has worn / As the tide wears the dove-grey sands…' Da war die schwelende Glut des Verzichts und schließlich die Flucht ins Allgemeine: Heirat, Kinder, Nobelpreis - ‚Cast a cold eye…'

Des weiteren gab es da ein Gedicht, das den Eindruck erweckte, es sei einer nach langen Jahren der großen Stadt und der großen Politik müde geworden und habe sich nach Alleinsein und nach einer bestimmten Insel in einem bestimmten See gesehnt. Es ändert nichts am Zauber von ‚Innisfree', daß es sich um romantische Sehnsucht der Jugend nach einfachem Leben und Einsamkeit handelt – ‚I will arise and go now…' Wie einer der frühen Eremiten wollte er sich eine Hütte bauen aus Lehm und Weidengeflecht, Bohnen pflanzen, Bienen züchten und alleine sein. Ein wenig Tau am Morgen, am Abend Grillenzirpen: mit diesem wenigen wollte er zufrieden sein. Das Gedicht hat begleitet bis in den Regenwald Afrikas und hinauf in abgelegene Berge der Savanne. – Als das Gedicht im Unterrichtsfach ‚Englisch' den Studenten vorinterpretiert wurde, stieß es auf blankes Unverständnis – und leisen Spott.

Eine ähnliche Stimmung wie in den Landschafts- und Liebesgedichten von Yeats begegnete auf den Gemälden mancher Präraffaeliten. ‚The beguiling of Merlin' in der Weißdornhecke, von Burne-Jones etwa und ‚The Lady of Shalott', traumversunken im abenddämmernden Boot, von Waterhouse: der Reiz des Languiden hing lange Jahre in Postkartengröße neben dem Bett.

Nahezu fetischhaft und wie beschwörend aufgereiht fanden sich nebeneinander Milton, Paradise Lost; Pater, Marius the Epicurean; Wilde, The Picture of Dorian Gray; D.H. Lawrence, The Trespasser; Saint-Exupéry, Le petit Prince; E.M. Forster, A Passage to India; dazu eine Anthologie französischer, eine englischer Lyrik, von den Anfängen bis zur Gegenwart; Racine, Théâtre complet und Shakespeare, Complete Works, in Dünn- und Kleindruck. Geblättert wurde von Zeit zu Zeit in den Anthologien, um sich zu erinnern, ‚La lune blanche / Luit dans les bois…' ‚The sea is calm to-night…' ‚O wild West-wind…'

Es gab noch etliches mehr, das sich einprägte und blieb: Coleridges Seegespensterballade mit allen Schaudern des Übernatürlichen. Es gab die große Magie eines Opiumtraums und die Magie der Verse: ‚In Xanadu did Kubla Khan / An ancient pleasure-dome decree/ Where Alph, the sacred river ran / Through caverns, measureles to man / Down to an sunless sea.' Es gab Wordsworths tanzende Daffodills; es gab einen Blick hinüber nach Mandalay (‚Ship me somewhere east of Suez') und, für später, Kipling und ‚White man's burden', noch frei von nachkolonialen Schuldkomplexen. T.S. Eliots ‚Sweeney among the nightingales': intellektuelle Kunstspielerei inmitten einer zertrümmerten Welt. Das alles war angeeignet worden – richtiger: es war widerfahren ohne akademische Nachhilfe, als offenbar geworden war, was in den Vorlesungen und Seminaren von Shelley und Keats übrig blieb.

Widerfahren vor aller Wissenschaft war auch Shakespeare in nuce: ***Hamlet*** – [vgl. Ein Raunen im Haselgehölz, S. 27ff.]

Hamlet – Vorbild? Doppelgänger? Alles nur in allem genommen: im dumpf Brütenden jugendlicher Schwermut wurde gewiß: Ich werde nie mehr seinesgleichen sehen. Es kam auch nie wieder zu einer Identifikation wie dieser. Hamlet allein hatte die Bühne beherrscht; alles um ihn herum war Nebensache; auch Ophelia. Die Unglückliche störte sogar, und so war es ganz in Ordnung, daß sie zu den Nixen und Fischen ging. Hamlet allein überlebte wunderbar und so, wie er damals auf der Provinzbühne gestanden hatte: blond und schmal und ideal. (Dem Darsteller wurde erst, als er nahezu hundert Jahre alt war, im Internet nachgespürt. Als Faust, als Tellheim stand er in den 60iger Jahren auf der Bühne von Tiliapolis, älter und unansehnlicher geworden.)

Wer Hamlet erlebt hat, was sollte ihn Shakespeare des weiteren angehen? Angingen später und immerhin ‚Ein Sommernachtstraum', ‚Der Sturm', vielleicht auch Othello; vor allem aber ‚Maß für Maß' des armen Lord Angelo wegen und des noch ärmeren Malvolio wegen ‚Was ihr wollt'. Es reichte an das Ur-Erlebnis Hamlet nicht heran. Von den Sonetten genügte ein einziges, das aus tiefem Nachempfinden heraus zum Übersetzen reizte: ‚Soll ich dich einem Sommertag vergleichen?'

Die folgende Passage ist als Variante einer Wiederholung wert [Ein Raunen im Haselgehölz, S. 29f.] Nur noch einmal rührte von ferne ein Romanheld auf ähnliche Weise – lange bevor in diesen späten Tagen im Internet ein Video zugänglich wurde mit einer russischen Verfilmung und dem Schauspieler Jewgeni Mironow in der Hauptrolle. Das war Dostojewskis ‚Idiot', der arme Fürst Myschkin, dem am Ende auch nicht mehr zu helfen war. Auch er: ein Zögernder, ein Tiefgründender und Leidensbereiter, freilich christusähnlicher, sanfter, stiller und frömmer; eine mönchische Seele, von Krankheit geläutert, vom Martyrium des Mitleidens aufgerieben. Einer, der mit den Frauen nicht zurechtkommt und Liebesverwirrung stiftet in reiner Torheit, weil er es zu gut mit ihnen meint. Ein Heiliger, der Unheil stiftet unter zweien, die ihm zufallen, ihn anfallen und zum Einsturz bringen in endgültige Umnachtung hinein. Eine reine Flamme, in deren mitleidvoller Glut der Frauen Sehnsucht sich verzehrt…

Das etwas war's, was mit Romanistik und Anglistik an Schätzen der schönen Literatur angeeignet worden war, zum größeren Teile fern von Vorlesungen und Seminarübungen. Einzig **Rousseaus** tugendhafte *Neue Héloise* war wissenschaftlich bearbeitet worden. Manch andere, der Einfühlung und des Nachdenkens wert, wären zu erinnern: Stendhals Aufsteiger *Julien Sorel,* Racines unglückselige *Phädra,* Mme de Lafayettes *Princesse de Clèves*, Aragons *Aurélien* und Shaws *Candida*. Hinzu kam Euripides' *Hippolytos.* Sie alle waren eines Aufsätzleins wert. Es wurde verfaßt für Eva-Maria, die Studienfreundin - eine ,Revue früher Leseerlebnisse von Aragon bis Euripides.'

Neuphilologie: Anglistik/Romanistik: Sieben Jahre waren dafür in Anspruch genommen worden. Wäre es, im nachhinein betrachtet, zu nichts nütze gewesen als zum Broterwerb im bürgerlichen Beruf einer Studienrätin? Hatte es nicht unversehens eine solide Grundlage gelegt für etwas weit Abenteuerlicheres: für einen Lehrberuf im anglophonen wie im frankophonen Afrika? War es providentia specialissima? Es war nach dem Abitur nichts Besseres eingefallen als eine solche Allerweltskombination im Blick auf den Schuldienst. Denn es war die Schule von Anbeginn und durchweg ein sicherer Hort nicht nur, sondern auch eine Arena der Bewährung und des Erfolges gewesen. Ein sicherer Hafen für ein Flüchtlingskind in Nachkriegszeiten, die eine Restfamilie von Ost nach West, von der Oder an den Neckar geschwemmt hatten. Ein Ort, der geeignet schien, auch für den Rest des Lebens eine Bleibe und Sicherheit zu bieten. In dumpfem Drange also – zurück ins Klassenzimmer? Etwas weit Abenteuerlicheres und Anspruchsvolleres stellte sich in den Weg: der Regenwald am Äquator, ein großer Strom aus dem dunklen Herzen Afrikas und die weite Steppe am Kilimandscharo... Ein Zweitstudium qualifizierte eine Ehefrau zur Kollegin.

Warum nicht Germanistik?

Variationen zu ‚Aus deutschen Schatztruhen', S. 73ff

Es mag sich nachträglich in den Weg stellen die Frage: Warum nicht Germanistik? Vielleicht, weil Minnesang und Nibelungenlied vor dem Abitur nicht sonderlich hingerissen hatten. Es gab da freilich ein Zwar-Aber. *Zwar* waren sowohl die greulich-grotesken Grendelgeschichten der Angeln und Sachsen als auch der Franken tapferer Nachhut-Neffen Karls des Großen von durchaus geringerem Reiz als einst Winnetou und Old Shatterhand. Zwar war um den blonden Siegfried, so tumb er auch sein mochte, immerhin das Wetterleuchten rivalisierender Frauen. *Zwar* war Goethes Iphigenie in der Oberprima an klassischer Langeweile zugrunde gegangen, nicht anders die bürgerliche Maria Magdalena an längst überholter Kleiner-Leute-Moral. Von Schillers Räubern (es sei wiederholt, vgl. S. 74) war übrig geblieben ein Kalauer: ‚Hermann, mein Rabe, bringst du mir Brot und die Würste?' Mozarts Reise nach Prag bescherte eine völlig unerklärliche Pomeranze. Zu Qual geworden war die Faust-Lektüre, denn das Gretchen lesen mußte eine, die sich damals gerade als Penthesilea fühlte. Das Lebensgefühl des Sturm und Drang (mit Schwager Chronos ‚und Trara in die Hölle') war am Rande nachvollziehbar gewesen. Die Buddenbrooks hingegen, gelesen auf Lehrerempfehlung, ließen außer Stuckplafonds und einer Geige spielenden Dame in Atlasrobe nicht viel an Eindrücken übrig. Es war die Zeit, da Nietzsche und Freud, Traumdeutung und Zarathustra, sich ineinander verbissen.

Ein Grund, dem akademischen Studium muttersprachlicher Literaturschätze auszuweichen, war das Gefühl, diese Schätze, allen voran Schiller und Goethe, seien längst selbsterworbener Besitz. [Dramen und Balladen...Vgl. Ein Raunen im Haselgehölz, S. 19. ... ein elegischer Grundton des Lebensgefühls.] Um sich solche selbsterlesenen und selbsterlebten Schätze nicht zerschwätzen zu lassen von akademischer Besserwisserei, legte der Verzicht auf ein Germanistikstudium sich nahe.

Das meiste an Literatur in der Muttersprache, die für jeden, der sie pflegt, dichtet und denkt, vor allem das, was nicht Gedicht war, versank im Verlaufe der Beschäftigung mit Theologie, Altem Orient und neu entdeckter griechischer Antike – [Vinetagleich wie Sonntagsglocken... ‚Gustav Adolphs Page' hingegen, die Schullektüre, versank. Vgl. Das Rascheln der Kokrotschen, Aus deutschen Schatztruhen, S. 74f.]

[Das Folgende ist eine Variante zum anschließenden Abschnitt, 19. und 20. Jahrhundert, S. 75f, mit einer Reihe bedeutsamer Abweichungen.]

Zurückgeblieben im 19. Jahrhundert – nicht ganz, aber doch irgendwie peinlich beschränkt, trotz Dostojewski, Tolstoi, Strindberg, Ibsen. Kein Fontane, kein Raabe, keine Heiteretey; Jean Paul, Keller und Stifter erst spät und sporadisch. - Im 20. Jahrhundert sind es ein paar Lyriker, die sich eingeprägt haben durch die eine oder andere Zeile, ‚Wie soll ich meine Seele halten...'; ‚Das ist ein Ding, das keiner voll aussinnt...', ‚Es lacht in dem steigenden Jahr dir...' Rilke-Hofmannthal-George, diese drei. Dann Benn, (‚O Nacht, ich nahm schon Kokain...', ‚Verfeinerung, Abstieg, Trauer...') und dann eigentlich nichts mehr. Jedenfalls nicht mehr viel. Und das trotz des zerblätterten Taschenbuchs ‚Ergriffenes Daseins'? Vermutlich nicht trotz, sondern wegen. Das Wenige war Askese nach übermäßigem Genuß. Ein Zuviel an Magnolien und Nachtigallen, Zyanen und Zikaden, Traum und Taumellolch; die unsagbaren Hyazinthendüfte, eine flieder- und goldregenaromatisierte Atelieratmosphäre: die Beschwörung erlesener Gefühle und die Kostbarkeit der Sprache, brokaten, porzellanen, ziseliert – es übersättigte und ermüdete. Es weckte je und dann das Bedürfnis, nicht geradezu nach einem Gran Skatol oder Morgue-Naturalismus, sondern nach Witz, Satire und Surrealen. Klabund, Morgenstern, Ringelnatz.

Was also ist geblieben? Von Hesse blieb der Farben- und Lebensrausch aus Klingsors letztem Sommer, ‚Sora Ersilia, sing uns ein Lied!' Das Lied ‚Vom Baum des Lebens fällt mir Blatt um Blatt...'

Eine Zeile von Trakl, (‚Traurige Gitarren rinnen…') von Loerke Pansmusik; von Heym die ‚Sehnsucht nach Paris' und das Schreckliche, zwei Jahre vor seinem Ausbruch, ein Rhythmus stampfend wie auf Alfred Kubins Radierung (‚Aufgestanden ist er, welcher lange schlief…'). Von Krolow ein Liebesgedicht, das in keiner meiner Anthologien, nur in Hugo Friedrichs schmalem Bändchen über die Struktur der modernen Lyrik zu finden ist (‚Mit halber Stimme rede ich zu dir…')

Etwas Sonderbares ergab sich beim Lesen des ZEIT-**Feuilletons.** Die Wochenzeitschrift (das Abonnement war ein Geschenk der Schwägerin Bildhauerin und wurde über eine gewisse Zeit hin unregelmäßig gelesen, damals in Afrika) - das Blatt also kam jeweils mit vier bis sechs Wochen Verspätung über die Sahara und vom Atlantik herauf in den Regenwald. Drei- bis viermal jährlich, an Sonn- und Feiertagen, in Überdosen genossen… [vgl. S. 77f] Variante: Das Gefühl, als sei man in Aladins Wunderhöhle geraten, unter vierzig opiumrauchende Räuber gefallen und gezwungen worden, mitzurauchen. Beim Erwachen… Wenn es gut ging, kam, wie nach zu viel Süßem, der Appetit auf Saures, das Verlangen nach einem Artikel über Mitochondrien oder Kegelschnitte in der Encyclopedia Britannica. Oder aber ein großes Gähnen versorgte das Gehirn mit Sauerstoff und mit neuer Lust zu wissenschaftlicher Askese. – So weit Lyrik und Feuilleton.

Bin ich noch immer bei der nicht studierten Germanistik? [Das folgende ist eine Variante zu S. 76]
Die Prosa des 20. Jahrhunderts hörte bei Kafka auf. In der Bierlache unter der Theke vor dem Schloß ist die Lust am Weiterlesen vergangen. Auch die obskure Schuld des Angeklagten K interessierte nicht sonderlich. Der Leseeifer der frühen Jahre war an ‚Heliopolis' geraten: ‚Es war dunkel in dem Raum, den ein sanftes Schlingern wiegte.' Sogar bis auf die Marmorklippen verstieg sich ein vages Lektürepflichtgefühl. Außer bunten Eidechsen ist indes nichts in Erinnerung geblieben. Es blieb halbdunkel in dem Raum, der die deutsche Prosa des 20. Jahrhundert beherbergte. Der große Roman von Musil zwar wurde mühsam durchgeackert; vom kleineren

‚Nachlaß zu Lebzeiten' bewog die Amsel-Geschichte mit dem Fliegerpfeil zu mehrmaligem Lesen. Döblin, Broch? Den ‚Tod des Vergil' angelesen, ‚Hamlet oder die lange Nacht…' ebenfalls mühsam. Das Nachkriegs-Blechgetrommel, die Hundejahre, das Gruppenbild mit Butt und dergleichen; die Trümmer-, Überlebens- und Vergangenheitsbewältigungsliteratur – vielleicht später einmal. Es fehlte vor allem jegliche Bekanntschaft mit den schreibenden Damen der eigenen Gegenwart. Droste-Hülshoff und Ebner-Eschenbach waren mit Judenbuche und Krambambuli Schullektüre gewesen. Danach hatte es aus eigenem Antrieb eben noch zu Ricarda Huch gereicht. In der engen Triumphgasse von Triest war der melancholisch-schöne Jungpriester begegnet, den die Frauen lieben, weil der Mann des Geistes an ihrem Fleisch verzichtend vorübergeht. Das war dann aber auch schon alles. Gewiß gab es viele und immer mehr Frauen, die sich Leben und Leiden und alle Umstände emanzipatorisch vom Leib und von der Seele schrieben; aber weder Namen noch Büchertitel blieben hängen oder reizten gar zum Lesen. Notfalls genügte ein Blick in kostenlose Journale, die in den Buchläden auslagen. Wer beschäftigt ist mit eigenen Lebensproblemen, was gehen den die der anderen an? Was in den Feuilletons zu lesen war, war schnell wieder vergessen. Es kam kein Gefühl auf, etwas zu verpassen. Das Ungelesene mochte aufgespart bleiben für den Ruhestand. Rückblickend, später einmal, mochte zu erfahren sein, was die Vergangenheit, die einst Gegenwart gewesen war, bewegt hatte.

Auch das Folgende ist Variante sowohl mit Wiederholungen wie mit bedeutsamen Abweichungen von der Erstfassung (vgl. Die Reise nach ***, S. 79ff).

Ein Thema gab es im 20. Jahrhundert, dem die Erfahrung eigenen Davongekommenseins mit beharrlichem Ausweichen begegnete: **Kriegs**-, Bürgerkriegs- und Klassenkampf-, KZ- und ähnliche Literatur. Weniges hatte genügt und abgeschreckt von mehr. Die Lektüre der ‚Condition humaine' von Malraux brach ab beim ersten Mord auf der zweiten Seite. Vom Spanischen Bürgerkrieg genügte wenig mehr als ein Gedicht: ‚Cordoba, llejana y sola' und das Wissen um das Ende des Dichters. Erst spät kam es zur Lektüre von Stefan Andres ‚Wir sind Utopia'. Eine Schützengrabenszene aus dem Ersten Weltkrieg in Louis Aragons Gesellschaftsroman ‚Aurélien' bedurfte bewußter Verdrängung. Dem Kind war ein Sprüchlein begegnet – irgendeine Rosa ‚schwimmt im Kanal'; ein Karl ‚hängt am Baum hoch oben'. Es genügte zum Thema ‚November 1918'. Erwachsenen und Kindern war, wohl im Herbst 1944, bei dröhnender Musik eine Wochenschau gezeigt worden, ‚Stadt Goldap wieder frei': Panzer fuhren frontal auf, Granaten explodierten, Soldaten rannten geduckt. Die sich das ansehen mußten, waren in einen dunklen Raum gesperrt, in dem ein Kohlenfeuer schwelte, und alle eine Gasmaske aufhatten, auch die Kinder. Das Kind begriff nicht, hatte Angst und glaubte, ersticken zu müssen. Während der Flucht, im Frühjahr 1945, mußte man sich bisweilen in den Straßengraben werfen, wenn die Tiefflieger kamen. An Dresden war man vorbeigekommen, aber den Rauch von Eger hatte man aufsteigen sehen in nächster Nähe. Dann kamen der Hunger und im Winter die Kälte, drei Jahre lang im Thüringer Wald, und dann, jenseits der Zonengrenze, kamen die Illustrierten, die grau-braunen Wiedergaben von weit Schrecklicherem und so schrecklich leicht nachvollziehbar. Es drängte sich auf, es verfolgte bis in ausweglose Fluchtträume, bis an Grenzen, wo der Lebenswille aufgab und in dumpfer Hilflosigkeit für den Fall, daß dergleichen noch einmal und unausweichlich – daß nur noch der Wunsch, dem Unerträglichen selbst ein Ende zu machen, starr im Raume stehen blieb. Auf dem gleichen Fernsehschirm bei den Nachbarn, auf welchem ein abgeklärter Greis die friedliche Insel im See von Innisfree besang, war eines Abends ein Dokumentarfilm zu sehen, der die andere Seite des Menschenmöglichen zeigte. Es ging über seelisches Fassungsvermögen. Es war der französische Film von 1955, der mit dem Material für Lampenschirme. *Nuit et brouillard.* Wenige Jahre zuvor war daraus schon ein Gedicht gemacht worden. Kein Gedanke an Ursachen kam damals auf; es packte nur das Grauen vor der Unmenschlichkeit des Menschen in Kriegs- und Krisenzeiten und das rettungslose Ausgeliefertsein. *Des* Menschen; denn waren die, die das alles zu verantworten hatten, nicht auch Menschen? Wären sie nur willenlose Werkzeuge gewesen von etwas, das, mit der Stahlfeder in Stahl geritzt, gigantisch über Land stampfte, athletisch nackt, mit geschlossenem Visier, mit einem Beil bewaffnet ‚und den Mond zerdrückt er in der schwarzen Hand' – ? Miltons Luzifer war längst überholt, Dantes Inferno noch nicht.

Das ästhetische Faszinosum des Bösen, bei Baudelaire etwa, es war zusammengeschmolzen zu einem winzigen Kügelchen, das unter den Horizont gerollt und von der anderen Seite wiederaufgetaucht war als riesige schwarze Kobaltwalze, Himmel und Erde verdunkelnd. Es hatte mit politischen Schuldzuweisungen nichts zu tun; es erschien als Verhängnis apokalyptischen Ausmaßes. Es mußte, zum Zwecke des Überlebens verdrängt werden und hakte sich doch fest im Seelengrunde. [Zum folgenden vgl. S. 80]

Als am Ende einer durchaus langweiligen Vorlesung über deutsch-englische Kulturbeziehungen der Professor aus einer ‚Meditation on a German grave' von Aldington zitierte (‚Brother, what have we done to each other… Brother, it's driving me mad') war ein hohes Maß an Selbstbeherrschung vonnöten, um im Hörsaal nicht die Fassung zu verlieren. Und der Erste Weltkrieg war doch noch eine Sache unter Männern gewesen und ein weithin konventioneller Krieg trotz Gasangriffen und Dum-Dum-Geschossen. In späteren Jahren fiel eins der Bücher, die sich die Mutter gekauft hatte, in die Hände: ‚Der Kampf um Schlesien'. Da dachte die Tochter: ich muß doch, es ist doch schon so lange her. Zwang sich zu lesen und mußte abbrechen – es war alles noch da und brach hervor in Weinkrämpfen. Also mußte es wohl bleiben, wo es war.

Zu Besuch bei Bekannten konnte es vorkommen, daß in repräsentativen Bücherschränken neben Tolstoi Gorki stand und gleich daneben Pasternak, Solschenizyn und ähnliches. Da mochte man hineinblättern, um es kommentarlos zurückzustellen. Nein, man konnte nicht mitreden – worüber? Über Verkettung von Umständen und Verhängnis im allgemeinen? Über Recht oder Unrecht des jeweils Stärkeren? Über ‚Opfer und Täter', Schuld und Sühne? Über die dialektische Notwendigkeit des Bösen im Fortschritt des Guten? Über Weltgeschichte als Weltgericht und ‚wo gehobelt wird, da fallen Späne'? Darüber, daß es schließlich immer so gewesen sei, homo homini lupus? Theodizeen als Zynismen der Hilflosigkeit? Eines war der Konflikt und die Relativität der Interpretationen, ein anderes das Ende aller Interpretationsmöglichkeiten, die Unauffindbarkeit von Sinn im anonymen, ausgelieferten Massenschicksal. Die Sinngerüste der antiken Tragödie – längst zusammengebrochen. Sie waren für den Einzelnen und seinen je-eigenen Tod gezimmert.

Vierte Etappe
Theologie
Johannes. AT und Alter Orient

Noch Dostojewskis Anarchisten, noch Camus ‚Gerechte' wußten, wofür und warum sie kämpften und starben. Der Einzelne und sein Tod ließen sich versöhnen, so lange eine Idee und ein Ideal zuhanden waren. Wo sie abhanden kamen, blieb nichts übrig als das Irrational-Sinnlose der *bruta facta*, das wie ein Gift und Irrsinn durchs Gehirn schwärte und den Lebenswillen lähmte.

[Zum Folgenden vgl. S.81ff]

Einst, in einer dunklen Ecke des Arbeitskabinetts, damals im Regenwald, da, wo auch am hellichten Mittage die Schatten nicht wichen, klebte zehn Jahre lang ein alter Zeitungsausschnitt, altersbraunes Papier, von den Kakerlaken angefressen. Inmitten der Trümmer einer Stadt sitzt ein Soldat im Wintermantel, ausgemergelt und noch nicht alt. Er lehnt sich schräg und steif zurück und schreit. Die Augen sind geschlossen, der Mund ist aufgerissen, die Hände sind in einander verkrampft. Wer hat gewagt, so etwas zu fotografieren? Die das Foto ins Dunkle klebte, fast dreißig Jahre danach, hatte versucht, den Dämon zu bannen zwischen zwei Sprüchen in griechischen Majuskeln: ΕΝ ΤΩ ΚΟΣΜΩ ΘΛΙΨΙΝ ΕΧΕΤΕ und ΜΗ ΘΗΣΑΥΡΙΖΕΤΕ. Keine Schätze auf Erden sammeln, sondern Schätze im Himmel. Auf der Suche nach dem Sinn des Davongekommenseins aus einer Katastrophe, der so viele nicht entkommen waren, kam von seitwärts der Gedanke, daß bei den Theologen eine Antwort zu finden sein müsse. Mitten im wohlumzäunten Garten neuphilologischer Belesenheit überkam die Sehnsucht nach den Glühwürmchen des Glaubens. Als Zaun und Gatter eines Tages niedersanken vor der Druckwelle politischer Bedrohung und Daseinsängste überhandnahmen, war es an der Zeit, sich aufzumachen auf die Suche nach dem Einen, das not ist.

Johannes

Vor dem Anfang des Zweitstudiums Theologie stand das Ende eines zähe durchgehaltenen Lehramtsstudiums samt Staatsexamen: sprachwissenschaftliche Umwege, schöne Literatur, reich an Bildungserlebnissen, aber nicht hinreichend für innere und eigentliche, für existentielle Nöte und Bedürfnisse.

Zum folgenden vgl. S. 83f

Das Theologiestudium begann mehr oder weniger zufällig mit dem *Johannesprolog*. Es war und blieb das Höchste und Tiefste, das quer durch den Kanon begegnete. Es war wie ein umgekehrter Regenbogen, aus dem oberen Unendlichen herabkommend und da hinauf zurückbiegend, mit dem Scheitelpunkt auf Erden, tangentenhaft-kontingent. Die Herrlichkeit des Fleisch gewordenen Wortes stand vor der finsteren Wolkenwand der Welt. Der Tod und die Schrecken der Geschichte blieben wirklich; aber sie schienen durchglänzt von einem weltjenseitigen Sinn, und das eigene kleine Dasein fühlte sich ‚irgendwie' aufgehoben.

Solche und ähnliche kaum mitteilbaren Konturen und Inhalte eigener Gottesgelehrtheit ergaben sich späterhin im Regenwald, angeregt durch die Beschäftigung mit dem Lehrfach Dogmatik, verknüpft sowohl mit philosophischen Lektüren wie mit eigener Daseins- und Krisenerfahrung. Es war eine Art Eingebung. Oder Intuition.

Dergleichen war in Vorlesungen und Seminaren natürlich nicht zu hören. Man arbeitete sich ein, historisch-kritisch, und hoffte Unbestimmtes. Man kämpfte sich durch die Niederungen der Textkritik und begriff schließlich, daß religiöse Sehnsucht, kirchliche Praxis und akademische Theologe dreierlei sind. Letztere hatte mit einem frommen *goût de l'absolu* herzlich wenig zu tun. Es stand der Sinn auch nicht nach Amt und Würden, wenngleich Frauen der Weg auf die Kanzel bereits freigegeben war. Es ging um etwas anderes. Es ging darum, zu begreifen, was dumpf und durchflackert von Zweifeln nach und nach ergriffen hatte. Die Antwort sollte weder psychologisch von Feuerbach-Freud-Fromm kommen, noch von einer mehr oder weniger damit verknüpften Gesellschaftstheorie. Der Glaube sollte auch nicht rein pragmatischer Art sein. (‚Ich lebe mit dem Glauben besser als ohne.') Er sollte, William James, *The Varieties of Religious Experience* im Blick, dem Zweifel standhalten und sich notfalls den einfältigen Glauben der Großmutter Emma in Erinnerung rufen.

Das Entfremdungsgemunkel der späten sechziger Jahre, der Drang nach Selbstverwirklichung und gesellschaftlicher Veränderung interessierten nicht. Dergleichen blieb ‚links liegen'. *Wer eine Daseins- und Sinnfinsternis durchquert hat und noch bei Verstand ist, will wissen, wie es mit dem eigenen Leben weitergehen soll.* Er fragt nicht nach dem besseren, gar nach dem glückseligen Leben und schon gar nicht nach dem Glück der Unterdrückten. Nach dem Sinn des selbsteigenen Lebens fragt, wer einen Abgrund hinter sich und ein halbes Leben noch vor sich hat. Daher (und zum Kummer der Mutter) kein Streben nach Häuschen mit Garten, nicht einmal nach Automobilität. Freilich auch nicht nach Familie. Nach zwei Jahren Staatsdienst waren genügend Ersparnisse vorhanden, um zurückzusteigen in milde Armut und ein Zweitstudium. War es nicht ein erstrebenswerter Luxus, die Zeit zuzubringen mit Büchern, Denkaufgaben und Gesprächen mit einem Freund, der zwar nicht gleich, aber ähnlich dachte?

Nicht das Theologiestudium, erst späteres, eigenes Dozieren im Regenwald Westafrikas, führte nach Umwegen über Altes Testament und Alten Orient zum Wesenskern christlichen Glaubens. ‚Monotheism with a modification' – die Kontingenz des Vaters im Sohn, Glaube als Teilhabe.

AT und Dogmatik

Vgl. S. 85f

Das Johannesevangelium als Einstieg. Dabei hätte es, trotz mancherlei Befremdlichkeiten, bleiben sollen. Weil jedoch sowohl der synoptische Jesus wie der paulinische Kyrios noch nicht ins Trinitarische hinauf- und hineingedacht waren, wandte sich die Suche nach ‚Gott-selbst' zurück zu des Alten Bundes Schriften. Beeindruckt von der Weite des Feldes, das es hier zu durchstreifen gab: Theophanien und Theodizeen, Kultlyrik und Prophetenpolemik, Mythen und Metaphern von dichterischer Großartigkeit; dazu Irrungen und Wirrungen des vollen Volks- und Menschenlebens rund um Gottes eigenen Maskentanz - geriet die Mitte christlichen Glaubens aus dem Blickfeld und kam in den Blick erst, als das Lehrfach Dogmatik zu Nachdenken und Nachholen zwang. Mit dem Abschluß einer Dissertation, die im Schatten eines gerade in Blüte stehenden Feminismus ***Geschichtsrevisionismus*** an einem Prophetenbuche betrieb, wurde das Alte überholt. Der Umweg, den die Annäherung an das trinitarische Gottesbild einschlug, war beträchtlich: es setzte Grundkenntnisse der griechisch-hellenistischen Antike voraus, dazuhin philosophisches Differenzieren und Spekulieren

Was gab es da an Problemen? Gott ‚Vater' zu nennen bereitete keinerlei Schwierigkeiten einer Kriegswaise, der als Kind väterliche Nachsicht zuteil geworden war. Wie aber stand es mit dem ‚Sohn'? Wie weit ging da die Metaphorik und wo begann das ‚Substanz'-Problem? Das war das eine. Ein Fall für aristotelische Metaphysik und altkirchliche Konzilien: trinitarische Dogmatik in Abgrenzung vom Judentum und späterhin vom Islam. Das andere kam ungesucht und weckte Zweifel an Lehrmeinungen entlang der Linie Alt-Noth-von Rad, nämlich (Volks-)Geschichte als Offenbarungsmedium zu betrachten.

Diese Auffassung begegnete nicht nur in einem gründlichen Grundkurs; sie begegnete an jeder Ecke, an der eine Lehrautorität stand oder saß, beamtet oder als Papierdenkmal.

Offenbarung Gottes in der Geschichte als Besonderheit: es konnte doch wohl nicht einem Mangel an humanistischer Bildung anzulasten sein? (Die Götter der Hellenen griffen doch auch ein, in den Kampf um Troja etwa. Freilich, nach Thukydides, nicht mehr in den Peloponnesischen Krieg.) Sollte der Glaube an ‚Geschichte als Offenbarung' (sc. des Willens Gottes) ein Erbe aus dem Alten Orient sein?

[Im autobiographischen Teil einer umfänglichen Darstellung von Familienüberlieferung (‚Kleine Nekyia für die Urgroßmütter' BoD 2012) ist das dogmatische Problem ‚Gott' eingefügt als Darstellung eigener Gedanken zu Pantheismus, Theismus und ‚Innerlichkeit'. Es mag der Weisheit letzter Schluß nicht sein. Es ist ein Versuch, zu sagen, warum die Beschränkung auf eine einzige Heilige Schrift zweier Testamente zu eng erscheint. Es geht dabei nicht um einen Dialog der Religionen, sondern um ein Wiedergewinnen des griechisch-hellenistischen Erbes, das dem 19. Jahrhundert noch nicht abhanden gekommen war.]

Abtauchen in den Alten Orient

Vgl. S. 86ff

Es begann mit der Paradiesesschlange. Sie führte hinab nach Sumer. Daselbst angekommen, begann die Überwältigung durch die Fülle der archäologischen Schätze nicht nur, ausgebreitet in prachtvollen Bildbänden; es taten sich überdies auf die Schätze des Mythos, entziffert aus Keilschriftzeichen auf Tontäfelchen. Vorbei an ernsthafter Wissenschaft (Akkadisch, gar Sumerisch lernen?), auf dem Schutthügel der alten Bildungs- und Erlebnisschichten (zu unterst die Nibelungen, dann Karl May, dann die schönsten Sagen des klassischen Altertums, dann Patriarchen und Propheten) erhoben sich die Tempeltürme Sumers…

[Das war damals, zu der Zeit... um das Zweitstudium mit einem ernsthaften Examen abzuschließen.]

Die Kenntnisse, die sich auf solche Seitensprungweise bis hinab nach Sumer angesammelt hatten, ergaben sieben Jahre nach Abschluß der Dissertation (über den Propheten Hosea und seinen Kampf gegen die ‚Hurerei' polytheistischer Volksfrömmigkeit) eine Studien zu ‚Wesenbild und Kult' der sumerischen **Inanna** als kriegrisch-erotischer Schicksals- und Königsgöttin**.** Es fiel auf eine Ähnlichkeit der Funktion mit dem vor-exilischen Jahwe (des Nathan-Orakels etwa) als Gott der Dynastie. Im übrigen ebnete die vorexilische Jahwe-Verehrung sich ein ins Polytheistische. Erst in nachexilischer Zeit prägte sich (unter persischem Zoroaster-Ahura-Mazda-Einfluß?) ein Monotheismus ‚Mosaischer' Prägung aus. Konnten des Alten Bundes Schriften, aus christlicher Sicht betrachtet, im gleichen Sinne ‚Wort Gottes' sein wie die des Neuen Bundes?

Hier soll angemerkt werden, daß mit Georg Fohrers ‚Geschichte der israelitischen Religion' zum ersten Male eine Darstellung zur Kenntnis kam, die in ihrer Vielschichtigkeit, vor allem in der Darstellung der Königszeit, vertrauenswürdiger erschien als die theologisch an einer bestimmten Gottesvorstellung ausgerichteten Darstellungen Eichrodts etwa oder von Rads. Was sich im Laufe der Religionsgeschichte Israels nachweisen ließ, war nicht ein mosaisch-monolithischer ‚Gott Israels', sondern eine Vielfalt heterogener Gottesvorstellungen, ein Polytheismus also, der erst während des Exils auf den Begriff der Einheit eines Namens gebracht werden sollte. (Ohngeachtet ‚Himmlischer Heerscharen' und Satans, oder eines himmlischen Hofstaates und der Personalisierungen göttlicher Attribute, wenn etwa Gottes Weisheit als kleines Kind vor dem Vater spielen vorgestellt wird oder Gottes Geist als Taube und Stimme auf den getauften ‚Sohn' herabkommt.)

Langwierige Wissenschaft
– Einschub –

Das wissenschaftliche Interesse hakte sich fest an zwei Problemen eigener Erfahrung in der großen wie in der kleinen Welt. Das eine war ein katastrophal verlorener Weltkrieg mit Millionen Toten, Vertriebenen und Deportierten; mit bewahrheiteten Unheilsprophezeiungen und enttäuschten Hoffnungen. Das andere war eine als persönlich demütigend empfundene Eheethik. Der verlorene Krieg: da waren diejenigen, die schon vorher gewußt haben wollten, daß er nicht zu gewinnen war. Unheilspropheten, die recht behalten hatten. Da waren in der Mehrzahl die anderen, die geglaubt, gehofft, gekämpft und ihr Leben gelassen hatten. Das andere war ein Problem der nachfolgenden Friedens- und Wohlstandszeit, und für die meistens war es überhaupt keins: eine Gesetzgebung, die um der guten Ordnung willen verfügte, was schon immer Brauch war: daß eine Ehefrau dem Ehemanne rechtlich nachgeordnet, daß sie ‚untertan' sein sollte wenigstens dem Namen nach. Oder ihn, seit neuerem, wenigstens und allenfalls dem Mannesnamen anhängen durfte.

Beim Propheten Hosea aus dem 722 von den Assyrern vernichteten Nordreich Israel kam beides zusammen: Politik und Eheproblematik. Die Politik war Religionspolitik: der Kampf nomadisch-monotheistischer Randgruppen gegen den Polytheismus des Kulturlandes. Der Prophet prophezeite Zorn Gottes und die Katastrophe. Er behielt recht. Das Volk, zeichenhaft vertreten durch Gomer, die Frau des Propheten, glaubt sich seinerseits im guten alten Recht, wenn es auf den Kulthöhen die kanaanäische Göttin Aschera neben einen ‚baalisierten' Jahwe verehrt. Erst das Eintreten der angedrohte Katastrophe von 722 entscheidet, wer recht hat und im Babylonischen Exil (6. Jh.) findet das große Umdenken hin zum Jahwe-Monotheismus statt.

So weit die Religionsgeschichte. Für den Jahwepropheten ist die Verehrung kanaanäischer Gottheiten ‚Hurerei'. Das Volk hat, wie eine Ehefrau einem einzigen Manne, einem einzigen Gott anzugehören. Anderenfalls droht Strafe bis hin zur Todesstrafe. (In dem Prophetenbuche finden sich allerdings auch erstaunliche ‚Einblicke in das Herz Jahwes', die als ‚Reue/Treue Gottes' interpretiert im Zentrum einer ‚Theologie des Alten Testamentes' stehen können.)

Der forschende Blick der Doktorandin blieb fasziniert hängen an einer Konjektur des großen alten Wellhausen: ‚*Ich* bin seine (i.e. Israels) Anath und seine Aschera'. Ein Faszikel Exegese mit der Übernahme dieser Konjektur, einem [Goginger] Alttestamentler vorgelegt, erhielt den kritischen Bescheid: der Jahwename könne nicht possessiv mit einem anderen Namen verbunden werden. Wenig später wurden die Scherben von Kuntillet Adschrud entdeckt.

Weder der mühsam lange Weg zu einem ‚rite', (im Rigorosum zu ‚cum laude' verbessert), noch auch das, was in dem 800-Seiten-Schreibmaschinen-Wälzer dargelegt wurde, sind hier zu referieren. Zur Veröffentlichung empfohlen wurden die religionsgeschichtlichen Ergebnisse: Das Selbstverständnis der Volksfrömmigkeit und ‚Die Macht der Astarte'. Ein Rezensent entdeckte den ‚Schritt zurück': was da vorgelegt wurde, war *Geschichtsrevisionismus*. Verstehen und Verständnis für das ‚hurende' Volk.

Der weiblichen Gottheiten wegen wurde der Weg bis hinab nach Sumer eingeschlagen, und es ergab sich, daß es zwischen Inanna und dem Jahwe der Königszeit keinen gar zu großen Unterschied gab im Blick auf Schicksalsbestimmung (für den König und seine Dynastie) und im Blick auf Katastrophen (Inanna verläßt ihren Tempel und Akkade wird zerstört; die ‚Herrlichkeit' Jahwes verläßt den Tempel und Jerusalem wird zerstört). – Der gruppensoziologische und der psycho-analytische Teil der Dissertation wurden nicht veröffentlicht.

Fünfte Etappe

Rückkehr zu den alten Griechen

Archai, zweimal Delphi und NOSTOI

‚Das Land der Griechen mit der Seele suchend' – der Kollege Ehemann hatte verstanden und die Schwägerin Künstlerin entwarf den Umschlag für die Festschrift zum 65. Geburtstag: vor einem Panorama mit Burgen, Kirchen, Brandenburger Tor und Wüste oder Meer mit Flugzeug darüber sitzt langgewandet, sinnend und schreibend eine Frauengestalt, Anselm Feuerbachs Iphigenie nicht unähnlich, und betrachtet Stationen des so weit gelebten Lebens. Klein aber unübersehbar: ein griechisches Tempelchen. Als Titel der Festschrift, nicht unpassend für ein Berufsleben von insgesamt immerhin zwanzig Jahren: ΕΡΓΑ ΚΑΙ ΗΜΕΡΑΙ – Werke und Tage.

Der Geburtstag wurde gefeiert im März 2002 im Campus von Makumira, mit leichter Malaria und Rosen aus Aruscha. Die Mutter lebte noch, wartend auf die Rückkehr der Tochter. (Ist nicht jeder Geburtstag ein Muttergedenktag?) Die Tochter und Kollegin Ehefrau unterrichtete Griechisch, wie es im Neuen Testamente steht und las, was die Bibliothek an Klassischem hergab, vor allen Platos Dialoge in Jowetts Übersetzung und manches mehr.

Die fünfte Etappe des Kapitel VI des KENOTAPH geht über Die Reise nach*** zeitlich weit hinaus. Es soll zudem zurückgegriffen werden auf die *archai* einer Bildungsodyssee, wie sie in NOSTOI *Reisen nach Niederschlesien, ins Grasland von Kamerun, nach Griechenland, nach* Hause' (2009), formuliert worden sind. Das Beschreiben der beiden Griechenlandreisen von 1997 und 98 gab zwölf Jahre später Anlaß, schreibend darüber nachzudenken, was lange Jahre zuvor den Grundstein, wie bröckelig auch immer, zu einer Rückbesinnung auf die alten Griechen gelegt hatte.

Archai einer Bildungsodyssee

Anknüpfend an voraufgegangene Überlegungen zu *Moira* und *Paideia* (Nostoi, S. 14f) - an den ersten Untergang der schönen Welt der Götter und Heroen in atomkriegbedrohter Jugend- und Nachkriegszeit, gefolgt von einem Ausstieg nach Afrika, schönen Illusionen und allmählichem Genesen davon; an *Nostos* schließlich als Wunsch nach Heimkehr in geistige Heimat, soll hier noch einmal einer Bildungsodyssee nachgedacht werden im Blick auf das Ziel einer Spät- und Nachlese: zu verstehen zum einen das Zu-sich-selbst-Kommen des Christentums im Kraftfeld des Hellenismus; zum anderen das alternde, in einer der Spätantike nicht unähnlichen Selbstaufgabe begriffene Europa zu begreifen.

Da war in früher Nachkriegskindheit und Jugend Siegfried, der strahlende Held, der finstere Hagen und der Nibelungen Not; der ‚Kampf um Rom' des blonden Goten Totila, des tapferen ‚schwarzen' Teja und zu gleicher Zeit Karl May und Gustav Schwab, neben Winnetou, den edlen Apachen, trat Apoll mit Leier, Pfeil und Bogen; Artemis jagte durch die Wälder, Aktäon verblutete, und auf der Akropolis stand die Jungfrau Athene in voller Rüstung. Am Waldesrand küßte Selene den schlafenden Endymion, Hyakinth lag blutend im Gras, erschlagen vom Diskus Apolls, und über den stillen Weiher neigte sich Narziß, hinsterbend in den Anblick seiner selbst. Götter und Heroen, Amazonen und Kentauren, Mänaden und Najaden, ein bocksfüßiger Mittagsdämon flötend im Schilf und Nymphen ohne Zahl – die bunte, schöne und grausame Welt des griechischen Mythos beflügelte die frühe Phantasie mit ‚Identifikationsangeboten'. Am verwandtesten erschienen einer spätreifen, in sich selbst vermauerten Fünfzehn- bis Achtzehnjährigen Gestalten wie Artemis, Atalanta und Penthesilea. Auf einem humanistischen Gymnasium hätte sich manches wohl anders entwickelt, vielleicht bis hin zu einem Überdruß, welchem in späteren Jahren das Studienfach anheimfiel, dem sich ein akademischer Titel verdankt. Englisch und Französisch (statt Mathematik und Physik) prädestinierten zum Studium der Neuphilologie; Existenzkrise und Rückkehr zum Glauben einer frommen Großmutter ließen ein Zweitstudium Theologie sinnvoll erscheinen. Es führte weit hinab in den Alten Orient, bis nach Uruk. Eine Irrfahrt? Umwege? *Nostos* als Rückkehr zur Ersten Liebe lange vor jeglicher Griechenlandreise – hier ist der Ort, Anfang und Ende einer Bildungsodyssee zu bedenken.

Die schönsten Sagen und frühe Malereien.

Das frühe Bildungserlebnis, geleitet von Gustav Schwab zusammen mit einem Kunstunterricht, der Zwölfjährigen nicht nur den klassischen Faltenwurf der Koren des Erechtheion vor Augen hielt, sondern (begleitet von gnomischer Belehrung: ‚Den Reinen ist alles rein; den Schweinen ist alles Schwein') dem kindlichen Blick auch die wohlmodellierte Nacktheit eines Hermes des Praxiteles zumutete – es hat seine Spuren in anatomisch unbeholfenen Wasserfarbenmalereien hinterlassen. Sie stehen zwischen und neben frühen, verlorenen Bleistiftzeichnungen zur Nibelungensage, pluderhosigen Haremsdamen und blassen Mondfeen, zwischen Blumenelfen und Wurzelzwergen und von Karl May inspirierten Indianerporträts. Im Umkreis der Sagen-, Märchen- und Abenteuerwelten formte sich das Bild des alten Griechenland aus seinen Göttermythen und Heldensagen. Da ist Daphne. Mit dem rechten Arm anatomisch ungeschickt einen Säulenschaft umschlingend blickt sie, eine Hollywood-Diva, blond, in rosa und rotem Gewand – sie blickt auf einen ratlos nahenden Apoll, ebenfalls blond und lockig, züchtig und eher römisch in kurzem Faltenröcklein, über die Schulter ein Stück Toga geworfen, die Leier aufs anrückende Knie gestemmt – von oben blickt sie auf ihn herab und hebt abwehrend eine Hand. Dazwischen hockt trauernd auf einem Säulensockel ein kleiner marmorner Amor mit Pfeil und Bogen. Da sind Pan und die Nymphen. In blauer Nacht, flankiert von schwarzen Zypressen, flötet der Hirtengott, tanzend auf einem Sockel, zottig zurechtgehauen, vermutlich aus Marmor – in Rückansicht dargestellt flötet und spielt er zwei aus Bodennebel aufsteigenden, splitternackten Nymphen zu anmutig verrenktem Reigen auf vor springender Fontäne. Alles ist blau, tintenblau, wasserblau, milchblau – naturgeisterhaft im Licht eines unsichtbaren Vollmonds.

In einem lauschigen Hain, dichtbelaubt, akribisch ausgemalt mit unzähligen Blättchen in vielerlei Grüntönen, beherrscht rechter Hand den Vordergrund eine große stattliche Frau in langem hochroten, bis zur Taille eng anliegenden Gewand, Perlen im dunklen Haar – steht elegisch wohlmodelliert zum Bildrand gewandt und pflückt, offenbar geistesabwesend, eine Orange. Über die nackte Schulter hinweg wendet sie Profil und Blick einem dunkellockigen Knaben zu, der im Mittelgrunde am anderen Bildrande in sich versunken in sonnengebräunter Nacktheit und keuscher Seitenansicht an einen Baum gelehnt die Flöte bläst. Tiefstes Arkadien, ein bukolisches Paradies. Eine gar noch nicht alte Diotima lauscht einem der Lieblinge ihres weisen Freundes Sokrates. Einem Charmides vielleicht…

Da ist schließlich das Urteil des Paris, in Holz geschnitzt, ein handliches Format, unvollendet. Linker Hand der, welchem es das Schicksal zugedacht hat, durch Unbesonnenheit an allem schuld zu werden. Das Haupt nachdenklich aufgestützt, sitzt er nackt vor einem Säulenstumpf, darauf der verhängnisvolle Apfel sich wölbt. Stehend vor ihm aufgereiht in faltenreichen Gewändern Athene frontal mit Helm, Schild und Speer, Hera im Profil und mit Diadem. Aphrodite mit offenen Locken sitzt symmetrisch am rechten Rande. Schicksalhafter Augenblick. Der Keim eines unheilvollen Krieges. Ein Geschichtsmythos, weil anders als mythisch Geschichte nur selten überliefert ist. Jahrzehnte sollten vergehen bis zu dem Versuch, die ersten drei Zeilen der Ilias, richtig betont vorgetragen von einem hochbetagten Lateinlehrer, im Original auswendig zu lernen –

Μηνιν αειδε θεα, Πηληιαδεω Αχιληος
ουλομενην 'η μυρι Αχαιοις αλγε εθηκε

und zu begreifen, welch tragisches Geschichtsbild dem ältesten Literaturwerk des Abendlandes eigen ist.

Etliche Jahre voraufgegangen waren den Malereien und dem lindenhölzernen Schnitzbild nicht nur die schönsten Sagen, sondern auch ein erstes Minimum an Geschichtsunterricht in früher Nachkriegszeit. Geschichte wurde, weil es keine Bücher gab, diktiert, fing an mit den Eiszeiten; dann Steinzeit – Ägypter – Babylonier: zwei weitere Seiten im Postkartenformat; das Heftchen ist selbstgebastelt aus erbettelten Papierfetzchen, zusammengenäht mit Zwirn, der Einband hell-grün, darüber geheftet ein halb-transparentes Stück Papier mit Spinnennetzmuster und einer schwarzen Spinne, handgemalt: ‚Geschichte', Klasse 5b. Das Relikt, museumsreif, soll wenigstens hier durch Beschreibung erhalten bleiben. Auf der Seite 4 fängt Griechische Geschichte an: auf Seite 5 eine dorische Säule mit Architrav, auf Seite 9 der Perserfeldzug Alexanders. Erinnerlich: eine Zehnjährige sollte die Frage beantworten, was besser sei, die freiheitliche Demokratie des kunstliebenden Athen oder das kriegerische Sparta mit seinem Kriegs- und Heldenethos. ‚Sparta!' Warum? stirnrunzelte die Lehrerin. ‚Damit ich mich verteidigen kann, wenn ich angegriffen werde.' Kindliche Helden- und Kampfgesinnung, tuberkulosegefährdet. Auf Seite 10 kommen die Römer; als die Karthager kamen, war eine Elfjährige nicht mehr da: bei finstrer Nacht an den Blendlaternen russischer Patrouillen vorbei mit der Mutter über ein grobscholliges Ackerfeld bei Sonneberg in den Westen gestolpert.

Mit einem Minimum an griechischer Geschichte, das zwei Generationen später durch das Netz selbst von Abiturwissen zu fallen scheint, begann einst der Geschichtsunterricht in der Volksschule, zwei Jahre nach einem verlorenen Krieg. Der Stoff wurde wiederholt auf einem westdeutschen Progymnasium, wirkte freilich weit weniger inspirativ als die Schönsten Sagen des klassischen Altertums gewirkt hatten - *sie* inspirierten.

Bis zum Abitur wurde griechische Geschichte noch ein drittes Mal wiederholt und immer ausführlicher. Vielleicht war es schon zuviel. Vielleicht war es gerade auf der Grenze und hat als Grenzwert vor endgültigem Überdruß bewahrt. Nicht jede erste Liebe hält sich durch. Studieren auf einen Beruf zu – wenn für das Lehramt, dann vielleicht Geschichte, aber da wären zum vierten, fünften Male die alten Griechen dran gewesen. Afrika lag noch hinter dem Mond, gesichts- und geschichtslos. Die Geschichte der Gegenwart balancierte am Rande eines nuklearen Krieges, und warum? Wegen den alten Griechen. Es ging, nach dem Vorbild von Marathon und Salamis, wieder einmal um Freiheit und Demokratie. Das Studium der Geschichte wurde dennoch begonnen, jedoch aufgegeben mitten in den römischen Bürgerkriegen. Die Proskriptionen erinnerten zu sehr an politische Säuberungsaktionen der Moderne. An das schaudernde Erfahrungswissen, wie wenig ein Menschenleben wert ist, wenn politische Überzeugungen sich in Macht- und Massendynamik umsetzen. /…/

Das frühe Bildungserlebnis Griechenland blieb dennoch nicht ohne Folgen: es führte (nach dem Großen Latinum) nebenher zu einem Kleinen Graecum. Es sollte dem Theologiestudium und sodann dem Lehrauftrag im Regenwald zugutekommen. Vor allem aber war es das Fundament, auf dem sich nach dem Auftauchen aus dem Alten Orient das Interesse erneut wie einer ersten Liebe zuwandte.

Häppchenlektüre

Hier soll zunächst ein Blick an Bücherregalen entlangstreifen, an Geschenktem und an Selbsterworbenem, an Antiquarischem und Druckfrischem, gesammelt in dem Bewußtsein: das will oder das müßte ich lesen, um mir anzueignen, was auf einem neusprachlichen Gymnasium nicht zu haben gewesen war.

In der Pause zwischen Physik und Mathematik, im Jahre 1955/56 könnte es gewesen sein, daß der Weg zur nahen Buchhandlung führte, vor der eine Kiste mit aussortierten Büchern stand. Hier fanden sich nicht nur *The Poetical Works of Lord Byron*, einbändig, 1926, und ein skatspielkleines Büchlein mit Miltons *Paradise Lost* von 1882, sondern auch eine Voß'sche *Ilias* samt *Odyssee* mit vorangestellter ‚Weihe': ‚Stolberg, über der Stadt am besegelten Busen der Ostsee…' Die *Ilias*-Lektüre lockte nicht. Es war in groben Zügen doch bekannt, wovon sie handelte. Krieg, Schlachtentod und eine eroberte Stadt – es erinnerte zu sehr an das, was allgemein von Stalingrad, dem Hürtgenwald oder dem zerbombten und eroberten Berlin bekannt war. Es war noch zu nahe. Eher noch ein Blick in die *Odyssee*, wenngleich es da auch nicht zimperlich zuging. In diesen späten Jahren steht eine zweisprachige Ausgabe bereit, irgendwo aufgeschlagen zu werden, um zu prüfen, was von zehn Zeilen ohne Blick auf die Übersetzung verständlich ist – wenig.

Noch vor Afrika fiel antiquarisch in die Hände ein Heft Tübinger Nottexte, PANTHEION, Religiöse Texte des Griechentums, schlechtes Papier, 3. Auflage 1965. Darin blätternd nach der Rückkehr aus Tansania blieb der Blick an Nr. 13 von 55 Texten hängen: ein bis dahin unbekannter Mimnermos hatte 16 Zeilen über Vergänglichkeit und menschliches Leid gedichtet, wert, auswendig gelernt zu werden. Ημεις δ' οια τε φυλλα φυει… ‚Wir aber, wie Blätter hervorbringt…' Zwei antiquarisch anmutende Bücher aus der Hinterlassenschaft des kriegsverschollenen Schwiegervaters stehen seit der ersten Rückkehr aus Afrika 1983 im Antikenregal. Das eine, im Format A5, ist eine schwere, massiv gebundene Ausgabe, 1907, mit vier griechischen Tragödien, übersetzt von Wilamowitz-Möllendorff. Der *Hippolytos* des Euripides, samt Einleitung mehrmals und gründlich gelesen, wurde, verglichen mit Racines *Phèdre,* Teil eines Essays, geschrieben um 1987 als Beitrag zu einer Anthologie. Ein schmales Bändchen, *Fragmente frühgriechischer Lyrik,* deutsch von Eckart Peterich, 1943 in Florenz erschienen, vermittelte wenig später erste Bekanntschaft mit Gedichten Sapphos und mit Alkmans Eisvogelgedicht. Von diesem Bändchen war es nicht weit zum Erwerb einer zweisprachigen Ausgabe *Liebesdichtung der Griechen und Römer* in der Sammlung Dieterich und dem Versuch, weitere Kleinigkeiten auswendig zu lernen, ʽΕσπερε τας ερατας …, und auch ein wenig Horaz, *Tu ne quaesieris, scire nefas…* Grundlegende Werke, große, kostspielige, lagen nach und nach und auf Wunsch unter dem Weihnachtsbaum oder auf dem Geburtstagstisch – 1989 Nilssons zweibändige *Geschichte der griechischen Religion,* 1955 noch eben mit einer Fußnote zur Entzifferung von Linear B versehen: eine unerschöpfliche Schatzkammer. Sodann Wilamowitz' *Glaube der Hellenen,* auf befremdliche Weise einen Grundbegriff Luthers für eine antike Religion in Anspruch nehmend und imstande, mit einem einzigen Satz zwei antike Religionen in ihrem Wesenskern zu erfassen: nicht minder unerschöpflich. Rohdes *Psyche* hat durch die ‚abenteuerlich pedantische Breitspurigkeit der munkelnden Anmerkungen' in der Tat irritiert und die Lektüre gehemmt. Jaegers *Paideia* hingegen, dreibändig, hatte auf englisch so sehr erbaut, daß eine deutsche Ausgabe zum Zwecke des Wiederlesens erwünscht war. Leskys schmales Werk über die Tragödie; seine umfänglichere *Geschichte der griechischen Literatur;* Aufsätze zu Thukydides und, aus den Büchervorräten des

Ehemannes, Schadewaldts archaisch-kantige Übersetzung des ‚Geheges der Zähne' und vieler anderer schöner Ungewöhnlichkeiten wegen. Schließlich, als Letztes, das Erste, Eigentliche, zweisprachig: Hesiod, Herodot, die Tragiker, Thukydides (auf deutsch) als harter Brocken und eine Platon-Ausgabe, zweisprachig; späterhin noch Pindar (zweisprachig, übersetzt von Hölscher), Theognis, Kallimachos, Einzelnes von Plutarch, Dion von Prusa (ebenfalls zweisprachig) und einiges mehr, darunter ein graues Heftchen Metaphysik XII von Aristoteles, 1948 herausgegeben von Gadamer, περι της ουσιας ʽη θεορια .

Im Gefolge eines Großen Latinums sammelte sich, wenngleich kaum gelesen, auch Lateinisches an – Didos und Camillas wegen eine Aeneis, die Hirtengedichte zusammengebunden mit Theodor Haeckers schönem Aufsatz über ‚Vergil, Vater des Abendlandes'; Ciceros ‚Gemeinwesen' wegen des *Somnium*, Lukrez, um – Aeneadum genetrix, hominum divumque voluptas, alma Venus – drei Anfangszeilen auswendig zu lernen; Cäsar-, Livius-, Sallustauswahl, das übliche. Eher unüblich wurden aus einer im Campus von Makumira hinterlassenen Privatbücherei Ovids Metamorphosen mitgenommen, eine englische Auswahl von 1997, die bei jedem flüchtigen Blick hinein mit Witz und Verve von einer Zeile zur anderen weiterzerrt – übersetzt von Ted Hughes.

Alles dies ist vorhanden, zum größeren Teile ungelesen, aber in Reichweite und beruhigend, die Laren und Penaten der geistigen Speisekammer. Gäbe es nicht so viel zu schreiben im Wettlauf mit abwärtsgleitenden Jahren, *subter labentia signa*, es stünde nicht so vieles noch wartend in den Regalen. Vielleicht fehlt es an Mitinteressenten und Gesprächen; der Ehemann ist mit Afrika und Missionstheologie beschäftigt. Im Umkreis der Bekannten gab es einen Kollegen, mit dem sich Platos *Symposion* durch geraume Zeit hindurch zu drei Vierteln übersetzen ließ – sonst gibt es niemanden, mit dem zusammen sich ein Gesang Ilias, eine griechische Tragödie, ein Buch Herodot lesen ließe. Auf der Suche nach Versäumtem bleibt die Lektüre klassischer Texte desultorisch.

Sprunghaft bleibt die Lektüre, dilettantisch die Befaßtheit insgesamt mit ‚den alten Griechen'. Es mag die Liebhaberin bisweilen anhänglicher sein als die Ehefrau – wer zu nichts verpflichtet ist, folgt dem Sog und Reiz des Noch-nicht-Zueigen-Gemachten. Auf Ernstgenommenwerden erhebt sich kein Anspruch. Es ist ein schönes Vorrecht der Ergrauten, des Lebens Rest mit Liebhabereien zu verbringen. Es lernt sich noch manches hinzu an Vergeblichem; es wird nutzlos im nutzlosen Staub. Es sei denn, das eine oder andere, vermischt mit ein wenig Graienweisheit, findet den Weg ins Wort und in ein Buch, das in der Deutschen Nationalbibliothek dahindämmern darf.

Die Griechenlandreisen

Sie fanden statt vor einer letzten Ausreise nach Afrika. Dem Kollegen Ehemann, ao. Prof. in Berlin, erschienen, je länger umso mehr, afrikanische Studenten ein lohnenderes Ziel lehrenden Zeitzubringens. Für 1998 war eine Ausreise nach Tansania geplant. Griechenland: vorher oder nie. Die erste Studiosus-Reise fand 1997 zusammen mit dem Ehemann statt: ein Geburtstagsgeschenk zum Sechzigsten. Da war man in Mykene. Im Jahr darauf mit einer Freundin. Da fanden, teils mit Erlaubnis des Reiseleiters, teils ohne eine solche, ‚Seitensprünge' statt: allein auf die Burg von Mistra, allein an den Zusammenfluß von Alpheus und Kladeos bei Olympia, allein in die Kastaliaschlucht von Delphi.

Erst zehn Jahre später waren die Erlebnisse buchreif; sie sammelten sich in Überarbeitungen der Reisetagebücher und in den späten ‚Graienmonologen' von 2008. In den NOSTOI ist alles nachzulesen.

Griechisches in einem Campus Ostafrikas

Graecalia 1998-2003

Die Rückbesinnung soll hier eingehen auf das Sammelsurium an *Graecalia* während der Jahre in Tansania neben dem Lehrbetrieb her und neben dem Versuch, weiterzuschreiben an zwei Büchern: an der Sinnkrise nach Sils-Maria 1958 und an der Stolperschwelle zu Afrika 1973.

Man befand sich im Herbst 1998 also wieder im Campus von Makumira zwischen Aruscha und dem Kilimandscharo – da, wo man schon im Jahre 1990 ein Gasttrimester lang unterrichtet hatte. Nach entschiedener Weigerung, sich weiterhin mit dem eigenen Fachgebiet (Altes Testament) zu befassen, beschränkte sich das Unterrichten auf ,Introduction into Theology' und auf Griechisch, wie es im Neuen Testamente steht und von Theologiestudenten wenigstens im Ansatz verstanden werden muß. Die freie Zeit teilte sich wie üblich in kleine Ausflüge, Schreiben und Lesen.

Die Lektüren jener Jahre waren so gut wie ausschließlich um griechische Antike bemüht, sowohl an Hand dessen, was an Büchervorräten mitgenommen worden war, wie auch entlang dessen, was sich in der großen Bibliothek des University College fand, unter anderem die gesamte Platon-Übersetzung von Jowett und Jaegers *Paideia* dreibändig englisch. Auf dem Flughafen Kilimanjaro Airport lenkte in langen Stunden des Wartens mit Nacht vor den hohen Glaswänden J.Burckhardts ,Griechische Kulturgeschichte' kaum spürbar ab von der Sorge um die Mutter. In die ,Nostoi' eingefügt sind zwischen die Griechenlandreisen und die Spät- und Nachlese von 2009 ,Nostoi bei Nacht': sieben Nachtflüge heim zur Mutter, seit dem Mai 2000 pflegebedürftig und der Grund, warum die Jahre in Tansania, das Schreiben an mehreren Büchern und das fortlaufende Aneignen von ,Graecalia' neben dem Unterricht her unter dem tiefen Schatten lastender Sorge blieben.

Aus den Lektüren ergab sich das Bemühen, die Anfängern vorzutragende Einleitung in die Theologie so aufzubauen und einzurichten, daß deutlich werden sollte: Ohne griechische Philosophie (in umfassendem Sinne) keine christliche Theologie, weder akademisch noch ethisch noch im Hinblick auf fast alles, was mit westlicher Kultur nach Afrika kam, im Guten wie im weniger Guten. Aus allem, was da an Wissen in ein Vakuum nachgeschoben werden mußte (die Studenten hatten in der Sekundarschule allenfalls etwas von Sokrates gehört und davon, daß ein christlicher Apostel in Athen auf ‚Götzendiener' traf) – ergab sich ein Abriß griechischer Geschichte und Religion, neunzig Seiten A4, als Hinterlassenschaft.

Die ***History and Religion of Ancient Greece*** war die letzte aller Bemühungen um *Paideia* afrikanischer Studenten. Ausgehend von der Frage, warum die hellenisierte Welt bereit war für eine Botschaft, die von ihrem historisch betrachtet ursprünglichen Ziel abprallte, wurde vorsichtig und ad usum delphini gefolgert, daß Gott gewissermaßen zweigleisig durch die Geschichte gefahren sei. Daß die Ökumene der hellenisierten ‚heidnischen' Völker (hellenisiert war ja auch ein Teil des ‚erwählten Volkes') sich am Ende als besser vorbereitet erwies für die Absichten der ewigen Weisheit und die Botschaft vom gekreuzigten und auferstandenen Erlöser als das Abgesonderte und sich besonders Dünkende. – Dem Abriß wurden angehängt (ebenfalls auf Englisch) die ersten vierzig Verse von Homers *Ilias*; dreißig Verse aus der *Theogonie* von Hesiod (die Berufung des Sängers, der Beginn der Kosmogonie) und eine Auflistung der Gründe für den Sieg des Christentums nach Harnack, *Mission und Ausbreitung…* Ein Exemplar wurde katalogisiert und in die große Bibliothek aufgenommen. Im Jahre 2006, beim letzten Besuch in Kamerun, verblieb ein weiteres Exemplar im Theologischen Seminar von Kumba, den Kakerlaken zur Kenntnis und zum Fraß…

From Sinai to Sumeria and back to Athens
A Christian Theologian's Odyssey

Hier sei zum Abschluß in Stichworten skizziert ein Vortrag, der im April 1995 während eines Gastsemesters am Theological Seminary Kumba/Kamerun gehalten wurde. Die kommentierte Urfassung findet sich in dem umfänglichen Buche **Fufu und Vergißmeinnicht**. Die Afrika-Rundbriefe der Frau des Feldforschers (BoD 2006), S. 374-385.

1. Why I studied O.T. in particular rather than N.T.
2. What I discovered when doing research on prophet Hosea
3. How teaching Dogmatics helped me to better understand the essentials of Christan Faith
4. What I was looking for in the Ancient Near East and what I discovered in Sumeria
5. Why Feminist Theology remained an episode
6. What I am looking for in Athens (Greek antiquity)
7. How in Africa I became more conscious of my Western tradition

Als Herzstück einer christlichen Theologie, die alles auf diese Mitte beziehen würde, erschien mir währen der Jahre in Tansania Joh. 17, 3; ein Vers, aus dem sich eine ganze Dogmatik entwickeln ließe:

'Αυτη δε εστιν 'η αιωνιος ζωη
'ινα γιγνωσκωσιν σε, τον μονον αληθινον θεον
και 'ον απεστειλας,
Ιησουν Χριστον

Deus sive ?
Fußnote

Unberücksichtigt soll hier bleiben, was in diesen späten Jahren an Naturwissenschaftlichem, (Astro- und Quantenphysik, Molekularbiologie und Genetik) reduziert aufs Allgemeinverständliche, gelesen und zu einem großen Teil auch wieder vergessen worden ist. Von einem expandierenden Universum und vom Welle-Teilchen-Dualismus war um 1950 im Physikunterricht noch keine Rede gewesen; Chromosomen und Kernteilung waren im Biologieunterricht vorgekommen, die Doppelhelix geisterte seit 1953 durch die Presse, an das Wortmonstrum ‚Desoxyribonukleinsäure' gibt es jedoch keine Erinnerung. Was inzwischen in Biologie als Abiturwissen vorausgesetzt wird, erfüllt ein graues Haupt mit Staunen. Was Proteinbiosynthese ist und wie sie im einzelnen vonstatten geht, hat Neugier und Lerneifer noch einmal entzündet. Die Namen der (einund-)zwanzig Ameisensäuren wollen sich freilich nicht mehr einprägen. ‚Telomere' und ‚Apoptose' sind indes keine böhmischen Dörfer mehr. Als ungelöstes Rätsel scheint einzig die Frage zu bleiben, wie aus neuronalen Gehirnfunktionen ‚Geist' hervorgeht.

Das Staunen über die Fähigkeit einzelner menschlicher Gehirne, dem Leben molekular-biologisch und dem Geist neuro-elektronisch-synaptisch auf die Spur zu kommen, hat dazu beigetragen, Gott als Schöpfer tiefer im Naturprozeß verwurzelt zu sehen, wo nicht im spinozistischen *sive*-Sinne, so doch auch nicht so rundum und ausschließlich personhaft, wie in mythischen Götter- und biblischen Gott-Schöpfer-Vorstellungen. Der Gottessohn als menschliches Angesicht Gottes hat Teil an beiden Sphären: als wahrer Mensch naturverhaftet und sterblich; als wahrer Gott teilhabend an einem ‚ewigen Leben', das sich den Bedingungen bekannter Naturgesetze und menschlichen Verstehens entzieht – sei es in ein Wunschdenken, sei es in ein sokratisches ‚Vielleicht', sei es in ein getrostes Vertrauen in etwas ‚höher als alle Vernunft', das im Fleisch gewordenen Logos dem Glauben ein menschliches Antlitz zuwendet.

*

DAS BETRACHTEN EINES

TRI PTYCHONS

Malen als Therapie
Ein Arbeitskabinett als Gemäldegalerie

Jenseits der Worte

An der Schmalseite des Arbeitskabinetts, über der ‚Chaiselongue'; da, wo auch am Tage Dämmernis herrschte, waren neben einander mit Reißnägeln an der dunkelgebeizten Holzwand befestigt drei Ölgemälde…

Ausgegliedert aus dem ungefügen Stück Erinnerung an Kokrotschen, Bücherregale und Leseerlebnisse, an ein Doppelstudium und Berufsjahre lehrenden Weitervermittelns – erinnert während des Wartens auf den Landrover am Morgen der Reise nach *** – wurden die drei Ölgemälde im dunklen Hintergrunde des Arbeitskabinetts. Drei schmale Hochformate, rahmenlos, kaum höher als ein Aktendeckel: Pappkarton, zurechtgeschnitten aus Verpackungsmaterial, überpinselt mit weißem Lack. Die Künstlerfarben, wie fast alle höheren Kulturgüter europäischer Herkunft, importiert in die Hafenstadt am Atlantik, waren ein ehelich Geschenk zum ersten tropischen Weihnachtsfest.

Innerhalb von drei Jahren waren drei Bilder gemalt worden. Das erste drei Jahre, das letzte wenige Wochen vor der Reise nach ***. Warum, wozu, aus welchem Anlaß? Um Worten auszuweichen, das Tagebuch zu entlasten? War Malen Zuflucht zu Farben und verrätselten Formen, weil der Wortschatz erschöpft war? Weil Worte, weil Sprache, weil selbst der weite wilde Wald der Metaphern zu ungenau oder zu schwerfällig gewesen wären für das Flüchtig-Ungenaue der äußeren, zu verbraucht für die Nuancen der inneren Wirklichkeit? Zu abgedroschen oder zu genau für bestimmte Schattierungen des Gefühls? Was war der Anlaß, was hatte da vorgeschwebt? Form und Farbe - waren sie Verhüllung oder Offenbarung und woher kam letztlich die Inspiration? - Es will im nachhinein angebracht erscheinen, vorweg einen Blick zurück zu werfen – zurück in Kindheit und Adoleszenz.

Pinxit I und II

In zwei Bänden ist in diesen späten Jahren gesammelt worden, was durch runde siebzig Jahre hindurch gezeichnet und gemalt worden ist: von eigener Hand wie von der des künstlerisch erblich begabten Ehegefährten.

Band I beginnt mit einer ‚Galerie der Auserwählten': mit Ölgemälden seit 1954, als die Mutter den ersten Künstlerfarbenkasten schenkte. Abgemalt wurden nicht nur Postkarten (schlichte Margeriten; Kapelle vor Gebirgsmassiv); es wurde auch Berühmtes kopiert: Feiningers Vogelwolke, Cézannes blaue Blumenvase. Gelbe Rosen nach Postkarte, nach der Natur eine rosa Hyazinthe vor dunkelblauem Faltenwurf und abstrakt ein Unterwassermond, von Fischlein durchschwommen. Von HB finden sich exquisite abstrakte Wasserfarbenbildchen, deren einige eines der eigenen Bücher illustrieren durften. Es folgt ein Hauptteil ‚Bildchen für einander': seit 1970 mit Wasserfarben gemalte postkartengroße Kleinigkeiten, die man zu Geburtstag und Weihnachten malte, auch während der Jahre in Afrika.

Band II beginnt chronologisch mit den frühesten Buntstiftbildchen während der Flüchtlings- und Hungerjahre im Thüringer Wald: Blumenelfen, Wichtel, frierende Kinder im Schnee. Es folgen Malereien aus Schul- und Freizeit im süddeutschen Rebenland (Indianer, Haremsdamen, Mondfeen; aus dem Zeichenunterricht Waldkapelle, Robinson, Weihnachtsengel, Porträts, Burg, Parkbäume – die ganze Fülle bis zum Abitur. Hier findet sich vereinzelt Therapeutisches, erotisch-dämonisch, mythisch verschlüsselt, bisweilen sentimental: nicht gut, aber besser als manches Gedicht. Freizeitmalen war Ersatz für Klavierstunden, Ballet, Reiten, Tennis, und für ein Mädchen: Fahrradreisen. Malen: ein lebenslanges Freizeitsteckenpferd. Und in manchen Lebenslagen ein Seelenheilmittel.

~

Epiphanie

Farblich auffällig, formal abstrakt: das Bild in der Mitte, als erstes entstanden, Ende Juni 1979, hingeworfen mit breitem Pinsel, aufblühend in einer Farbharmonie, deren Leuchtkraft ans Wunderbare grenzte – in den Augen derjenigen, die einen äußeren Eindruck statt mit Worten in Farben wiederzugeben versucht hatte und mit dem Ergebnis nicht zufrieden war.

Auf dunkelbraunem Grunde, dunkler als Siena gebrannt, nahe an Umbra, leuchtet in kühlem Grün Überquellendes, geometrisch gebändigt; etwas blatt- oder edelsteinartig Großflächiges, gefügt aus wenigen Elementen. Aus der unteren rechten Ecke schwingt sich, nach links ausweichend, ein Viertelmondbogen, am oberen Bildrande wolkig zerfließend, unten an der Basis kurzstämmig neben einem flachen Hügel entspringend. Das Lichtgrün der Sichelform wird gedämpft von schattigem Gekröse und bläulichen Schlieren. Unten links und Mitte rechts sprossen zwei große Edelsteinknospen, Riesentürkise oder Blattovale, aus Dreiecksformen hervorgewölbt. Abgesetzt vom dunklen Hintergrunde durch flüchtig freigelassenes Weiß, an den Rändern von dünnen Glanzlichtern, hellgelb, gesäumt, steht das Hybrid aus Blatt und Kristall wie eine sublunare Urweltform im Rahmenlosen.

Nicht jedoch um die Form ging es, als das Gemälde gemalt wurde. Es ging um den Farbton Grün. Abwechselnd mit Gelb und Blau übermalt, wollte sich doch der Ton nicht herbeimalen lassen, der draußen unter freiem Himmel so epiphan alle anderen Grüntöne im Campus übertraf. Vielleicht war es kein eindeutiger Ton; vielleicht war es ein Changieren, ein Wechsel von Licht und Schatten nicht nur, sondern ein Wechsel der Stimmungen?

~

Von nahem und im Halbdunkel des Kabinetts betrachtet war das Grün ein mattes, fast pastellenem Apfelgrün, kühl ins Bläuliche abschattend. Von ferne und bei einfallendem Licht hingegen strahlte es wie ein Fanfarensignal, es funkelte wie ein Tigerauge, eisdurchglüht. Es war ein ganz besonderes Grün inmitten des allgemeinen und alltäglichen Gras- und Blättergrün. Daher der Titel ,Theophanie', später abgemildert zu ,Epiphanie'.

Die allererste Bezeichnung ,Edelsteinknospe' war ein Ausweichen und Ablenken gewesen. Zwei Ebenen oder Sphären aus dem Reiche der Natur zu konjugieren, die unbelebte der Gesteine und Kristalle und die belebte der Pflanzenwelt, wäre nichts Auffälliges oder Ungewöhnliches gewesen. Blattgebilde aus Edelstein: das Grüne Gewölbe ist mit Dreidimensionalem dieser Art reichlich versehen.

Der Titel ,Epiphanie' mag anspruchsvoll, wo nicht abwegig anmuten (wenngleich weit weniger als ,Theophanie'). Epiphanien im antiken Sinne waren Erscheinungen einer Gottheit – episch bei Homer (Athene erscheint dem Telemach in der Gestalt Mentors; sie entfliegt als Schwalbe) oder mythisch (Dionysos erscheint bei Euripides in Theben in Menschengestalt); schließlich glaubte man in einem Triumphator wie Cäsar die Gestalt eines Gottes zu erkennen. Im Campus von N. erschien zwar hin und wieder der kleine weise Moderator aus dem Grasland; aber nichts und niemand, den oder das man im Ernst als ,Epiphanie' hätte bezeichnen können.

Nichts -? Es erschien eines Tages eben doch etwas, das den Begriff ,Epiphanie' auf sich und nach sich zog. Es irritierte durch changierende Nuancen und durch Sichunterscheiden von allem Grün ringsum. Die Irritation wurzelte zweifellos in psychischen Tiefen. Sechs Jahre im Regenwald und Krisen mancherlei mochten dazu geführt haben, dieses Grün als ungewöhnlich zu empfinden.

~

Bambarabeeren

Das zweite Gemälde zeigt Bunteres und größere Formenvielfalt. Entstanden war es knappe zwei Jahre nach dem ersten; denn in dem Jahr unmittelbar nach dem ersten Gemälde wurden nicht gelehrt und nicht gemalt, sondern in einer Schwabinger Mansarde Wissenschaft abgeschlossen.

Auf den ersten Blick mag das Bild wie ein Blumen- und Früchtestilleben anmuten, stilisiert und mit verschobenen Proportionen. Andererseits ist da viel dunkles Braun bis hinab zu Tiefblau an der Grenze zu Schwarz. Dazwischen hellere Töne: ein lehmiges Rosé neben dämmrigem Taubenblau; ein wenig Grünglänzendes, Thuja oder Stechpalme; ein pastellenes Nußbraun und ein sanftes Pfirsichbeige. Blickfang im unteren Drittel: ein leuchtendes Kirsch- oder Tomatenrot. In die rechte obere Ecke gedrängt: ein reines, trotz bläulicher Schatten blendendes Weiß.

Die Farben, das Schwarz und das Weiß, verteilen sich auf Gegenständliches, in einfachen Formen mehr angedeutet als dargestellt. Etwas wie ein langes Gewand nimmt die linke Hälfte der Bildfläche ein. Von oben links nach unten rechts fließt es in mattem Dunkelbraun entlang der Linie eines Parabelastes. Angedeutet ist Stickerei: Silbergekräusel zieht sich am Rande des weit ausgebogten Halsausschnittes entlang und rieselt hinab bis zur Gürtellinie. Die Säume bilden eine dunkle Faltenlache auf rötlichem Lehmboden. Mitten darin steht ein breiter Schemel, schwarz wie Ebenholz, klotzig behauen, verziert mit einfachem Rautenmuster. Dicht neben dem autochthonen Sitzmöbel ragt schmal und hoch und in völliger Mißachtung natürlicher Proportionen ein Wasserglas, angefüllt mit dem Beige-Rosé, das vom Lehmboden her hinaufsteigt.

In dem Glase kreuzen sich zwei Linien. Die eine steigt als Blumenstiel, nach beiden Seiten dunkelgrün glänzende

Lanzettblätter breitend, aus der Vasenöffnung schräg in die rechte obere Bildecke hinauf und entfaltet daselbst, mit einem Knick nach links, einen großen weißen Blütenstern, fünfstrahlig wie ein Schneekristall in türkisblauer Dämmerung. Die Gegenlinie ist der Parabelast, der das Dunkelbraun des Gewandes nach unten hin abgrenzt vom Graublau des Hintergrundes, nach oben hin die Mittelrippe einer Doppelform bildet, vielleicht einer Art Orchidee, helldunkel gehälftet. Oder eines absonderlich geformten und verfärbten Gingko-Biloba-Blattes. Denn daß sich hier etwas als eins und gedoppelt darstellt, ist unschwer zu erkennen. Es könnte das stilisierte Kompositum aus je einer Hälfte zweier Kleidungsstücke darstellen, andeutend vielleicht, daß eine Frau sich auch in Männerkleidung - der Hemdkragen, das cognacbraune Revers - wohlfühlte? Dem mag widersprechen, daß die Linie, die beide Hälften aneinanderfügt, ein Pfirsichbeige von einem Brombeerbraun trennt. Der gleiche dunkle Farbton formt sich zwischen Kragen und Revers zu einer Art Vogelschwinge hin zu dem weißen Blütenstern. Vom hellen Teil des Gewandausschnittes ringelt sich am linken Bildrand entlang langes braunes, vielleicht schon angegrautes Haar. Bis hinab zu dem Ebenholzschemel und dem leuchtenden Rot daselbst als kompositorischer und farblicher Mitte des Gemäldes.

Auf dem Schemel nämlich liegen angehäuft Früchte in prangendem Rot, Beeren, groß wie Äpfel oder Tomaten. Das runde Leuchten erhellt das ganze Bild. Es widerspricht, es kreuzt sozusagen die Klingen mit dem eisigen Weiß, mit dem strengen geometrischen Blumengesicht am oberen Bildrande, das in abweisender Kälte herabblickt auf das funkelnde, das pralle Lebensrot.

Bambarabeeren? Es waren Pitangakirschen. Sie wuchsen im Gebüsch gleich hinter dem Haus. Es war der 17. April 1981. Am nächsten Tag entstand das Bild.

Astarte
ou le goût de l'absolu

Der linke Flügel des Triptychons, wenige Wochen vor der Reise nach *** entstanden, vertieft ins Mythisch-Symbolische, was im Tagebuch an Wiederholungen dahinsiechte.

Auf dem Stückchen Pappe ist alles in türkisblaue Nacht getaucht. Dazwischen mancherlei Abtönungen zu Grau-, Grün- und Blauviolett. Einzige Kontrastfarben: ein blasses Orange-Rosé und ein peripher versprengtes Gelb.

Alle Formen sind gegenständlich. Bis auf zwei große Bäume und ein paar Blüten jedoch ins Geometrische vereinfacht, so daß der Eindruck einer kubisch-abstrakten Komposition entsteht da, wo im unteren Drittel kulissenhaft zwei Behausungen angedeutet sind: Stufen einer Treppe, Lattenveranda und Türöffnung linker Hand, nach rechts hin ein Flachdach und zwei Fensterhöhlen. Die obere Hälfte der Komposition ist beherrscht von Kosmisch-Naturhaftem: Nachthimmel, Mondsichel, Baum und Stern.

Das geometrisch Vereinfachte ist Verfremdung allzu naher und bekannter Umgebung. Zugleich symbolische Verknüpfung durch Ineinanderschieben, was in Wirklichkeit außer Rufweite von einander entfernt stand. Es stoßen dergestalt von links und rechts zwei Dreiecke spitzwinklig ineinander. Aus der Überschneidung ergeben sich, ergänzt durch Seitenverlängerungen, Schrägparallelen und zusätzliche Geraden, Rauten, Rhomboide und Trapeze von mancherlei Schiefe und Verschiebung. Die Farbgebung macht Gegenständliches erkennbar: drei Stufen einer Treppe, vier Latten und die Brüstung einer Veranda; dahinter, linker Hand, das schmale hohe Lichttrapez einer Türöffnung. Das Licht fällt auf die Treppe und teilt sie in eine dunkle Hälfte Brombeerlila und eine helle Hälfte Steingrau.

~

Mit dem Verandadreieck von links überschneidet sich von rechts her und auf tieferer Ebene das Fassadenrhomboid einer kastenförmigen Behausung mit flachem, nach hinten abfallendem Dach. Es steht da wie eine Pappschachtel, in deren Stirnseite zwei Quadrate, perspektivisch zu Rauten verzogen, geschnitten sind: die Fenster. Das eine petrolgrün verschlossen, das andere erleuchtet von sanftem Orangerosé. Unterhalb der Überschneidung beider Hauskulissen liegt absinthgrüner Abgrund. Darüber hinweg führt jedoch ein schmaler Steg von der offenen Verandatür links zum offenen Fenster rechts, aus dem das Orangerosé in der Form eines Vorhängleins weht. Auf der Brüstung der Veranda gegenüber blüht ein übergroßer, kugeliger Busch Sternblumen. Mit sieben Blüten verdeckt er zur Hälfte die lichte Türöffnung hinter der Veranda, zur anderen Hälfte verdrängt er das dunkle Violett der Trapezform, die am linken Bildrande Hauswand darstellt.

Die untere Architektur wird überragt und nahezu verdrängt durch zwei dunkle, das Bild beherrschende Bäume, dick und gedrungen der eine, schmal und überragend der andere. Der Eukalyptus zur Linken, wurzelnd am Steg dicht über dem absinthgrünen Abgrund, verzweigt sich leicht belaubt im Türkisblau der Nacht bis hinauf an den oberen Bildrand. Es ist kein schöner Baum. Es fehlt das Ebenmaß in der Dichte der Belaubung und im Rhythmus des Geästs. Mager, dürftig, die Ränder ausgefranst - es wirkt mißlungen. Bei näherem Zusehen zeigt sich freilich, daß der Kunstversuch sich oben im Wipfel konzentriert. In einem Bilderrätsel. Da biegen sich Zweige, da wuchert und lichtet sich Blätterwerk dergestalt, daß auf schmalem, überlangem Hals, von Laubhaar umlockt und leicht zur Seite geneigt, im Dreiviertelprofil ein Frauenkopf vorstellbar wäre. Weder Mund noch Augen, aber Brauen deuten sich an und die Rundung einer Schulter.

~

Eine Dryade? Was macht sie da oben? Thront sie da als archaisches Bildungsrelikt? Will sie Geheimnis offenbaren oder bewahren? Über dem Scheitel schwebt fingernagelschmal die Mondsichel; auf der linken Schulter, also rechts, strahlt ein großer Stern.

Mit acht Strahlen strahlt der Stern. Sechs sendet er in den Himmelsraum, zwei hinab zur Erde, je einen an den äußersten Rand der beiden Behausungen da unten. Der Strahl, welcher nach oben hin die geneigte Stirn der Göttin und den Bogen der Mondsichel streift, er schießt zugleich nach unten durch das dichte schwarze Laub des anderen Baumes, dicht neben dem Eukalyptus. Das ist ein außerordentlich breiter, ungefüger Thuja. Mit dichten Laubmassen füllt er mehr als die Hälfte des vorhandenen Himmels aus. Der Eukalyptin reicht er freilich nur bis zur Schulter. Er wurzelt hinter dem Pappschachtelgehäuse, hinter dem erleuchteten Fenster. Gerade da ist die Mitte des Gartens und der Wurzelgrund des Thuyabaums, der auf abgeflachtem Wipfel kleingekrausten Laubes den nahen Glanz des großen Sterns wie ein Diadem in Demut erträgt.

Recht dicht bei einander stehen die Bäume, und arboreske Anmut geht ihnen gänzlich ab. Mit Geäst und Laubwerk, so erbärmlich dürftig und zerzaust auf der einen Seite, auf der anderen kompakt und pyknisch, bringen sie einander in Bedrängnis. So dicht verwirrt das Laubwerk sich ineinander, daß ein breiter Streifen purpurne Finsternis entsteht, vielverzweigt, unentwirrbar, dunkel wie mondlose Nacht oder Ohnmacht. Leider schlecht gemalt.

Auch der Stern läßt malerisch zu wünschen übrig. Er ist zu gelb und zu dick geraten. Desgleichen das Siebengestirn der weißen Blüten unten auf der Veranda: zu flach und wie aufgeklebt. Es wurde nachgebessert, aber es wurde nicht besser. Besser geriet die Eukalyptin im Wipfel. Eine Dryade? Das grazile Bildungsrelikt wurde von weiter südöstlich herbeigeholt. Es ist ‚Astarte ou le goût de l'absolu'.

Hintergründe

Kittel, Fledermausgewand und Sternin

Auf die Beschreibung der Gemälde folgt jeweils eine ausführliche Besinnung auf Stimmungen und Ereignisse, die den Malimpuls ausgelöst oder mitbestimmt hatten.

‚Epiphanie'. Erschienen und begegnet war das unmalbare Grün eines Nachmittags jenseits der Bougainvillea. Es war das Grün eines hüftlangen Kittels, verziert mit ein wenig gelbfädiger Kurbelornamentik. Zunächst begegnete es nur an Feiertagen und bei festlichen Anlässen. Alsbald jedoch immer häufiger auch im Alltag und schließlich nur noch bei schwerer körperlicher Arbeit, so daß Schweiß und Waschpulver das Grün allmählich ausbleichten.

Ungelöst blieb nicht nur das Malproblem zwischen romantischem Himmelblau und pragmatischem Goldgelb. Letzteres war nicht das Symbol von Gott und Ewigkeit, sondern dessen, was Gretchen beklagt: ‚Am Golde hängt, zum Golde drängt…' Ungelöst blieb auch das Problem zwischen Leistung und Entlohnung.

Arm ist, wer des Goldes/Geldes bedarf, um ein besseres Leben zu erlangen. Ist reich, wer auf materielle Güter verzichten kann? Wer Geld ausgibt, um ein Häuschen zu bauen im romantisch empfundenen Abseits der Berge von ***; Geld, das zugleich dem Erbauer des Häuschens hilft, Verwandte und die eigenen Kinder zur Schule zu schicken? Das ist die Gelb- und Geldseite des unmalbaren epiphanen Grüntons. Die Blau-Seite wäre das Betörende eines exotischen Traums.

Wie der ausgeblichene Kittel eines späten Tages in die Hand der Malerin von damals gelangte: das ist eine lange, umwegreiche Geschichte, die mit der Reise nach*** begann und nach dreißig Jahren im Sande verlief.

~

‚Bambarabeeren'. Dann war da jener Abend im April und zwei Jahre später. Auf der vorderen Veranda des alten Missionshauses saß ein Gefühl der Einsamkeit und vertrieb sich die Zeit mit Tagebuchgekritzel und dem Betrachten der Eukalyptusbäume. Des Daseins andere Hälfte war feldforschend unterwegs, trotz des hohen Feiertags, der freilich hierzulande in seiner Tiefe unbegriffen blieb. Die Eukalyptusbäume standen als rauchig hingepinselte Silhouetten vor blaßgold-fliederfarbnem Abendhimmel in dämmernder Erwartung einer tropischen Vollmondnacht.

Es saß sich recht bequem in dem hölzernen Sessel, eingehüllt in ein Wohlgefühl, das sich dem ‚Fledermausgewand' verdankte. Das war ein weiter, seidenleichter kaffeebrauner Überwurf mit großem Halsausschnitt und silberweißer Kurbelzier rundherum und über die Brust hin ausufernd zu einer ornamentalen Orgie, einer Ägis gleich. Drei Quadratmeter faltenreich fließendes Dunkelbraun, durch zwei einfache Seitennähte zur raffinierten Robe stilisiert, zu etwas, das sich auf mannigfache Weise drapieren ließ, dergestalt, daß ein königlich gelassenes Einherschreiten ebenso schön und möglich war wie ein beschwingtes Vorüberrauschen in selbstentfachtem Faltenwind. Besonders die überweiten Ärmelbahnen – sie glichen ausgespannten Fledermausflügeln und ließen sich zudem so elegant über die Schultern zurückschlagen wie bei einer Agbada, jenem fürstlich-festlichen Männergewand der Grasländer unter den Eingeborenen, dessen Faltenreichtum auch noch dem Unscheinbarsten einen Anschein von Fülle und Imposanz zu verleihen vermochte.

Solch edler Faltenwurf verlieh an jenem Abend auch der Einsamkeit auf der vordern Veranda eine gewisse Würde und Eleganz, die den breiten Sessel ausfüllten und die schäbigen Polster verdeckten. Das Gewand wirkte etwas wie ein Wunder. Die langbehoste Saloppheit der Alltagser-

~

scheinung war einer sozusagen fraulicheren, einer geradezu damenhaften Selbstdarstellung gewichen – purer Luxus, verschwendet an Eukalyptusbäume im Abendlicht. Das Haar, im Alltag aufgebunden zum Pferdeschwanz, fiel in lockerem, künstlich hingedrehtem Geringel über die Schultern. Frischgewaschen, leicht und luftig, täuschte es eine Fülle vor, die längst dahin war. Ungebührlich lang war herber Selbstachtung am Morgen das Verweilen vor dem Spiegel erschienen; das narzißtische Versinken in die Betrachtung einer irritierlich interessanten Mischung von unscheinbarem Nußbraun und filigranem Silbergrau. Es hatte sich angeschlichen etwas, das neu und fremd war: Gefallen an der eigenen Erscheinung. Besonders das Silbergrau, das an manchen Tagen wirkte wie ein Gespinst aus noch edlerem Edelmetall, vermischt mit dem Wissen, daß es Zeichen langsamen Verfalls war. Ein Altersgrau, das den wenig jüngeren Ehegefährten angeblich mit leisem Neid erfüllte. Ein geistreich-ironisches Kompliment?

Im letzten Tageslicht näherte und verdichtete sich die Erinnerung an solch seltene Augenblicke einer neuen, ungewohnten Selbstwahrnehmung. *Esse est percipi*. Es nahm sich wahr als abendliche Einsamkeit. Es sinnierte den verblühenden schönen Stunden des Daseins nach. Stunden, die so verborgen blieben, so vergeblich dahingingen wie eine hell-dunkle Sehnsucht nach etwas nicht näher Bestimmbarem. Nach etwas, das sich allenfalls von ferne ahnen ließ. Vielleicht ließ es sich auch arrangieren zu symbolischem Ersatz für etwas, das weder Ereignis werden, noch sich ins Wort verdichten wollte…

Neben dem besetzen Sessel stand ein Schemel, einheimische Schnitzerei, Ebenholzschwärze aus Schuhwichse. Er stand da als Abstellmöglichkeit für ein Glasschälchen mit roten Beeren, entdeckt und gepflückt am späten Nachmittag, als einsames Wandeln durch den Garten sich unter die Drachenbäume verirrte. Da leuchtete es auch dem Gebüsch.

Nichts war dem Rot der kirschgroßen Beeren vergleichbar. Es wies alle Adjektive von sich und duldete nur sich selber zwischen schwarzem Schwarz und weißem Weiß. Das Weiß stand mit langem Stiel in einem Wasserglas: das Zweiglein einer namenlosen Blütenpflanze. Vielleicht ein Fleißiges Lieschen? ‚Sternblume' hörte sich poetischer an. (Und ach, die weißen Narzissen von Bethabara…)

So saß es sich da auf der Veranda, an jenem Freitagabend, und eine wohlige Melancholie breitete sich aus, fliederfarben wie die Dämmerung. Nur bisweilen und ohne genaueren Grund verdunkelte sich der Gemütszustand ins trostlos Aschene tieferer Trauergefühle. Es mochte sich, irgendwie unbestimmt, verknüpfen mit den Nicht-Ereignissen eines ehrenwert pflichtbewußten Daseins. Mit dem Ausgeschlossensein vom Leben-da-drüben, jenseits der Bougainvillea. Es war nichts zu erwarten.

Da geschah es.

[Was da geschah und Anlaß gab zu dem Gemälde, ist ausführlich beschrieben in ersten Band der literarisierten Tagebücher jener Jahre. Es soll hier nicht wiederholt werden. Angedeutet sei lediglich: Es ergab sich eine Gelegenheit, auf Fürsprache hin ein gutes Werk zu tun. Für Kerosin und Feuerholz zu sorgen für ‚die arme Sue'.

Wie zur Belohnung ward dem Abend zudem noch Naturmystisches zuteil. Als des guten Werkes Förderin sich erhob, um ins Haus zu gehen, stieg der erste Frühlingsmond durch die Eukalyptusbäume - jenseits der Worte.

Am selben Abend kam auch der Feldforscher zurück, hochbeglückt. Er hatte im weit Entlegenen den Geist der Geheimbünde brüllen gehört, der die Frauen schrecken und in Schach halten soll. Was könnte besser in Schach halten als ein Akt der Sublimierung… Am nächsten Tage entstand das Gemälde ‚Bambarabeeren'.]

‚Astarte ou le goût de l'absolu'. Für das dritte Gemälde fand sich lange kein Titel. Für das Nachtgemälde mit den Bäumen, dem Stern und angedeuteten Behausungen mit Treppe neben absinthgrünem Abgrund. Schließlich mag der Stern auf der Schulter der Eukalyptin, über dem breiten Scheitel des Thujabaums, den Namen der Göttin herbeigezogen haben: Astarte. Venusstern. Ein Planet. Was kümmert den Volksmund und die Poeten der Unterschied.

Das Abtauchen in altorientalische Mythologie aus versunkenen Kulturen lag lange zurück: von Astarte abwärts (oder hinauf?) bis zur sumerischen Inanna, der Unmütterlichen, Kriegerisch-Erotischen: ihr Name war noch weithin unbekannt. ‚Astarte' hörte sich nicht nur ‚sterniger' an, der Name war auch bekannter. Nicht nur der König Salomon und Lord Byron kannten ihn.

‚Astarte ou le goût de l'absolu': klingt es nicht anspruchsvoll? Ein Sprung in archaisch-exotische Verfremdung. Was sollte damit gesagt oder angedeutet sein? Konturen einer Philosophie der Innerlichkeit, die ins Entgrenzte drängt? Aus Enge und Ereignisarmut eines ehrenwerten Lebens in andere Dimensionen drängt? Statt Feldforschung zu treiben bis hinauf in entlegene Winkel eines begrenzten Stammesgebiets – ein grenzenloser Erkundungsdrang nach innen, in Dimensionen der Wahrnehmung, des Erlebens und Reflektierens, in welchen sich Weniges zu Wesentlichem verwandelte und um Alltäglich-Banales die Aura des Bedeutungsvollen wuchert, um Harmloses die Fama des möglichen Skandals?

Der ‚goût de l'absolu', das Verlangen nach dem Unbedingten (oder nach einem Näherungswert) – mußte es, das Verlangen, auf einen fernen Stern auswandern, (oder wenigstens eine Reise nach*** unternehmen), weil hienieden und im engen Gehege der guten Sitten und eines exponierten Status das Dasein zum Verkümmern verurteilt war?

~

Weil es dem Gemälde an malerischer Vollkommenheit fehlte – der Stern zu gelb und zu dick, die weißen Blüten flach und aufgeklebt - wurde künstlerisches Versagen mit einem dichten Netz von Bedeutungen und mythologischer Gelehrsamkeit übersponnen.

Astarte also. Der Stern war der Abendstern, der bei den alten Griechen und Römern eine Gottheit war und aus dem Alten Orient kam. Dort war er weiblich gewesen und eine Himmelsmacht, die sich nicht eindeutig festlegen ließ auf Gut oder Böse. Die religionsgeschichtliche Wirrnis im Umkreis der Namen und was sich jeweils damit verband an Mythen, Kulten und sogar mit genealogischen Ansprüchen (‚AEneadum genetrix…') mochte die Widersprüche widerspiegeln, die sich mit dem Naturphänomen ergaben. Es war ursprünglich eine namen- und gesichtslose Macht; etwas das dem Menschen auffordernd oder abschreckend zunickt: ein Numen. Eine Schilfhütte in den Marschen bei Uruk, erbaut für Mädchen, wenn sie ‚den Mond sehen', und das Schilfringbündel weisen hin auf die Himmelsherrin Inanna. Gilgamesch nach dem Bad (‚Als die Tiara er aufs Haupt gesetzt…) zieht auf sich das Begehren der ‚wunderbaren Ischtar': es ist immer das gleiche durch alle Zeiten und nur mühsam zu kultivieren.

Astarte war, verglichen mit ihren griechischen und römischen Kusinen und deren bildhafter Darstellung, unverbraucht durch gebildeten Mißbrauch. Sie war weder blond noch aus Marmor; Dante Gabriel Rossetti hatte sie gemalt mit prunkend schwarzem Haar und grünen Augen, jedoch nicht finster-funkelnd, nicht dämonisch genug. Denn die Ursprüngliche war eben eine Elementarmacht. Als Inanna war sie hinabgestiegen in den sumerischen Hades (‚Ischtars Höllenfahrt'!), als ugaritische Anath hieb sie den Tod in Stücke in wilder Sehnsucht nach dem Geliebten; weder Helden noch Göttern war sie ergeben, und selbst vor dem

~

grauen Barte des Allerhöchsten zeigte sie als Inanna wenig Respekt. Es handelt sich um ein Prinzip sui generis, um eine potentia absoluta. *Omnia vincit et nos cedamus…*

Das alles und ähnliches: erlesenes Bildungsgut für einen Privatmythos, schillernd zwischen Altem Orient und europäischer Spätromantik, mit deutlicher Neigung zu letzterer. Denn als Stern- und Baumgöttin machte die gemalte Eukalyptus-Astarte, diese Überblendung von Stern und Dryade, doch einen recht zahmen und eher elegischen Eindruck. Das war eher Botticelli oder der Präraffaeliten einer, Burne-Jones etwa. Das war Selbstgemachtes, Selbsterdachtes nach der empfindsamen Seite hin. Es ging nicht um Dämonien, es ging um pflanzenhaft-sanfte Versinnlichung von – wovon? Es fühlte sich an wie das Flimmern des Abendsterns im Eukalyptuslaub, allabendlich und besonders im Dezember-Hochsommer. Etwas Schönes, Fernes, Unverfügbares. Ein wenig zweiter Frühling, ein wenig Schicksal. Vegetatives und Irritation. Astarte: uraltes Nomen, Numen und Omen. Das Ewig-Gleiche hier und überall, in sanftem Gerangel mit dem objektiven Geist begriffen. Überwältigt von ihrer eigenen Macht (gegen alle Gesetze am gestirnten Himmel und selbst der Phantasie in mythischen Gefilden) neigt die Göttin das sichelmondgekrönte Wipfelhaupt.

Unten in den irdischen Gefilden war der Stern Blume geworden. In symbolischer Siebenzahl bewachte er die offene Tür hinter den Verandalatten. Die weißen Sternblumen waren nicht erdichtet; sie blühten in morschen Blumenkästen zusammen mit Petersilie und Maggikraut. Es waren unscheinbare Blüten; aber es blühte sonst weit und breit kein Weiß. Eine poetische Vorliebe für weiße Blüten: Maiglöckchen, weiße Hyazinthen und Dichternarzissen, alle diese Zwiebelgewächse – an einer namenlosen weißen Blüte hatte sich vor Jahren zum ersten Male die Macht der Astarte ins Symbolische objektiviert.

~

Nachdenkenswert: wie ein Gefühl, das keinen Ausdruck findet, dem keine Taten, nicht einmal Worte gestattet sind, sich auf das nächstbeste Gegenständliche wirft, sich daran klammert, sich daran kristallisiert, wofern auch nur ein Minimum an überliefertem Vorverständnis den Gegenstand symbolfähig macht. In diesem Falle war es das reine Weiß der Blütensterne.

Mit Abendstern und Sternblumen ist die Bedeutung des Gemäldes nicht erschöpft. Es steigt da eine Treppe dreistufig aus dem unteren Dunkel zum Licht der offenen Tür hinter den Verandalatten. Leere Stufen. Nur Licht lagert da neben Nacht, wie helle Seide neben dunklem Samt. Es ist die Treppe zur Küchenveranda. Sie war einmal Sitz- und Schauplatz gewesen, und was da zu sehen war, ist sichtbar geblieben schwarz auf weiß: eine Fotografie, die Unerwartetes festgehalten hat – zwei Jahre und ein halbes vor der Reise nach ***, wenige Tage vor dem Abschied und Abflug in das Wissenschaftsfreijahr 79/80.

Als der Fotograf die Aufnahme, fünffach, brachte und sich bezahlen ließ, was ein anderer bestellt hatte, war zu sehen: ein Selbst, ephebenhaft, ein wenig starr, das ergrauende Haupt leicht über einen runden Schädel erhoben, den Blick in unbestimmte Ferne gerichtet. Ironische Distanz. Daneben, hellwach und gesammelt, mit direktem Blick ins Objektiv, gespannt und beherrscht, ein allgemein anerkanntes Vorbild an Fleiß und Wohlerzogenheit. Würdig einer Kopie mit der Widmung ,For his ingenuity and ingenuousness'. Der Kollege Ehemann freilich machte sich lustig über ,den Inhalt eines schlecht sitzenden Anzugs'.

Das war die lichtbildlich verewigte Episode auf den steinernen Stufen, die ölbildlich aus dem unteren Dunkel empor ins orangene Trapez einer Tür hinter Verandalatten steigen. [Alles übrige der Treppen-Episode ist beschrieben im ersten Band der literarisierten Tagebücher.]

Das war ‚Astarte ou le goût de l'absolu'. Eine Symbolisierung und Mythisierung dessen, was oben am Himmel sein Wesen hat; eine Geometrisierung dessen, was sich unten auf Erden vorfindet. Eine leere Treppe, schwebende Stufen hinauf zu einer offenen Tür, davor das Siebengestirn der Sternblumen, hoch darüber das Ragen der beiden Bäume und am hellen Nachthimmel Abendstern und Mondsichel in malerisch frei erfundener Nähe zu einander. Der ‚goût de l'absolu', der Sinn für, das Verlangen nach etwas von aller herkömmlichen Wirklichkeit Losgelöstem, Unbedingtem hatte Ausdruck gesucht und gefunden auf einem Stück Pappe, kurz vor der Reise nach ***, die den Traum verwirklichen, das abgehoben Absolute der Alltäglichkeit aus Sand und Lehm, großen Erwartungen und gewissen Enttäuschungen nahebringen sollte.

Die drei Gemälde hingen im Dunkel auch tagsüber. Nur wenn man die Tür zur hinteren Veranda öffnete, fiel volles Licht auf das Triptychon und brachte zum Leuchten, was ansonsten unbeachtet vor sich hin dämmerte in absichtsvoller Verschlüsselung.

Das Triptychon ist ungerahmt geblieben. Es fand in späten Jahren, digitalisiert, verkleinert und gedruckt, einen dreifachen Ort in den bereits erwähnten literarisierten Tagebüchern von 2011. Alle drei sind auch an bevorzugter Stelle in das Doppelalbum ‚PINXIT Œuvres croisées HC und HB' von 2020 eingefügt. Das Grün der Edelsteinknospe, der ‚Epiphanie' war schwierig wiederzugeben.

Die Originale stehen angezweckt nebeneinander über einem großen, rahmenlosen Spiegel, der das kleine Wohnzimmer der Alterswohnung ins Virtuelle verdoppelt.

Es folgen zwei Digressionen. (1) über die Nicht-Farbe Weiß und (2) über tropische Vollmondnächte. Beide gehören in den Umkreis des Gemäldes ‚Bambarabeeren'.

Sternblumenweiß

Weiß – Nicht-Farbe, Farbe der Negation. Ausdruck eines Nicht-Seins, Noch-nicht oder Nicht-mehr-Seins. Un-Schuld, Un-Fruchtbarkeit, Tod. Brautkleid und Leichentuch. Nonnengewand. Symbol der Jungfräulichkeit, der Keuschheit: veraltetes Vokabular. Es fühlt sich kalt an und riecht säuerlich nach verklemmter Moral. Der Wortschatz, in dem es vorkommt, gleicht einer schweren dunklen Eichentruhe, die sich allenfalls in Augenblicken poetisch-pathetischer Ergriffenheit auftun mag. O Xenias, weiße Narzisse mit schmalem Purpurrand!

Wie viel Weißes gibt es in der bunten Welt! Freilich nicht im Regenwald. Hier gibt es nur die Erinnerung – an blendendes Schneelicht am Piz Bernina. Jenseits davon das kristalline Licht nie geschauter Theophanien. Weiß der Engel und Gespenster. Unnatur, Vergeistigung. Vollkommenheit? Wo führt das hin: ‚to burn always on the side of the angels, with that hard, gem-like flame'? Das Weiß im Attributen- und Hypostasenkranz der Gottheit, ‚perfect in power, in love and purity' –? Das gleißende Weiß übersinnlicher Gluten. Die weiße Flamme einer Leidenschaft, die steil emporsteigt und sich selbst verzehrt in der dünnen Luft des reinen Geistes. Aufstieg und Absturz einer unerfüllbaren Sehnsucht in die *unio mystica* eines reinen Nicht-Seins, jenseits aller Azur- und Sapphirhimmel…

Ein Weiß, absolut wie Schwarz, Alles und Nichts. Coincidentia oppositorum. ‚Ascensión a lo blanco! / Busca el mundo una blanca / Total, perenne ausencia?' ‚*Noche de luna,* Sin desenlace.' Haben es die Dichter nicht immer besser gewußt als die Theologen?

[Die folgende Stichwortanknüpfung ist ein Hinweis unter anderen, warum der Roman Die Reise nach *** zu einer Reise in die Provinzen des eigenen Bildungsreiches wurde.]

~

Noche de Luna

Türkisblau war die Nacht auf Pappe gemalt – Vollmondnacht? Es war da nur eine schmale Mondsichel zu sehen und ein dicker Stern. ‚Astarte' beherrschte das Bild. Vollmond ging auf, am 17. April 1981, nachdem ein beträchtlicher Geldbetrag zugesagt und das gute Werk getan war, an jenem Abend. Am Abend des ersten Frühlingsvollmonds.

Die unwirkliche Helle einer Vollmondnacht wäre nicht malbar gewesen. In Erinnerung blieb bis in diese späten Tage das Gemälde des kleinen grauen Studienrates und Zeichenlehrers, der einst ein kleines Format mit einer gemalten Mondnacht ausstellte. Kein Mond war zu sehen, nur der Schatten einer Bahnunterführung inmitten einer opalisierenden Helligkeit, die eine Fünfzehnjährige faszinierte. Es war nahezu unsagbar. Es war etwas für das reine, wortjenseitige Empfinden, da sich betrübte, weil eben die Worte fehlten, die das Erleben für ein Nacherleben hätten bewahren können.

Hochsommerliche Vollmondnächte im Regenwald, in Nyas, im Dezember also, im Februar oder im April: sie glichen einer Heimsuchung. Es geschah etwas, das keine Stätte mehr fand und keine Unterkunft im Gehäuse der Sprache. Was sich der Wahrnehmung bot, schwebte im Raume der Sprachlosigkeit, an deren Rändern das eben noch Sagbare entlanghangelte.

Wenn durch warmen Abenddunst und schwarzes Laubgitter ein papayaroter Mond emporquoll, rund vor gebändigter Sehnsucht, stand am Fenster, im Dunkel des Arbeitskabinetts eine unbegreifliche Sprachlosigkeit, hilflos preisgegeben dem Gefühl, es verschwende sich da etwas aus dem Vollen ins Leere und Vergebliche. Ein Gefühl des Versagens. Nicht nur, weil das-da unsagbar war, sondern

~

weil alles schon gesagt war. Unbehaust blieb das Gefühl und nackt: sprachentkleidet. Längst verschlissene Gewandung war aller romantische Mondenglanz, -duft, -schimmer und -nebel. Abgewelkt hingen von Baum der Bilder die Chysanthemen- und Magnolienmonde. Die honiggelben, die alabasterbleichen. Perle und Opal, Rauschgold und Silberflor: Metapherntalmi. Sprachzerfall? Lord-Chandos-Syndrom? Es begab sich aber, daß während eines solchen Mondaufganges der Kollege Ehemann das Arbeitskabinett betrat und die Frage an ihn herantrat, wem oder was ‚der da' zu vergleichen sei. ‚Der da? Sieht aus wie ein angeschimmelter Edamer. Oder wie ein blasiger Eierpfannkuchen.' ‚Schöneres fällt dir nicht ein?' ‚Schöneres? Er guckt doch ziemlich aufgedunsen, gelbsüchtig, pockennarbig. Vielleicht hat ihn auch die Krätze angefressen.' Nun gut. Es gab eben auch diese Sicht der Dinge. Das Gegenteil von poetischer Schönmalerei und vom Romantisch-Sublimen. Es gab das Sich-Anbiedern beim Häßlich-Grotesken; es gab das Ausweichen ins Geistreich–Lächerliche. Man mußte sich damit abfinden, daß alle poetisch-schönen Vergleiche schon erfunden und gedruckt waren.

Bisweilen zog ein solcher Mondaufgang aus dem Arbeitskabinett hinaus auf die Hintertreppe im Hibiskuswinkel. Im Schutz und Schatten des Hauses saß es sich wie im Verwunschenen. Da lag ein Stück Park. Da stieg der Berg. Da wölbte sich nächtlicher Lichthimmel. Da stand in geballter Schwärze ein Thuja (ein anderer als der neben der Eukalyptin) und die nahen Gräser und Blätter waren von der silbrig-feuchten Helle der Nacht betaut. Ein besinnliches Dasitzen in Betrachtung des steigenden Mondes, im Erfühlen der vergehenden Zeit. Was an Gedanken und Empfindungen aufstieg, verfing sich im vibrierenden Netz des Grillengefiedels, in schmerzloser Eintönigkeit, vermischt mit dem Unterwasserlicht des Mondes, gelegentlich

~

durchquert vom Flug einer Fledermaus, am Rande unterbrochen vom gedämpften Baß der Ochsenfrösche und uhuhaften Nachtvogelrufen. Vom Dorf herüber bisweilen ein Hundejaulen und sonst – nichts.

Schaurig war dabei gar nichts. Nur schade. Denn im Dorf war sonst alles still. Und jenseits der Bougainvillea - was war da? Bisweilen war es, als sei eine Trommel zu hören, zaghaft und wie nebenbei, wenige Rhythmen. Längst vorbei die Zeiten, also solche Nächte zum Feiern bestimmt waren. Wo Sprach- und Schlaflosigkeit sich umsetzte in Trommeln und Tanz bis zur Erschöpfung. Kultfeste. Das ganze Dorf versammelt unter den Bumabäumen vor dem Häuptlingsgehöft. Der Mond als Mystagoge in die Kollektivekstase. Der Mond und der Rhythmus der Trommel in monotoner Steigerung. Das Glück des Einsseins mit dem Gesetz der großen Tanztrommel… Schon längst hatte eine steifere Gesittung die Beine gelähmt und das gute Gewissen zu einem schlechten gemacht.

So saß es sich da auf den Steinstufen im Hibiskuswinkel, und der Kollege Ehemann lag auf dem Lotterbett und las Musil oder Fontane im Kerosinlicht der Aladinlampe. Tanzen? Tanzen war unter der Würde eines Feldforschers und Geistesmenschen. Tanzen durften bisweilen, bei Abschlußfeiern, die Studenten und wer sonst noch mochte. Das monotone Gehoppel war nicht unter der Leibeswürde der zukünftigen Kollegen, die mittwochs bei Fußball- und Volleyball Erholung fanden von anspruchsvoller Geistesarbeit. Die also tanzten bisweilen, drüben in der offenen Halle, die als Refektorium für die Unbeweibten diente. Man hoppelte so dahin, einzeln oder in langer Reihe, beim Krächzen eines Grammophons, und einmal – das einmalige Mitgehoppel, ach, trüben Angedenkens, bei Kerosinlampenlicht, wie unromantisch, ach, wie peinlich, guter Mond so stille…

~

Noche de luna – sin desenlace. Mit nichts in nichts verrinnende Zeit im bloßen Dasitzen und Denken. Vergebliche Mondnacht, weiß vor Nicht-Seiendem und Nicht-Sagbarem. Breitleinwand für Träume – ‚und Träume schlagen so die Augen auf' und wundern sich und wissen nicht, warum. Steh auf, geh ins Haus, schlafe. Schlaf als willkommene Erlösung von Gefühlen der Vergeblichkeit und Vergänglichkeit. Zuvor noch eben eine Kerze anzünden, die Tür eine Weile offen stehen lassen, um dem Tagebuch die Sprachlosigkeit einer Mondnacht und das Zerfließen vorübertreibender Trauminseln anzuvertrauen.

Erlesen aus Hugo Friedrichs Schatzkästlein aus alten Zeiten (‚Die Struktur der modernen Lyrik', 1956) sei hier eingefügt: N*oche de luna* (Jorge Guillén (1893-1984):

Altitud veladora	Hüterin Höhe
Descienden ya vigías	Es steigen schon Wächter
Por tanta luz de luna	Durch so viel Mondlicht herab.
¡ Astral candor del mar!	Sternenweiß des Meeres!
Los plumajes del frio	Die Gefieder der Kälte
Tensamente se ciernen.	Schweben ausgespannt.
¡Ah! ¿Por quel fin? Desde el fondo	Ach, wozu? Aus der Tiefe
Los sueños de las algas	Erleuchten die Träume der Algen
A la noche illuminan.	Die Nacht.
¡Ascensión a lo blanco!	Aufstieg ins Weiße!
Los muertos más profundos	Die untersten Toten
Aire en el aire, van	Gehen dahin, Luft in Luft
Difficil delgadez:	Schwieriger Grenzwert.
¿Busca el mundo una blanca	Sucht die Welt ein weißes
Total, perenne ausencia?	Gänzliches, ewiges Wegsein?

~

Entwürfe

Hier sei zweien der drei Flügel des Triptychons hinzugefügt die Skizze nicht, aber die Beschreibung einer solchen, die dem Seelenzustande der Übergangszeit auf Fünfzig zu Ausdruck gibt. Die Skizze ist vorhanden: flüchtig hingeworfen auf ein Stück geweißter Pappe, ein Großformat, quadratisch, mit kaum erkennbaren Bleistiftandeutungen.

Angedeutet sind die Konturen des eigenen Profils: nachgezeichnet einem Lichtbild, aufgenommen am Ziel der ersten Reise nach ***. Die Reisende saß da, umgeben von fensterlosen, strohgedeckten Backsteinhütten und neugierigen ‚Eingeborenen'. Sie saß da ‚rhotazistisch' verzaubert. Der Kollege Ehemann sah es und machte eine Aufnahme, die eines Ölgemäldes wert schien. Es wurde nie gemalt.

Nie gemalt wurde ein weiteres Gemälde, dessen Entwurf (datiert auf den 26.8.88; nach der Rückkehr also aus dem Regenwald, während des Ausschreibens der Afrika-Tagebücher in jenem inspirativen Atelier, in dem Die Reise nach * * * endgültig abgebrochen wurde) hier eingefügt ist. Auf Aquarellpapier im Querformat: ein Pastellrosé, ein Grauviolett, Blaß-grün, Porzellanbeige und ein Dunkelbraun, andeutend Schwarztee in einer Tasse auf einem Stück Tuch, eine Vierkantvase und eine Rose. Die Rose, von einem alten Stock längs der Küchenveranda, sie stand jeweils ein paar Tage aufrecht im Violett der schmalen Vase. Der einheimische Schwarztee (Tole; vielleicht war es auch Kaffee) im ‚mission china' munterte auf zu konzentrierter Arbeit an dem Tisch, der in jenem Arbeitskabinett in der Veranda und im Regenwald stand. Das Röslein in der lila Vierkantvase erfreute das Auge. Wenn es sich dem Verblühen zuneigte, mußte es davor bewahrt werden, sich in den Schwarztee hinein zu entblättern.

*

Nyas am Morgen

- omnia quae supersunt -

Fünf Faszikel
Neuansätze der Reise nach * * *

I
Die Fahrt durch das Hochtal
Spät am Nachmittag
II
Nyas am Morgen
Türkisfarbne Kühle
III
Der Park
Damals - vor wie vielen Jahren
IV
Ein altes Missionshaus
Innerlichkeit I
V
Das Dorf
Äußerlichkeiten
VI
Abstieg in einen Garten
Innerlichkeit II
VII
Hinaus aus Nyas
Durch blühende Kaffeepflanzungen

Vier Bücher
Die Muse in den Krüppelbäumen

Fünf Faszikel
Neuansätze der Reise nach***

Das Ganze, Wohlgeformte, etwas wie Delfter Fayence in romantischen Blautönen, ist ein Gebilde der Einbildung und Vorstellung geblieben. Der Roman brach, in der letzten Reinschrift, nach 46 Seiten, ab und wurde nie zu Ende geschrieben. Das Ganze scheiterte an der Maßlosigkeit des Anspruchs, das eigene Leben bis Anfang Vierzig in den Blick zu bekommen, um aus den Ingredienzien von Milieu (Herkunft, Sozialisierung, Bildungsweg) und (genetischem) Erbe, aus Existenzkrisen und Auswegen ins Sinnvolle die Reise als Symptom einer neuerlichen Krise, nämlich der Lebensmitte, annähernd einsichtig zu machen.

Es sind vorhanden fünf Faszikel, die ersten handschriftlich vorformuliert (mit Kugelschreiber auf kariertem Papier, nachgezählte zwölf Male ansetzend mit dem ersten Satz *Es war schon spät am Nachmittag*) und sodann ins reine geschrieben mit Schreibmaschine. (Letzte Reinschrift September 95). Jeder Neuansatz enthält Erweiterungen zum Zwecke eines Gesamtbildes, aus welchem hervorgehen soll, warum es zu der Reise in ein entlegenes Bergdorf des Graslandes von Kamerun kam.

Der erste Faszikel, eine Reinschrift der unmittelbar nach der Rückkehr von der Reise handschriftlich entworfenen ersten Szenen des Romans, umfaßt knappe acht Seiten Schreibmaschinen (27.12.81, blaßgelb). Während der Landroverfahrt durch ein Hochtal (‚*Sie waren zu dritt*') fährt, fällt ein namen- und konturenloses ‚*Sie*' erinnernd zurück an den Ausgangsort der Reise (*Nyas am Morgen*), beschreibt dunkle Frühe (Kerze, Gasflamme, Ratte), erinnert sich sodann, sieben Jahre zurück, an den Tag der ersten Ankunft, beschreibt ein tropisches Idyll und gibt Auskunft über den Zweck des Daseins eines deutschen Ehepaares in einem Campus im Regenwald Afrikas. Das Beschreiben wendet sich alsbald einem Garten zu und fällt dabei eine weitere Zeitstufe zurück in den Garten der Großeltern und der Kindheit im Sommer 1944, streift kurz Krieg und Flucht und sinniert sodann der Nützlichkeit eines Gartenjungen namens Denis nach. Wenige Worte am Frühstückstisch, gewechselt mit einem gleichfalls konturenlosen ‚Isidor', deuten hin auf ehelich-ironische Distanz. Gleichwohl: *Ohne diesen Mann wäre sie lebensunfähig. Sie seufzte. Schwachheit, dein Name ist Weib.* Verbesserungen mit Kugelschreiber deuten auf eine weitere Fassung hin.

Der zweite Faszikel, neun Seiten lindgrün (davon ist eine spätere Fotokopie vorhanden) wurde offenbar noch in ‚Nyas' geschrieben; die folgenden Seiten 10–17 setzen sich blaßgelb ab, geschrieben während des Jahres im Grasland, 1982/83: Beschreibung des ‚Office' mit Philosophenregal. Es folgt eine Beschreibung des Campus im Regenwald, der Lehrfächer und der Studenten. (Die Seiten 18-33 wieder lindgrün.) Auf diesen 15 Seiten beginnt der *literarische Bildungsromans,* beim Philosophenregal abschweifend zur Herkunft aus mütterlich-kleinbürgerlicher Familie und väterlich-hugenottischem Emigrantentum, aus Krisenerfahrung während des Kalten Krieges weiterführend zu einem Zweitstudium Theologie bis hinab in den alten Orient (mit ironischem Seitenblick auf die Studentenrevolte 1968), mit einem Examen, berechtigend zur Berufsausübung als Kollegin unter Kollegen in einem Campus Schwarzafrikas. Das Pfarrseminar und die Studenten werden beschrieben; erst danach erfolgt eine Rückerinnerung an frühe Theater- und Leseerlebnisse und ein Erststudium Anglistik/Romanistik. Ein weiterer Seitenblick fällt auf die deutsche Literaturlandschaft, auf schreibende Frauen und das Feuilleton der ZEIT. Schließlich, auf Seite 28, ein Blick auf absichtsvoll Ungelesenes: Kriegsliteratur.

~

Die Gedanken schweifen zu gelben Freesien und Banknoten in einem blauen Umschlag und zu Episodischem aus dem Umkreis der Lehrtätigkeit einer Frau unter Männern; zu gescheiterten Versuchen, den Studenten Shakespeare und Yeats zu interpretieren. Der Faszikel endet abrupt auf Seite 33, mitten in einem Satz über das im Lehrplan nicht vorgesehene Hohe Lied.

Der dritte Faszikel, 24 Seiten, Schreibmaschine auf hellgrünem *foolscap*, mit Schere und Klebstift zusammengefügt aus verschiedenen Fassungen, ist datiert: 1.10.86 -19.2.87. Zu Anfang eine Annäherung an die Realität: *Sie waren zu viert.* Weder ‚Isidor', der Ehemann, noch ‚sie', die Heldin selbst, sind im Besitze eines Führerscheins. Den Landrover steuert *John-the-driver,* ein Angestellter des College. Diese Fassung übernimmt vom literarischen Bildungsroman des zweiten Faszikels nur wenige einprägsame Formulierungen (Uruk und die akademischen Kakaobunker, das ‚Kuckucksei des Prinzips Hoffnung' und die Erinnerung an ‚Arabesken des Zögerns'), um sich der ausführlichen *Beschreibung dreier Ölgemälde* und ihrer Entstehungsumstände zuzuwenden: der Irritation durch ein changierendes Grün, das durch den Campus geistert; die Gingko-Biloba-Form eines Gewandes, rote Beeren und weiße Sternblüte auf der Veranda kurz vor dem ersten Frühlingsvollmond; zwei Bäumen in türkisblauer Nacht mit Stern und Mondsichel und drei Stufen über einem Abgrund – Einzelheiten als Symptom und Symbol einer Innerlichkeit, die sich anders nicht zu äußern vermochte. Es fehlen die Bücher in den Regalen: der ganze Bildungsroman. - Der Faszikel bricht ab mit dem Aufbruch zur Reise bergab durch blühende Kaffeepflanzungen. *‚Der Wagen schwankte bergab durchs Dorf. /…/ Hinaus aus Nyas und hinab in die Tiefebene. /…/ Sie befand sich in einem rauschähnlichen Zustande mit einem leichten Anflug von schizothymer Bewußtseinstrübung.'*

Der vierte Faszikel, 46 Seiten Schreibmaschine auf weißem Papier, unsicherer Datierung nach vom September 1995, ist eine Reinschrift des dritten Faszikels mit kleineren Verbesserungen. *Es war schon spät am Nachmittag* steht unverändert fest; das Hochtal am späten Nachmittag, der Park am Morgen und sieben Jahre zuvor, mit Erinnerungen an den Garten der Kindheit; das Arbeitskabinett und der Campus und Erinnerungen an Studienzeiten. Die ‚akademischen Kakaobunker', Uruk und ‚das Kuckucksei des Prinzips Hoffnung' sind der Wiederholung wert. Die Beschreibung des ‚Triptychons', der drei Ölgemälde, liegt in stilistisch verbesserter Form vor.

Danach und endlich: *Die Reise beginnt.* Nach dem Geholper bergab rollt der Landrover stundenlang auf asphaltierter Straße hinauf ins Grasland. Zeit für einen weiteren Rückblick. *‚Der lange Tag hatte eine Vergangenheit: drei volle Jahre und knappe drei Monate.* Um die lange Vorgeschichte der Reise darzustellen, (das Leben und Lehren in einem Campus im Regenwald) begann das Ausschreiben der Tagebücher jener Jahre und der Entwurf von drei Kreisen des Daseins: das Außen, das Innen und Innerstes. Damit war die Unvollendbarkeit und das Auseinanderbrechen des Romans nur noch eine Frage der späten Einsicht, daß es so nicht weitergehen konnte, weder vorwärts noch rückwärts. Es begann das anderweitige Verwerten von Teilen der abgebrochenen Reise nach * * *

Der fünfte Faszikel ist ein Fragment, 14 Seiten Schreibmaschine, undatiert, mit der Überschrift ‚Der literarische Bildungsroman', herausgelöst aus dem zweiten Faszikel, beginnend mit den Worten *Dies war ihr Office* und versehen mit der handschriftlichen Notiz **‚IV Bücher und Buden'**, ein Hinweis auf DAS KENOTAPH, begonnen im Oktober 1991. Ein Anhang, datiert auf 1995, notiert knapp hundert Theaterbesuche in Tiliapolis von Mai 1958 bis März 1965.

~

Die vier Faszikel und der fünfte, das Fragment ‚Bildungsroman' blieben liegen, als nach der Rückkehr von Kamerun (1983) anderes sich dazwischendrängte (1985 der Essay für Eva-Maria; 1986/87 der Verlags-Auftrag ‚Die Braut' und die Resteverwertung ‚Inanna'). Es unterbrach das Ausschreiben der Tagebücher. Als es wieder einsetzte, wurde es am 1. 9. 88 unterbrochen durch den Drogentod des Neffen; das Schreiben wandte sich der Verschriftlichung voraufgegangener Daseinskrisen zu: dem, was in der Veranda von Sils-Maria 1959 erinnert wurde und anschließend, mit Berlin- und Kuba-Krise, in der eigenen kleinen Welt an Ungeahntem sich ergab bis hin zu einer Übergangskrise vor der Ausreise nach Afrika, 1973. Die Reise nach*** blieb wortwörtlich auf der Strecke. Metaphorisch wurde sie fallen gelassen und zerbrach in Scherben.

Sie, ihre, diese und Zeitstufen

Die folgenden, die übrigen ‚Scherben', sind, wie alle voraufgehenden, stilistisch überholt worden. Vermieden wurden vor allem Personal-, Possessiv- und Demonstrativpronomen. Bevorzugt wurden, so weit möglich, Passivkonstruktionen. Unsicherheit ergibt sich bisweilen im Falle der Erzählperspektive und der Zeitstufen: welche ist wo und wann die richtige? Wo soll auktorial erzählt werden, wo wird das Erzählen ein Erinnern und *monologue interieur*? ‚Es *war* schon spät am Nachmittag, als man in das Hochtal *einbog*.' Im Dahinfahren findet Erinnerung statt an das, was vor Beginn der Reise war, getan und gedacht worden war: ‚Nyas am Morgen'. ‚Es *war* noch früh *gewesen*... und die Hähne *krähten* im Tuyabaum': Wechsel vom Perfekt ins Imperfekt. Dazwischen ein Sprung ins Präsens: ‚Ein Murmeln *antwortet*': Erinnertes wird Gegenwart. Es ist den Zeitstufen keine Logik abzugewinnen. Das Schreiben vollzog sich weithin als Einfühlung und Vergegenwärtigung.

Die restlichen Scherben

Alles außer Bücher

Das Restliche ist der Anfang des Eigentlichen: die Reise, die verspätet eben noch ‚die Kurve kriegt' hinaus aus dem Arbeitskabinett, hinein in den Landrover und hinaus aus dem Dorf, hinab durch blühende Kaffeepflanzungen.

Ausführlich beschrieben sind die ersten Tage des Schreibens am Roman, unmittelbar nach der Rückkehr von der Reise, im zweiten Bande einer pseudonymen [Literarisierung der Tagebücher] jener Jahre. Die Urform des ersten Faszikels ist in allen seinen Teilen, bis auf den letzten (Teil VII Hinaus aus Nyas), mit z. T. beträchtlichen Auslassungen (vor allem das alte Missionshaus, den Park und das Dorf betreffend) in Kleindruck auf zwei Seiten (137/138) eingefügt. Diese Abschnitte sollen im folgenden vollständig wiedergegeben werden, jedoch nicht in der Ur-, sondern in der Endform mit Einfügungen letzter Hand in Eurostile.

Varianten der Beschreibung des alten Missionshauses und des schönen Parkgeländes, z. T. auch des Dorfes, finden sich in *Nzab'ngen.* Das komplexe Gewebe aus Ur- und Endfassungen und Varianten soll hier nicht literarkritisch aufgedröselt werden. Es soll jedoch in (Book Antiqua) Kleindruck wiedergegeben werden, was als Text zusammenhängend (und überwiegend als Variante) bereits anderweitig veröffentlicht wurde. Was in der Form einzelner Impressionen, etwa im Kapitel IV, *Jenseits der Bougaivillea* in einem Kurzroman, Noch einmal vorm Vergängnis... ebenfalls in einem pseudonym veröffentlichten Sammelband veröffentlicht wurde, wird später (S. 215ff, Die Muse in den Krüppelbäumen) zu skizzieren sein.

Die rotfigurige Trinkschale mit dem berauschten und inspirierten Lyraspieler; die traumblaue Fayencevase paralleler Metaphorik, sie zerbrach nicht nur in größere und kleinere Scherben, sie zerbrach auch in winzige Splitter.

I

Die Fahrt durch das Hochtal
Anfang des Romans

Es war schon spät am Nachmittag, als man in das Hochtal einbog. Es war ein langgestrecktes, flachhügeliges Tal zu beiden Seiten der holperigen Piste, an den Horizonten begrenzt durch Höhenzüge. Der Staub, den das Fahrzeug in langen Schwaden aufhob und nach sich zog, legte sich im Zurücksinken auf dürres Gras und Gestrüpp. Alles ringsum war dürftig, staubig und grau.

Der Blick streifte umher, als suchte er etwas, oder als könnte ihm etwas entgehen. Woran werde ich mich erinnern? Verstreut an den Hängen standen niedere, laublose Bäume, knotig und krumm, verkrüppeltes Gewächs. Von den Ästen hingen runzlig-dürre Schoten. Die überreifen, aufgesprungenen, offenbarten von nahem und im Vorüberfahren ihr Inneres: da lagen große, schwarzglänzende Samenkerne an seidig-weiße Fruchtwände gebettet…

Und es wuchs über das Tal hin etwas, das weder Gras noch Strauch, am ehesten Staude war. Es blühte mannshoch und purpurviolett, namenlos zwischen Malve und Orchidee: der einzige klare Farbklang in der staubig gedämpften Melodie des Tals.

Es war damit nichts anzufangen. Etwas wie Enttäuschung kam auf. Es war ein so kahles und nüchternes Tal. Ohne Überraschungen, glanzlos und matt lag es unter einem kreidig-gleichgültigen Himmel, der Licht und Wärme lustlos vergab und den langen Tag dem ersehnten Abend entgegenzögerte.

Man war zu viert.

Zur Linken, am Steuer des Landrovers, John-the-driver. Zur Rechten Isidor, nachdenklich und schweigsam.
In der zweiten Reihe, auf einem einzigen Platz von zehn zur Verfügung stehenden der*), welcher als Gastgeber wissen mußte, wo es langgehen sollte, im übrigen jedoch und vermutlich im Dunkel der Vermutungen tappte. Im Mittelpunkt und als Maß aller Dinge – derer, die da waren, daß sie *so* waren und nicht anders; derer. die da nicht waren, daß sie sein *könnten*, und sei es auch nur im Modus ungewisser Erwartungen im Durcheinanderwogen-und-Weben alles Möglichen und Unmöglichen – eine Frau**), die sich Gedanken macht und dabei weit nach rückwärts driftet.
Gedankengewebe aus Erinnerungen und Wunschvorstellungen. Der Wunsch, an sich zu raffen an einem einzigen Tag, was sich seit Jahren entzog. Das Schwebende zu erden. Boden unter die Füße zu bekommen. War nicht die Zeit wie von selbst rückwärts geflossen, einen langen Vormittag lang, während der Landrover vom Waldland herauf rollte ins Bergland auf glatter Asphaltstraße... Zurück an den Ursprung der Reise, zurück ins Waldland, wo der Tulpenbaum blühte seit jenem Oktober. Die Fäden des Gewesenen hatten sich hin- und hergezogen zu buntem Erinnerungsgewebe, quergestreift durch vierfaches Schweigen. Vier breite Streifen dunklen Schweigens. Vier kompakte Blöcke je-eigener Gedanken, undurchsichtig und scharfkantig neben- und hintereinandergestapelt.

Staub und Schwüle und das Schütteln des Vehikels auf der holprigen Hochtalpiste ließen auch letzte dürftige Reste an Gespräch verstummen – ob das Tageslicht hinreichen werde zum Aufstieg; wo der Landrover abzustellen und wie das Gepäck zu befördern sei. Und während so das Tal ereignislos vorüberzog und der Staub durch die schlecht schließenden Fenster des Fahrzeuges drang und sich vermischte mit Schweiß und Müdigkeit; vielleicht auch, weil das Ziel ungeachtet seiner immer näheren Nähe sich allen Vorstellungsversuchen entzog, schweiften die Gedanken erneut zurück an den Ausgangsort der Reise, deren Sinn halbgedachte Gedanken und seltsam uneindeutige Erwartungen unschlüssig umspielten.

---

*) In der Erstfassung steht ein Vorname. **) Ibid.: Sie selbst

II
Nyas am Morgen
Türkisfarbne Kühle

Dreihundert Kilometer tiefer im Süden, näher am Meer und mitten im Regenwald. Es war noch früh gewesen, früheste Frühe und kühl, und die Hähne krähten im Thujabaum. Geweckt aber hatte nach traumlosem Schlaf das dünne Flöten des Quarzweckers, ein Streichholz zischte auf und die bescheidene Flamme eines Kerzenstumpfs verdrängte mühsam das Dunkel.

- Guten Morgen. Und möge der Abend uns wohlbehalten vorfinden am Ziel dieser unvermeidlichen Reise an den Ort deiner Träume.

Ein wohlformulierter Satz. Sanft resignierte Ironie. ‚Der Mann an ihrer Seite' seit zweimal sieben Jahren: sofort hellwach und der Situation mit Kommentaren gewachsen. Ein Murmeln antwortet, halbwach, ein blinder Griff nach dem schwarzen Plüsch eines Morgenmantels, Tasten nach Brille und Taschenlampe. Unschlüssiges Verweilen.

Vom dürftigen Licht der Kerze kaum erhellt: das hohe unwohnliche Zimmer voller leise flackernder Möbelschatten. Zwei breite, muffige Kleiderschränke, eine plumpe Kommode, zwei Stühle am Fußende der beiden Betten. Auf dem Bretterboden, im unteren Dunkel, der ‚Hochzeitsteppich': handgeknüpfte Geometrie aus Nachtschattenblau, Moos- und Jadegrün, verschachtelt mit hellem Fliederlila und dunklem Purpurviolett. Farben, die vormals klar und apart zusammenspielten. Inzwischen waren Schönheit und Gestalt dahin. Abgetreten lag das da im Unerkennbaren. Die kleine weiße Reisetasche, auch nicht mehr so weiß wie einst, graustichig und lehmrot verschrammt; aber unverwüstlich und sorgfältig gepackt.

~

Isidor war gegangen und kam zurück, schraubte die Thermosflasche auf und warmes Wasser plätscherte in die Suppenschüssel. Nach zwei Augenblicken Geistesabwesenheit: ‚Ich werde also inzwischen das Frühstück – ‚Sei so lieb, Lieschen.'

Lieschen war so lieb und ging.

Durch die unverriegelte Tür ins Arbeitskabinett; durch eine verriegelte Tür hinaus in Richtung Küche.

Türkisfarbene Kühle.

Hoch am Himmel ein Stück Mond, zitronengelb und schief. Haus und Bäume warfen violette Schatten auf das kurze Gras. Unter dem wasserhellen Licht des Mondes wäre das Licht einer Taschenlampe – ein Stilbruch gewesen.

Die Veranda des Anbaus, rechtwinklig zum Hauptgebäude, führte vorbei an einem Gästezimmer zu Küche, Vorratskammer, WC und ‚Bad'. Zuerst also in die Küche, Teewasser aufsetzen. Das fünfte Zündholz zündete. Eine Ratte sprang über den Tisch an den Wandregalen hinauf und verschwand im offenen Dachgebälk. Der verrußte Wasserkessel stand auf dem eisernen Herd und steht nun auf dem Gaskocher. Die Flamme brannte nur noch schwach. – Im ‚Bad' – rissiger Zementboden, verrottende Vorhänge, an der Decke ein Blecheimer mit Löchern, im Handtuch Kakerlaken – und dennoch Luxus an diesem Ort: fließendes Wasser aus Messinghähnen, frisch und kühl vom Berg herab. Zwei flüchtige Handvoll Wasser über Gesicht und Arme aus einer Schüssel im Waschbecken, den Rest hinaus und vorsichtig hinab neben die Tomatenstöcke, emporzweigend längs der Veranda an dünnen Bambusstützen. Die meisten blühten noch; andere hatten schon kleine grüne Früchte angesetzt. ‚Im Februar werden sie reif sein. Dann ernte ich – zum letzten Male.'

An der Verandabrüstung, reglos, schmal, in schwarzen Morgenplüsch gehüllt, die leere weiße Emailleschüssel in Händen wie eine Opferschale, das Gesicht zum Westhimmel erhoben, nahezu präraffaelitisch: schwärmerisch beschwörende Erwartung des Abends und des Abendsterns.
– Dort. Dort wie hier in den Eukalyptuswipfeln wird er wieder stehen – groß und einsam. Er. Sie. Astarte. Ich allein werde sie, werde ihn sehen. Möge es Abend werden.
Zurück im Bad, im beinahe Lichtlosen, auf Taschenlampe und fleckig entstellten Spiegel verzichtend, band träumerische Erwartung sich das lange kastanienbraune, bereits leichter gewordene Haar mit grauem Samtbande auf.

In der Küche kochte das Teewasser. Aufgießen. Seit sieben Jahren der immer gleiche Tee aus den Plantagen am Atlantik. Weißbrot, Butter, Orangenkonfitüre, Büchsenmilch und Käseecken aus dem Kühlschrank. Kerosingeruch. Alles auf ein Tablett und ein Tuch darüber. Alles ohne Hast im dünnen Licht des Morgenmondes. Seltsame Ruhe. Keine Spur von Nervosität oder Spannung. Das Gepäck war gepackt. Der Landrover war bestellt. Alles war seit langem geplant.
Vielleicht etwas für unterwegs? Kramen in der Gemüseschale, Versinken in den Anblick einer Handvoll weißer Rettiche und roter Radieschen: Dies? Das? Beides? Dezemberernte aus schwarzem Erdreich. Vollgesogen mit kühler Würze. Die roten, runden: eigenhändig gesät und geerntet. Die weißen, länglichen: Gabe aus einem anderen Garten. Geeignet, Durst zu stillen unterwegs, wenn die Sonne brennt und die Zunge am Gaumen klebt – dann hineinbeißen in würzige Wurzel, auf daß sich zeige: Wertschätzung.
Die Veranda entlang das Tablett mit der wölbigen Teekanne balancierend, rechts um die Ecke zum Wohnzimmer, wandert der Blick über den Vorplatz zum Agavenweg. Dort, am Ausgang zur Dorfstraße des großen heckenum-

hegten Parkgeländes, versperrt eine weitausladende Bougainvillea die Sicht hinüber auf die andere Seite. Zwei der Agaven waren, nach vielen Jahren unauffällig langsamen Wachstums, während der letzten Wochen plötzlich neben einander emporgeschossen zu baumhohen Blütenständen. Auf kurzem Antennengeäst streckten sie nach allen Seiten stachelige Büschel von sich, wartend auf die Stürme der Übergangszeit, die sie umwerfen würden, der Länge lang gegeneinander und quer über den Weg, an dem sie sich so lange Jahre hindurch stoisch distanziert gegenüberstanden.

Im Wohn- und Eßzimmer war alsbald der Tisch gedeckt, eine wollene Mütze über die Teekanne gestülpt und eine große Serviette über die Teller und das Brot gelegt – von der Decke rieselte bisweilen das Holzmehl der Holzwürmer.

Zurück ins Schlafzimmer. Isidor war mit dem Packen seiner sieben Sachen beschäftigt. Die eigene Reisekleidung? Ein schwarzes Polohemdchen mit weißem Krägelchen und weißen Blenden; weite Hosen und Jackett, erdfarben. Es mochte einem herben Äußeren eine gewisse Eleganz der sportlichen Art verleihen. Um das Haar vor Staub und das Haupt vor einem Sonnenstich zu schützen: ein helles Baumwollhütchen, zusammengeknüllt in der Umhängetasche. In der weißen Reisetasche das seidenleichte ‚Fledermausgewand', zusammengerollt nicht größer als ein Paar Wollsocken. Festliches für den Sonntag; denn es war Freitag. Ein perlgraues Blüschen und ein Paar Beinkleider taubenblau zum Wechseln. Man wollte zwei Tage und einen halben verweilen. Isidor war dabei, den Fotoapparat einzupacken.

Noch eben nebenan einen Blick in den Spiegel? In der Mondlichtlauge, die durch das vielscheibige Fenster des Arbeitskabinetts sickerte, zeigte sich in der Spiegelscherbe an der Wand flüchtig Bekanntes als bleicher Widerschein von etwas Eckigem, locker umrahmt und ein wenig verlieblicht durch frisch gewaschenes, nachlässig zusammengerafftes und energisch hochgebundenem Haar, vielleicht schon etwas aschen überhaucht. Das alles eine Stunde vor Sonnenaufgang, wartend, daß Isidor mit der Packerei fertig werde und sich zum Frühstück einfinde.

Zurück iins Eßzimmer, zwei Kerzen anzünden und warten, zum Fenster hinaus. Zum hinteren, dem Agavenweg abgewandten. Hier stehe ich mit verschränkten Armen und so ruhig wie selten vor einer langen Reise. Beinahe wie eingefroren. Es ist mir nichts mehr anzuhaben.

~

Unter den Mango- und Avocadobäumen hin strichen auf gewohnter Fährte Schweine von den nächtlichen Farmen zurück ins Dorf. Der bewaldete Berg, der unzugängliche, der Zweitausender, an dessen Hängen auf halber Höhe Nyas sich hinzog, stand schweigend und erhaben an seinem Ort und ließ im ungewissen Dämmer des Osthimmels die Höhenlinie seiner dicht überwucherten Kraterränder in ruhigem Rhythmus nach Süden hin abfallen. Den schönen Berg überragte die Zwillingspalme hinter dem Haus, nahe an der Veranda. In den gefiederten Fächerkronen hingen die leeren Nester der Webervögel wie große, poröse, samenlose Früchte…

Was war anders als damals? War es die ungewöhnlich frühe Morgenstunde, die Vertrautes in einem anderen Lichte erscheinen ließ? In mondenem Halblichte. In ungewisser Erwartung des Abends und des Abendsterns…

Was war anders als damals?

III
DER PARK
Damals, vor wie vielen Jahren

Die Zwillingspalme hinter dem Haus, der Berg, der Park – es waren äußere Eindrücke gewesen, die festgehalten hatten an diesem Ort. Damals, als das Leben eine exotische Wendung nahm inmitten der ersten Ehekrise.

Vor dem Fenster des Nebenzimmers, das sonst ein Kinderzimmer gewesen wäre, nun aber ein Bücher- und Arbeitszimmer war, stand noch immer unverrückt *die rote Bank*, auf der man saß – gesessen hatte, beim allerersten Besuch, erschöpft von den Strapazen des Kontinentwechsels, froh, angekommen zu sein und siehe: es war alles so unerwartet anders, so erholsam friedlich, beinahe idyllisch. So als könnte man hier leben. Leben und die Jahre hinbringen mit Dingen, die dem Ehemanne gut und sinnvoll erschienen, und wo sich auch für eine akademisch qualifizierte Ehefrau eine Aufgabe finden würde.

‚Hier ist es schön. Hier bleiben wir.' Es waren entscheidende Worte gewesen, damals, an jenem Ankunftstage, nach alle den Ängsten und vorweggenommenen Katastrophen. Nach vielen Jahren stillschweigend resignierter Einwilligung in den frühe gereiften Lebensplan des Mannes, dessen Roman-Name Isidor war, Europa und der unausweichlichen Karriere für eine längere Weile den Rücken zu kehren, um Wahrheit und Wirklichkeit unter anderer Beleuchtung zu erleben; zu lehren und zu lernen und vielleicht gelassener alt zu werden...

Der Park, der draußen vor dem Fenster in türkis-violetter Halbmondbeleuchtung lag –

- am ersten Tage der endgültigen Ankunft, ein Jahr und ein halbes später, empfing er die Neuankömmlinge im kristallinen Lichte des Übergangs zwischen Regen- und Trockenzeit. Ein nächtlicher Sturm hatte Wolkendecke und Dunst hinweggefegt; der Berg erstrahlte in morgendlicher Glorie, kupferrot und kobaltblau, die Schluchten mit schwarzen Schatten gefüllt. Der Tulpenbaum blühte und warf sein orangerotes Hochzeitsglück achtlos in den Staub, am Parkeingang, dort, wo über dem Gatter eine Bougainvillea die purpurlila Scheinblütenpracht über eine Hibiskushecke wölbte. Von da in weitem Bogen über das Parkgelände hinwuchernd leuchtete bizarres Liliengewächs durchs Elefantengras: aus hellgrünen Blattscheiden, mehr als mannshoch, brach das Orangegelb spitzgespreizter Blütenblätter, wie Reiherschnäbel lang und schmal: Strelitzien. Purpur blühten die Hibiskusbüsche und vanillegelb der Trompetenstrauch. Vom Lyrabaum, der kurzstämmig und breitkronig dichten Schatten schuf, löste sich bisweilen ein Riesenfingerblatt und glitt zu Boden wie ein großer Vogel mit trägen Schwingen. Eukalyptusbäume standen hoch und schmal und flitterleicht belaubt rings um die Parkinsel, fast schon jenseitig in wolkenloser Himmelsbläue. Dicht vor dem Wohnzimmerfenster breitete ein Akazienbäumchen dünnes Fiedergeäst und blühte zinnoberrot, durchklettert von Winden, die sich am Morgen veilchenfarben aus zartrosa Kelchgründen entfalteten, um am Abend eingerollt und leicht wie Asche abzufallen.

An jenem Morgen war der Himmel hoch und leicht und schüttete ein kühles, blondgrünes Licht weit über das waldige Bergland und über die Tiefebene hin, so daß der Blick nach Süden fast bis an das Meer zu reichen schien –

das Meer, das vorzeiten die Geschichte angeschwemmt hatte und die europäische Zivilisation, auf Handels- und auf Kriegsschiffen. Es lag lange zurück; aber es färbte und bestimmte die Gegenwart und die idyllische Umgebung.

Im Glanze eines tropischen Oktobermorgens entfaltete der Park eine farbenfrohe Sinnlichkeit inmitten des ewigen Grün.

Damals. Wie berauscht schweifte der Blick umher, die Phantasie gab Namen, wo keine waren und bemächtigte sich der exotischen Welt, des farbdurchfunkelten Grüns, alles dessen, was da blühte und einlud wie zu einem Fest.

Die Einladung wurde angenommen; aber das Fest fand nie statt. Und so wurde der Park mit den Jahren zur Kulisse für die Schattenspiele der Innerlichkeit.

Das Fest, es fand nie statt. Trotz aller Erwartung, trotz all der schönen Gewänder, der colabraunwallenden und der petrolblauprinzeßlichen; trotz allsonntäglich frisch duftenden Rosmarinhaars, trotz seltener Veranstaltungen mit Palmwein, Grammophonmusik und dem Gescharre der Füße auf rissigem Zementboden, drüben in der Halle, dem Refektorium, dem Schuppen – das Fest fand nie statt.

Daher schließlich Rückzug stattfand. Rückzug in eine Innerlichkeit, die sich selbst genügte und leidlich im Gleichgewicht hielt. Gedichtlein auf wackeligen Versfüßen entstanden. Reisen, allein ins verregnete Grasland, zu zweit auf dem Atlantik. Statt fand Krisenhaftes, unerwartet. Zweieinhalb Jahre lang. Dann das Freijahr, die Wissenschaft, das unförmige Papierkind *cum laude*. Dann das Schwellenjahr, Isidor monatelang untergetaucht in den Archiven der Missionsgesellschaft. Nun aber und also doch – Isidors Reisetasche war gepackt, man konnte mit dem Frühstück beginnen.

~

IV
EIN ALTES MISSIONSHAUS
Innerlichkeit I

Beginnen konnte man also mit dem Frühstück, schweigend. freundliches Befremden auf der einen, befremdliche Abenteuerlust auf der anderen Seite. Als solider Zaun um ungestörtes Tagträumen: ein Ehemann. Ein schützender Schatten.

Zu einem Symbol des Rückzugs in die Innerlichkeit wurde das große alte Haus inmitten tropischer Parklandschaft. Es stand - und steht noch immer - fast hundertjährig, auf Steinpfeilern zum Schutze gegen allerlei kriechendes Getier: ein langer Fachwerkbau mit hohen, von der ringsum laufenden Veranda verdunkelten, von weißgekalkten Innenwänden kaum aufgehellten Räumen, in welchen sich das allernotwendigste an Mobiliar vorfindet: dunkelbraun gebeizt Balkendecke und Bretterfußboden, behäbig bis klotzig und kaum von der Stelle zu bewegen: breite Bauernschränke und Urgroßmütterkommoden voller Silberfischchen und Kakerlaken. Knarrende Bettgestelle und wurmstichige Tische; der Stühle viele und ein paar hölzerne Sessel mit modrigen, durchgesessenen Polstern. Hinzu kommen und besonders wichtig sind: viele Regale.

Da ging es an ein notdürftiges Einrichten. Es fanden sich ein paar alte Vorhänge für die Fenster, und es wurde noch dämmriger. Bunte Baumwollstoffe, auf dem Markt gekauft, verkleideten hier und da die kahlen Wände. Bastmatten, handgeflochten, dienten als Bettvorlagen. Als die vorausgeschickten Seekisten ankamen, verteilt sich der Inhalt auf drei große Zimmer und ein kleines Arbeitskabinett. Bettzeug und Tischtücher, Bilder, Schallplatten und ein Plattenspieler machten das Wohnen wohnlicher. Die Regale füllen sich mit Büchern. Einziger Luxus, mitgenommen als Unterlage für gymnastische Übungen: der Hochzeitsteppich, jene handgeknüpfte Brücke, flieder, moos und jade, ein Hochzeitsgeschenk. Das, was im unteren Dunkel des ehelichen Schlafgemaches lag.

Zurückgeblieben im süddeutschen Rebenland war, in einer Universitätsstadt, eine schöne, moderne und ruhige Appartementwohnung, zwei Zimmer, Balkon, Parkett und Teppich. Drei Jahre, mehr nicht, Wohnkomfort. Aufgelöst der kleine Haushalt, in Einzelteilen untergestellt bei Verwandten. Zurückblieben Wohnlandschaften und Architektenträume, an deren Erfüllung und Ausstattung sich auch ein halbes Leben hätte verschwenden lassen – Windsorsessel, Nepalteppiche – die ganze erlesene Ästhetik kostbarer Materialien und edler Modelle; das Raffinement unterkühlter Eleganz im kalkulierten Detail; Farbkompositionen, die zu Gemüte steigen wie eine sanfte Droge – die Empfänglichkeit für dergleichen war vorhanden, die Bewunderung und der Geschmack für das Erlesene; aber es war nicht Gegenstand schmerzlichen Verzichts gewesen.

Vorhanden in dem alten Missionshause ist Weniges, Ungefüges, Unschönes. Es läßt sich damit leben. Wichtig ist anderes. Elektrizität gab es anfangs nicht, aber Wasser aus mehreren Hähnen, im Schlafzimmer, in der Küche und in dem Gelaß, das sich Bad nennt. Inzwischen gibt es abends drei Stunden lang Elektrizität, herüber von der Miniklinik. Der Generator ist alt und klapprig. Es gibt schwere Flaschen mit Butangas für den Luxus des Teekochens am Morgen und für sonntags zum Aufwärmen einer vorgekochten Mahlzeit; es gibt Kerosin, um Aladin- und Buschlampen zu füllen und den Kühlschrank in Betrieb zu halten. Im übrigen gibt es genügend Feuerholz. In der Küche steht ein gußeiserner Herd, der mäßig qualmt und das offene Gebälk schwärzt. An diesem Herd und in der Küche waltet ein Koch und Hausgehilfe. Er hackt das Holz und kocht

~

Eßbares, bäckt das Brot und bügelt die Wäsche mit einem Holzkohlebügeleisen. Im Holzschuppen hinter dem Haus steht ein Waschzuber und eine Schleuder mit Handbetrieb. Dreimal täglich deckt Mister Augustin den Tisch mit Eßbarem, Europäischem sowohl als Einheimischen. Außer sonntags. Und an diesem frühen Freitagmorgen.

Hier sitze ich am Frühstückstisch bei Kerzenschein, dem Hausfrauenarbeit entronnen, bewältigt einst neben dem Studium, neben dem Beruf her, sechs Jahre lang schleichend leise und langsam eine späte Ehe zermürbend… Daher vielleicht die lichte, leicht, die goldgestreifte Luft von Bethabara… Wenn ich nunmehr in die Küche gehe, wie an diesem Morgen, so ist das eine Ausnahme. Keine herkömmliche Doppelbelastung mehr. Ich bin – ja, was bin ich? Rumpelstilzchen im Regenwald?

Ein kleines, laufloses Lachen.

Hast du etwas Lustiges geträumt?

Ja freilich. Ich sitze bei Kerzenlicht am Frühstückstisch mit Isidor, der gar nicht Isidor heißt. Mit einem Ehemann mit zwei akademischen Titeln und einem Feldforschungsdrang bis in die letzte Geheimbundecke …

Ich dachte zurück, wie es war, als wir hier ankamen.

Es wäre Zeit, an den Tag zu denken, an dem wir von hier wieder abziehen werden.

Und wenn ich es mir noch einmal ganz anders überlege?

Überleg es dir gut.

Da hatte Isidor wohl wieder einmal recht. Was will ich eigentlich und im Grunde, und was ist nur Vorwand und Ausweichbewegung? Und woher soll ich wissen, was ich will? Seit zwei Jahren will ich nur noch an den unbekannten Ort mit dem unaussprechlichen Namen.

~

Dies etwa die Gedanken am Frühstückstisch, am frühen Morgen, wortkarg zu zweit, in Erwartung einer ungewöhnlichen Reise. Der Lehrbetrieb: immer noch sinnvoll, gewiß; aber irgendetwas stimmt nicht mehr im Gefüge des bislang Sinnhaften. Es ist als rieben sich zwei Wirklichkeiten an einander, und es knirscht. Das Unerwartete, die Ehekrise, zermürbend, zweieinhalb Jahre lang, hat Spuren hinterlassen. Die Wissenschaft ist abgehakt. München im Juli, ein Jahr zuvor. Zum letzten Male in diesem Leben im Prüfungskostüm. Im gleichen Erle-Modell wie für alle übrigen akademischen Examina. Danach, die sommerliche Arcisstraße entlang, im Akazienschatten, das Gefühl einer geschlagenen Schlacht, einer abgeworfenen Last und wiedergewonnener Freiheit. Freilich mit Einschränkungen. Freilich mit bleibendem Trauma. Freilich mit Narben... Immerhin: ein Ziel ist vorhanden und ein Schwur getan: von jetzt an nur noch Literatur.

So, mit einem Aufatmen, hatte es begonnen, das Warten auf - worauf? Auf eine *alterthümliche* Muse. Die innere Wirklichkeit ist seitdem davon illuminiert. Das unvollendete ‚Epos' Bethabara ist kein Anknüpfungspunkt. Eine Kopie des Fragments modert, angeknabbert von den Kakerkaken, in Isidors Schubladen. Die Zukunft soll beginnen mit der Reise nach * * *, einem Dorf in abgelegenen Bergen.

Das Haus: Symptom des Rückzugs in die Innerlichkeit? Das Tagebuch und die Tagträume: silberne Schalen, überquellend von unmöglichen Möglichkeiten. Von Kompensationen der Vergeblichkeit. Sicherlich ist es eine Folge von. Es hat Ursachen. Schmerzhafte mit Narben für immer. Der Lehrbetrieb, die Studenten, alles schön und gut und immer noch sinnvoll. Aber das Drumherum. Das Atmosphärische. Die Familie nebenan: liebe Leute; aber vermutlich – ungewollt und unbewußt – mitbeteiligt daran, daß sich die Krise zusammengebraut hatte, sechs Jahre zuvor. Die Kinder der Kollegen und Studenten, die Leute im Dorf, das höfliche Befremden: Isidor hat es sicherlich zu spüren bekommen. An der, die es eigentlich anging, war es vorübergegangen wie dünne Luft.

Ein enger Korridor ist das Dasein in Nyas: morgens vom Arbeitskabinett hinüber zur Kapelle, dann den Hügel hinauf zum Lehrgebäude und in ein Klassenzimmer. Zurück und Mittagessen, Mittagschlaf – und dann? Griechisch-Tests korrigieren, Hausaufgaben nachprüfen; Unterrichtsstunden vorbereiten. Spazierengehen mit Isidor, durchs Dorf, ins nächste Dorf, ins übernächste. Und sonst? Einkaufsfahrten in die entfernte Stadt. Zu den Synoden, zu Tagungen. Und abends bei zwei bis drei Stunden Elektrizität? Isidor hört Musik, liest Bücher, wertet Ergebnisse seiner Feldforschung aus. Befaßt sich mit der soziologischen Wirklichkeit von Nyas. Mit Äußerlichkeiten, die ernstgenommen werden. Und ich? Ich warte auf ‚die Muse' – fancy!

~

V
DAS DORF
Äußerlichkeiten

Die Jahre in Nyas, sie haben bewirkt, daß der Sinn des Daseins an diesem Ort Gegenstand eines besinnlichen Zweifels und resignierter Skepsis geworden ist. Dem europäischen Wohlstande entronnen und einer hypertrophen Zivilisation; ausgezogen, um sinnvollen Verzicht und das einfache Leben, erlebt in Flüchtlingsjahren nach dem Krieg und noch während der Studentenjahre, von neuem zu lernen und zu helfen, wo Hilfe notwendig war oder schien – es ist das alles nur halb oder nur scheinbar gelungen.

Das alte Missionshaus, so altertümlich es erscheinen mochte im Blick auf moderne westliche Wohnkultur, es ist ein wahrer Palast im Vergleich mit den ärmlichen Behausungen entlang der Dorfstraße, die mitten durch den Campuspark in ein Unter- und ein Oberdorf führt, zerfurcht von tiefen Fahrrinnen, reichlich versehen mit Steinen und Schlaglöchern, während der Trockenzeit einigermaßen passabel, in der Regenzeit eine tückische Schlammfalle, und zu beiden Seiten die rohen Bretterhütten über nacktem Erdreich, geduckt unter niedrigen, grauen Palmblattdächern; hier und da ein wenig Wellblech und gemauerte Fundamente; ein zerfallender, längst verlassener Häuptlings‚palast', dessen untere Verließe als Ziegenstall dienen; ein Dorf mit bretternen Bars, wo die Männer beisammensitzen und das Geld vertrinken, das die Kaffee- und Kakaoernten einbringen; während die Frauen in den letzten noch vorhandenen Rundhütten hocken und auf drei Steinen die Cocoyams kochen, die sie, zusammen mit dem Feuerholz, auf krummem Rücken von den Farmen herbeischleppen. Überall dazwischen die stehenden stinkenden Lachen an den

~

Wasserstellen, deren überdrehte Hähne niemand repariert; dazu der Schweine-, Schaf- und Ziegendreck allerorten; die Moskitos, Hakenwürmer, Flöhe, Ratten, Schlangen; die streunenden Katzen und räudigen Hunde. Und schließlich die Leute, deren Freundlichkeit, Stolz und Verschlagenheit, bisweilen auch Unverschämtheit, sich unmittelbarem Begreifen entzieht. Die Leute und ihr Leben: eine fremde Welt, die fremd geblieben ist. Für Isidor hingegen ein Feld der Forschung, übergreifend aufs gesamte Stammesgebiet.

Ich bin eine Fremdgebliebene. Ich lebe in dem großen Park wie auf einer Insel inmitten der eingeborenen Unwirklichkeit. Das sind subjektive und selektive Eindrücke, gewiß. Aber das Fahnden und Forschen nach dem Objektiven liegt mir nicht. Erkenntnistheoretische Skepsis? Ich gebe mich zufrieden mit dem, was Isidor mir je und dann bereitwillig mitteilt. Sein Eifer und seine Hingabe. Gesellschaft und Geschichte interessieren ihn, was die Missionare erreicht haben und was nicht. Er reitet ein nebenberufliches Steckenpferd, und ich – ich könnte so tun, als wüßte ich Bescheid. Ich könnte in heimischen Landen *einen Vortrag halten* mit vielen äußerlichen Einzelheiten.

Über das Haus etwa, auf Steinpfeilern und mit Blechziegeldach: zusammen mit der Kapelle öffentliches Symbol der ‚Fremdherrschaft'. Erbaut von den ersten Missionaren, die von hier aus ihren Kultur- und religiösen Wahrheitsanspruch verbreiteten. Gute drei Generationen lang. Die Leute, die ‚Eingeborenen', gewöhnten sich an Präsenz und Predigt der neuen Herren, die westlich-christlich-pietistische Ideale vorzuleben versuchten, allerlei neue Lebensgewohnheiten einführten; Kirchlein, Schulen und Entbindungsstationen bauten und die bodenständige Sklaverei nicht mochten. Die Leute von Nyas, sie nahmen ihren Vorteil wahr und schließlich auch das Christentum an. Die Missionare waren als Wohltäter wohlgelitten. Das war damals. Inzwi-

~

schen gibt es keine Missionare mehr. Daher auch keine ‚Frau des Missionars'. Das wäre zu betonen.

Meine Damen und Herren. Es gibt seit zwanzig Jahren eine als selbständig bezeichnete junge Kirche in einer ebenfalls cum grano salis nachkolonialen Republik. In der neuen Situation gibt es ein paar Nachzügler der Missionare, eine vornehmere Art von Gastarbeitern, ‚brüderliche Mitarbeiter' genannt. Wir sind theologische Facharbeiter. Das Bedarfsgehalt, aus (West-)Deutschland und der Schweiz bezogen, nimmt sich ähnlich vexierbildhaft aus wie das alte Missionshaus: mit heimatlichen Gehältern verglichen sehr bescheiden, Opfer und Verzicht insinuierend; verglichen mit dem, was eine Junge Kirche ihren Verkündigern des Wortes Gottes bieten kann, überaus reichlich bemessen. Der Verzicht ist eine Sache der Perspektive. Das Mehr an Haben verpflichtete zum Geben. Oft und immer öfter mehr als nur Almosen. Summa summarum: Geld als nervus rerum, wie überall und allezeit. Die Republik politisch ein Tabu. Aber man lebt immerhin in Frieden. Die junge Kirche eine Hypothek der Missionsgesellschaft, und Nyas – sowohl als auch. Für den einen lohnender Forschungsgegenstand, für die andere ein verlottertes Kaff. Wir sind schon sieben Jahre hier. Der Feldforscher erzählt und teilt ungefragt mit, wenn er nicht, wie an diesem Morgen, als Ehemann ein nachdenkliches Schweigen bewahrt.

Mühsam war es, den Gemahl zu dieser Reise zu bewegen. Warum und ausgerechnet in ein abgelegenes Nest in unwegsamen Bergen? Dieser plötzliche Ausbruch, als würde ein Schmetterling seine Chrysalis sprengen, als breche der harte Panzer einer heimlichen Verpuppung auf... Plötzlich? Hätte die Reise nicht bereits vor Jahresfrist stattfinden sollen? Da war Feldforschung wichtiger. Und als der Feldforscher zurückkam, räumte er wortlos ein Teppichschloß auf der hinteren Veranda weg...

~

VI
ABSTIEG IN EINEN GARTEN
Innerlichkeit II

Noch immer am Frühstückstisch. Die Kreise des Daseins. Der Beruf. Die Ehe. Die Tagträume. Der Lehrbetrieb, Studenten und Kollegen: gewiß, es interessiert uns beide. Es ist Thema für Tischgespräche. Alles übrige freilich... Selbst die endlich vollbrachte Wissenschaft – abgehakt als Pflichtübung. Eine Art Rezension wurde auch geschrieben; und es fiel nebenbei die unfreundliche Bemerkung, das Ganze sei ‚geschwätzig' – sei's drum. Es bleiben zwei oder drei Dinge, die das Tagebuch besser versteht.

Der Dinge eines war der Garten. Des Haushalts ledig, begann eine vollberuflich eingespannte Tutorin zur Entspannung zum ersten Male im Leben einen Garten anzulegen und an der Veranda entlang Tomaten zu pflanzen. Der Garten befand sich in einer entlegenen Ecke des Parks, dort, wo es zu den Bananenfarmen und auf den Berg zu ging, am Rande eines verwilderten Guavenwäldchens, wo aus struppigem Gebüsch die Bambarabeeren leuchteten.

Der Garten war keine Lebensnotwendigkeit. Es gab alles, was da wuchs, auch auf dem Markt zu kaufen. Der Garten war ein Atavismus. Er wurzelte in den Tiefen der Vorvergangenheit, der Kindheit: ein verlorenes Paradies, erlebt als Kind in den Jahren vor der Kollektivkatastrophe.

Es war die Erinnerung an den Großelterngarten noch sehr lebendig – ein Garten, der dem Kind im Spätsommer über den Kopf wuchs mit Dahlien und Rittersporn und letzten Rosen. Im Frühling blühten Schneeglöckchen und Märzbecher, gelbe und rote Primeln und Veilchen im Grase, hinten am ‚Pampsgraben'. Ein unvergänglicher Duft. Osterglocken und Narzissen, später weiße Nelken und blaßrosa Wicken, entlangrankend an niederen Drähten. Eine Fliederlaube gab es auch mit einer Hängematte und einem großen Korbstuhl in einem Verschlag, und der feine Kies knirschte. Es gab die Menge der Beeren, Erdbeeren mit hochrotem Aroma, Himbeersoße zum Grießbrei, Johannesbeersaft mit Selterswasser. Es gab gelbe Birnen und dicke Pflaumen und auch Spargel ist in Erinnerung geblieben – das und manches andere, das erst später einen Namen bekam und Begriff wurde.

Das war der Garten der Kindheit und der Sommer 44. Da war auch ein Dorf gewesen, östlich vom westdeutschen Nabel der Welt. Ein Dorf mit staubiger Straße und einem Lattenzaun um den Gutsherrensitz, um Schloß und Park. Ein Dorf inmitten der Kartoffel- und Zuckerrübenfelder, die sich über die Ebene hinzogen, über die dann der Krieg heranrollte, der die Flüchtlingsmassen vor sich herschob nach Westen und auf Fluchtwegen, die wie durch ein Wunder offen blieben. Eine Festung wurde umkämpft: unterm Weihnachtsbaum war Geschützdonner zu hören. Der Großvater aber befahl, ein Schwein zu schlachten. Wir bleiben hier. Wo sollen wir denn hin. Vielleicht war es auch ‚Befehl von oben'. Erst in letzter Minute…

In letzter Minute lud man dann doch ein paar Habseligkeiten auf und zog davon auf schweren Pferdewagen im hohen Schnee und verließ das Dorf und das Haus und den Garten, um mit dem Leben davonzukommen inmitten der Apokalypse am Himmel und auf Erden. Ein Alptraum, ein Trauma, erst spät bewußt geworden. Bewußt geworden erst, als die nächste Katastrophe drohte; aufs neue verdrängt, als das Bedrohliche vorüberging. Verschoben auf den Jüngsten Tag…

Nur bisweilen, gegen Abend und allein im Garten zwischen Kohlköpfen und Radieschen, an den Drachenbäumen vorbei zu dem großen Berg hinüberträumend, zog Vergangenes dieser Art schlierenhaft vorüber und mischte dem Daseinsgefühl etwas Befremdliches bei – als wühlte sich eine Wirklichkeit von jenseits der gelebten Alltäglichkeit aus dunklen Winkeln und durch enge Windungen ins Bewußtsein –

- Seltsam. Hier bin ich und lebe. Und könnte auch längst nicht mehr sein. Erfroren am Straßenrand liegengelieben. Vermodert wie mein Vater im Hürtgenwald. Verbrannt wie die Verwandte in Dresden. Aber hier bin ich und lebe. In diesem Garten, in diesem Nyas, auf diesem Kontinent und seit dreizehn Jahren verheiratet mit einem Mann, der mir als Gottesgeschenk zuteil geworden ist… Als ich der Katastrophe entkam, damals, da waren andere, die hier und jetzt so viel Raum verdrängen und Zeit in Anspruch nehmen, noch längst nicht geboren.

Die Katastrophe gehörte einem anderen Leben an und ferner Vergangenheit. Der unmittelbaren Gegenwart gehörte anderes, seltsam Uneindeutiges an. Das Leben entzog sich auf friedlichen Wegen und innerlich. Der Garten war Teil der Innenseite des Daseins. Er war ein öffentliches Privatissime, denn er wäre samt Rettichen und Radieschen von Anbeginn nicht denkbar oder möglich gewesen ohne lohnabhängige Hilfe.

Auf dem Frühstücktisch, auf dem immer noch zwei Kerzen brennen, liegen Rettiche und Radieschen.
- Sollen wir die mitnehmen für unterwegs?
- Ja, pack ein paar ein; sie sind gut.
- Wann bist Du zum letzten Male im Garten gewesen? Hast Du gesehen, was da alles wieder wächst und gedeiht?
- Ist wohl schon eine Weile her.
- Es interessiert Dich nicht besonders.
- Lieschen, sei gerecht. Du weißt, wie ich meine Zeit einteile. Ich tue, was ich kann. Ich gehe Dir zuliebe mit auf diese Reise. Ich wüßte Besseres mit meiner Zeit anzufangen.

So ist es. Es ist wie es ist. Diese Reise – nur mir zuliebe. Und wie wird es eines Tages – bald, gleich nach der Rückkehr – wie wird es auf dem Papiere weitergehen mit dem Garten?

Mit dem Garten ging es ähnlich wie mit den Farmen des Dorfes. Es gab die übliche Arbeitsteilung. Die Männer fällten die Bäume, rodeten die Wurzelstöcke und beseitigten das gröbste Unterholz. Die Frauen hoben die Pflanzlöcher aus für Yams und Cocoyams. Sie schütteten die schmalen hohen Beete auf für Erdnüsse und Bohnen und säuberten die Farmen regelmäßig von schnell nachwachsendem Gras und Gestrüpp. Sie ernteten, trugen ins Haus und kochten; die Familie aß und wurde satt.

Mit dem Garten war es teils ähnlich, teils anders. Es mußten gegen Ende der Regenzeit das hohe Elefantengras geschlagen und ein solider Zaun gebaut werden. Das schwere Erdreich mußte umgegraben und zu Beeten aufgeschüttet werden. Wäh-

~

rend der Trockenzeit mußte gegossen werden. Bewässerung hatten die Cocoyams in den Farmen nicht nötig; sie senkten ihre Wurzeln tief genug in den regenzeitgetränkten Boden. Mit den flachwurzeligen europäischen Gemüse was es anders. Es mußten vom Haus her schwere Wasserkannen geschleppt werden.

Um diese grobe und schwere Lohnarbeit hatten sich bislang zumeist Schuljungen aus dem Dorf beworben. Sie machten ihre Sache eher schlecht als recht. Wenn die Kohlköpfe schon schwarz vor Fäulnis waren und die Gurkenblätter ergraut vom Mehltau, konnte es vorkommen, daß ihrer einer optimistisch versicherte: ‚They will do well.'

Dann kam Denis. Er versicherte nie etwas.

Eines Nachmittags kam er, bedächtig und würdevoll, einen breiten Brustkasten vor sich herschiebend und einen Ansatz von Bauch. Er kam und verrichtete die anstehende Arbeit langsam und gründlich und nach Anweisung, nur dann und wann überraschende Entschlüsse fassend. Er verlegte den Kompost in eine andere Ecke und die Beete, die bislang längs lagen, häuft er quer auf. Im übrigen tat er die aufgetragene Arbeit gewissenhaft und zuverlässig. Fast durchweg.

Diese Art Gartenjunge anzustellen war umständlich gewesen. Es lag keine Bewerbung vor, es war Anwerbung notwendig – eine Anfrage, ob vielleicht Interesse -, das heißt, ob Zeit und Lust -, also kurz und gut: ob Hilfe bei der Gartenarbeit denkbar sei. Der also Angefragte zögerte. Das Zögern war - vielleicht - begreiflich. Die Aussicht auf reichliche Entlohnung war, vermutlich auch hier, Grund und Ursache der Zusage.

Denis kam am frühen Morgen an einem Wochenende im Oktober, würdevoll und mit breitem Buschmesser. Er kam aus dem Garten zurück in der Mittagshitze, ging am Haus vorbei und den Agavenweg entlang hinüber auf die andere Seite. Es war zu sehen vom Wohnzimmerfenster aus, zufällig und hinter Mullgardinen. Ein Gang in den Garten: das Elefantengrasdickicht war geschlagen an einem einzigen Vormittage.

Er stieg in den Wald hinauf, schleppte von dorten Bambus und Lianen herbei und baute einen starken festen Zaun zum Schutze

~

gegen Schweine, Ziegen und Schafe. Gegen Abend war die Arbeit zu besichtigen. Solide Arbeit. Zwei Fingerspitzen strichen an der dunkelgrünglänzenden Glätte der handgelenkstarken, gehälfteten Bambusstämmchen entlang.

Denis kam mit dem Spaten über der Schulter und grub um, Stück um Stück und nach und nach, entfernte die Wurzelgeflechte, zerkleinerte die schweren, fetten Schollen der schwarzen Erde und häufte Beete auf, eins nach dem anderen, aber quer statt längs. Nanu?

Wenn der Gehilfe den Garten verlassen hatte, begann die Arbeit der Ur-Enkelin eines Gärtners. Über die rohen Beete gebeugt wurde zwischen bloßen Händen zerrieben, was noch grob war; mit einer Spielzeughacke wurden Furchen gezogen, um zu säen, vor allem Radieschen, und Pflanzlöcher eingetieft, um zu pflanzen, was in den Blumenkästen der hinteren Veranda herangezogen worden war: Weißkohl und Salat, Paprika und Gurken. Das war Freizeitbeschäftigung, vormittags besonders am Wochenende, bisweilen auch am späten Nachmittag.

Wenn diese Arbeit getan war, ward dem Tagebuch Bericht erstattet. Derweilen deckte der Gehilfe das Neugepflanzte mit verrottendem Grase ringsum ab, holte Wasser und goß. Allabendlich kam er, holte die Gießkanne und ging, um zu gießen. Es ging ein Jahr lang ganz gut.

Es kam selten vor, daß man zusammen im Garten war. Vielleicht war ein Loch im Zaun. Hier: das sollte ausgebessert werden. Zwei Gurkenpflänzchen siechten dahin: sollte man sie nicht ersetzen? Unkraut müßte gejätet werden: hätte er Zeit oder sollte sie selber - ? Nun, je nachdem. Man ging umher, fragte, nahm zur Kenntnis, und Denis tat seine Meinung kund mit bedachten Worten, aufmerksam, klar, ruhig und richtig. Es war Verlaß darauf, daß gemeinsam Beschlossenes ausgeführt wurde. Der Garten war eine sachliche Sache und Denis versah seine Arbeit redlich. Daß er mit der Zeit begann, um Vorschuß nachzusuchen (Schulgeld für die Neffen?) es störte - zunächst - nicht weiter. Das machten alle, auch und vor allem diejenigen, die Schulden nicht mit praktischer Arbeit ableisten konnten oder wollten.

~

Zweifellos: ein Atavismus war der Garten. Zu Anfang mochte er ein Zeitvertreib gewesen sein. Inzwischen war er – war er ein Vorwand? Aus dem stacheligen Gebüsch jenseits des Zaunes leuchteten die Bambarabeeren, hell- und dunkelrot. Und Denis, bedächtig und würdevoll, einen breiten Brustkasten vor sicht herschiebend und auch einen Ansatz von Bauch – Denis war der Reverend Missis *garden-boy*. Funny.

- Was hast Du?
- Ich? O, nichts Besonders. Hab ich den Mund verzogen?
- Es sah so aus.
- Hast D u deine sieben Sachen gepackt?
- Fast. Ich glaube nicht, daß wir vor Sonnenaufgang hier wegkommen.
- African time. Ich werde noch etwas mehr Geld mitnehmen. Man kann nie wissen.
- Ich werde noch meinen Schlafsack dazupacken. Für alle Fälle. Wahrscheinlich ist es kühl dort oben.
- Und Paludrin. Und etwas gegen flauen Magen?
- Hab ich. Klopapier auch.

Klopapier. Realismus. Pragmatismus. Statt vom Abendstern zu träumen und im Garten Bambarabeeren leuchten zu sehen… Gewisse ästhetische Dissonanzen… Es war wie es war. Und es war doch immer noch gut. Ohne diesen Mann wäre ich nicht in Afrika. Und das Leben, wäre es lebbar, hätte es Sinn?

Gibt es ein lautloses Seufzen?

Die roten Radieschen und die weißen Rettiche wurden eingepackt als Erfrischung für unterwegs und man erhob sich vom Frühstückstisch. Aus dem graurosa Kerzendämmer des Wohn- und Eßzimmers tauchte man in die Düsternis von Isidors Arbeitszimmer, vollgestellt mit Bücherregalen, einem Schrank und einem Lotterbett für tagsüber neben dem Tisch, an dem geschrieben wurde. Unterrichtsvorbereitungen, Feldforschungsnotizen, Tagebuch und Briefe – eine Zeitlang auch Briefe von einem Arbeitskabinett ins andere. Es war schlimm gewesen. Es war

~

überstanden. Mit Narben, lebenslangen.. und von da in das gemeinsame Schlafgemach. Die Vorhänge noch zugezogen. Es hing da im Dunkeln über der Kommode das große Schnitzbild, bestellt bei einem einheimischen Holzschnitzer, Der hatte das Vorgegebene ganz gut dargestellt, bis zu den Zeltpflöcken der alten Sage aus dem Alten Orient. Auch das war auszuhalten. Es war da vor Jahren hingehängt worden ohne Einwilligung.

Vom Schlafzimmer geradeaus gelangte man in ein Draußen, das zugleich ein Drinnen war.

An der östlichen Schmalseite des Hauses… [Hier folgt die Beschreibung des Arbeitskabinetts und das Abschweifen in den literarischen Bildungsroman.]

Warten

Isidor kam. ‚John ist da. Der Gastgeber auch. Alle anderen noch nicht. Wir werden noch eine Weile warten müssen.

– Gut. Warten wir.

Eile mit Weile. Das Wesentliche ist vielleicht ohnehin vorbei, das Eigentliche schon gewesen und das Wirkliche gar nicht wirklich… Denn was ist das: ‚Wirklichkeit'? ‚Dies ist mein Fenster… // Bis wohin reicht mein Leben / Und wo beginnt die Nacht'?

Die kleinen Scheiben über dem Schreibtisch waren heller geworden, die Halbmondnacht glitt herüber in Morgendämmerung. Das ‚sanfte Zyanenbündel der Nacht' war am Verblühen, die Sonne noch nicht hinter dem Berg hervor.

Was war ‚wirklich'? Das Arbeitskabinett voller Bücher? Das Geld? Die gelben Freesien mit der einkorrigierten Daseinsphilosophie? Das Wenige, Leuchtende, aus der lebendigen Vergänglichkeit weniger Tage in eine tote Scheinewigkeit gebannt: Sinnbild einer Wirklichkeit, die sich präzisen Formulierungen entzog. Vielleicht war die Resignation nur probeweise gespielt? Was war möglich inmitten des überwiegend Unmöglichen? Bei einem Klassenausflug in

~

die Landeshauptstadt, vor einigen Monaten, waren zwei dieser Lesezeichen erworben worden. Das eine war kurz danach in einem Buch geblieben, das zurückgegeben wurde. Der Eigentümer hatte das - vergessene? - Stück Papier nicht zurückgebracht. Nicht bemerkt? Übersehen? Schweigend übergangen? Verdrängt?

Was war möglich inmitten des Unmöglichen? War diese Reise ein letztes Rütteln an den Gittern fest gefügter Unmöglichkeiten? Und das Geld - eine letzte Verunmöglichung? Geld, das vorhanden war, für eigene Bedürfnisse nicht gebraucht wurde. Geld, verschenkbar, freilich nicht an Beliebige. War es Ausdruck von Macht mit Verführungspotential? War es Brücke oder Barriere?

Wie ferne Spiralnebel, angedeutet in vagen Assoziationen auf dem Hintergrunde des Bewußtseins, war während des Suchens vorübergezogen, was die Jahre, die vorvergangenen, an Wissenserwerb ausgefüllt hatte. Das hinausgezögerte Doppelstudium - Bildungsballast? War es nicht das, was das Hiersein rechtfertigte - am Leben vorbei?

[Aussortiert aus der Letztfassung ‚Nyas am Morgen' wurde, was hier eingefügt werden soll: das unbestimmte Warten auf ein Klopfen an der Tür zum Arbeitskabinett:]

<Es klopfte. Vor der Tür stand – niemand.
Eine Sinnestäuschung. Hervorgerufen von Wunschvorstellungen. Von inneren Wirklichkeiten. Es mochte Täuschungen geben, die weniger harmlos mit der äußeren Wirklichkeit verknüpft waren.
Sie saß und wartete und die Zeit, sie schlüpfte ‚wie eine Taube durch die Maschen des blauen Laubes' ungenauer Empfindungen, sich verknüpfend zu einem Traumnetz, einzufangen das Zufällige, falls es sich fangen ließ, winzige Partikel mit dem Mandelgeschmack des Ersehnten, Sterngestöber schöner Augenblicke, das je und dann durch die Dachluken herab in die inneren Gemächer rieselte…>

*

VII
HINAUS AUS NYAS
Durch blühende Kaffeefarmen

Die Halbmondnacht aus Türkis und Violett war einem kräftiger werdenden Morgenlicht gewichen. Noch immer zögerte die Sonne hinter dem Berg, aber die Eukalyptusbäume profilierten sich bereits vor einem Perlmutthimmel.

Der Tag, der die Erfüllung lang hingezogener Erwartungen bringen sollte, brach an. Es kam entgegen ein Entgegenkommen; denn die Einladung, sorgsam und lange hingezogen und endlich eingefädelt, war sie nicht nahezu eingefordert worden?

Lang hingezogen hatte sich auch das halbwache Träumen im Helldunkel des Arbeitskabinetts, suchend an den Büchern entlang, ausgestreckt im hölzernen Besuchersessel, unbesorgt um den Zeitpunkt der Abreise, eingehüllt in unbestimmte Erwartung, daß ein Klopfen an der Tür das Zeichen gebe zum Aufbruch…

Es war dann alles so schnell gegangen, daß Besinnung sich erst wieder einstellte, als die Tür zuschlug und der Landrover sich in Bewegung setzte. Der Wagen war vollbesetzt. Wer ließ sich schon eine Mitfahrgelegenheit zum nächsten Markt entgehen. Irgendwo ganz hinten, eingestiegen vielleicht als letzter – niemand war gekommen, Guten Morgen zu wünschen und die Abfahrt anzukündigen. Gekommen war Isidor:

‚Wonder dem-de never end. We de go.'

Es war kurz nach Sonnenaufgang. Sie hatte also begonnen, ‚die unvermeidliche Reise an den neuesten Ort der Träume'. Diesmal immerhin keine Halbinsel im Atlantik, Richtung Calabar. Es ging hinauf ins Grasland und in abgelegene Berge. Und während John-the-driver mit dem

~

Problem befaßt war, auf abschüssiger Straße so vorsichtig wie möglich Schrunden und erratischem Gestein auszuweichen, ertastete ein prüfender Griff in die linke Brusttasche des Jacketts den blauen Umschlag. Vielleicht waren die gelben Freesien gedankenlos dazugesteckt worden…

Der Wagen schwankte bergab durchs Unterdorf. Hagere schwarze Schweine galoppierten beiseite, Federvieh flatterte auf und mageren Köter zogen argwöhnisch den Schwanz ein. An den Wasserstellen füllten Frauen und kleine Mädchen Plastikeimer und trugen sie auf dem Kopf gemächlich den Hütten zu, wo der Rauch durch die Palmblattdächer oder unter dem Wellblech hervor drang.

Hinaus aus Nyas und der Tiefebene zu auf gewohntem Weg durch Wald und Farmen, auf holpriger Piste an der Flanke des Berges entlang über sämtliche Bohlenbrücklein. Es waren noch immer dreizehn und einige davon so brüchig wie eh und je. Vorbei jedoch waren die Zeiten, da man zählte und den Atem anhielt. Man fuhr darüber so leicht und einfach, als könnte da nichts mehr zusammenbrechen. Mit John am Steuer konnte man sich sicher fühlen. Traumwandlerisch sicher. Manche Bäche führten noch Wasser, andere waren schon ausgetrocknet. Das steil abfallende, felsige Bett lag klaffend nackt da, ernüchtert von Rauschen der Regenzeitwassermassen. In den Bäumen hing der Morgennebel; das Elefantengras streifte an den Wagenfenstern entlang. Dann kamen die blühenden Kaffeefarmen. Es ist ja wieder kurz vor Weihnachten. Jasminduft und der Blütenschnee! Überfallartig und die Sprache verschlagend, denn die Wagenfenster schlossen nie richtig. Die Sternblumen in den Verandakästen waren duftlos. Hier draußen in den Farmen blühte Jahr für Jahr wenige Wochen lang das dichtgedrängte, büschelige Glück der Kaffeesträucher, es lag wie Brautgebinde auf den Zweigen und der Duft glich einer Beschwörung…

~

Hinab also in die Tiefebene und auf der anderen Seite des Berges wieder hinauf ins Gebirgige. Hinaus aus dem ewigen Wald, der alle Horizonte verbaute, hinauf in die freien Weiten des Graslandes, über die Gebirgspässe und Hochebenen, dem Ort entgegen, den bislang noch keine Landkarte verzeichnete – Utopia africana! Was war das? Ein rauschähnlicher Zustand mit einem Anflug von schizothymer Bewußtseinstrübung?

Es ging vorüber, es wich einer Art Katatonie, nach innen hin absorbiert von vergeblichen Versuchen, sich das Ziel der Reise vorzustellen, das Dorf in den Bergen, das unzugängliche, nur auf Fußpfaden erreichbare; das Haus, in dem man übernachten würde. Eine einfache Lehmhütte mußte es sein, gedeckt mit braunem Stroh, umgeben von Palmen und Bananenstauden. Drinnen ein Bambusbett, auf dem nackten Erdboden Bastmatten – ‚I was a mat-weaver for some time'. Vielleicht auch Felle an den Wänden, Antilope oder Wildkatze – ‚My father was a hunter'. Eine irdene Schale mit Quellwasser; eine geflochtene Bastschüssel mit Reis und Räucherfisch. Und über der Hütte, über den Bergen: der Abendstern. Das Bild blieb stehen, unverrückt.

Der Landrover rollte nach Norden auf glatter Asphaltstraße, hinab und wieder hinauf, stundenlang. Könnten wir etwas trinken, essen? Rettiche und Radieschen? Vergessen. Die Landschaft rollte vorüber als dünnwandige Kulisse.

Zögere, Ziel, im dreifachen Schritt der Zeit! Erfüllung des Verheißenen und Ersehnten, verlangsame dein Erscheinen! Mühsame Ruhe; Suche nach Fixpunkten im Strom, im Trott, in der Ereignislosigkeit der Ereignisse und der Jahre, die auf *diese* Reise hindrängten. Die Entscheidungen waren nicht gefallen; sie hatten sich ergeben. Der Grund und Anlaß von diesem allen blieb als Gegenwart ganz dahinten und auf der Schwelle des Bewußtseins liegen. Es drang nicht ein ins Innere, das sich langsam und stetig füllte mit Vergangenem und Gewesenem. Das Bild der Hütte mit dem Abendstern blieb unverrückt. Vor diesem Bild zogen wie mondbeleuchtetes Nebelgewölk die Jahre vorüber. Drei volle Jahre und knappe drei Monate: daraus war diese

~

Reise entstanden. Es war nicht geschehen von gestern auf heut. *Diese* weite Reise, *dieser* lange Weg hatten eine lange Vergangenheit; Zeit, die sich im Kreise drehte; Wiederholungen ohne Ziel. *Diese* Reise war der Versuch eines Ausbruchs und einer Zielbestimmung. Das Ziel aber hatte einen Ausgangspunkt - wie weit zurück? Bis an den Anfang des siebenten Jahres in Nyas. Nach dem langen Jahr der Abwesenheit und des Verzichts zugunsten ‚höherer Ziele': das Jahr des blinden Tastens hin zu *diesem* Ziele...

Zögere, Zeit, der Erfüllung des Ersehnten entgegen! Drei Jahre sind vergangen und drei knappe Monate über den Hiat eines Freijahres hinweg. Es ist nicht geschehen von gestern auf heut. Es fand sich, überraschend, ein Haken, das Netz der Mittsommernachts-Träume daran aufzuhängen. Das war zu Ende des Jahres, als zum ersten Male der Tulpenbaum blühte. Es geschah beim Blättern in einem alten, wegzuwerfenden Missionsblättchen. Es fand sich darin eine Farbaufnahme: ein Hohlweg, von oben herab; unten strohgedeckte Hütten und am Horizont ein Kranz von veilchenblauen Bergen - ein Anblick wie eine Fata Morgana und Offenbarung, der alles in den Sog des Wunsches zog: Da hin - dahin möchte ich!

[Es ist dies die neugefaßte Endfassung des letzten Satzes des vierten Faszikels (‚Der lange Tag hatte eine Vergangenheit: drei volle Jahre und knappe drei Monate.') Hier brach Die Reise nach*** mit dem Ausschreiben der Tagebücher jener drei Jahre und drei Monate ab.]

*

Vier Bücher
Die Muse in den Krüppelbäumen

Der literarische Bildungsroman, das (völlig unrealistische) Rückwärtsdenken vor den Bücherregalen in einem Arbeitskabinett am Morgen der Reise nach ***, hatte Reise und Roman zum Scheitern gebracht, der Inspiration jedoch keinen Abbruch getan. Das Ziel der Reise wurde literarisch erreicht, wo nicht auf geradem Wege, so doch auf wunderlich gewundenen Umwegen. Das ehrbare Abenteuer Afrika – des Lebens beste Jahre: Berufsausübung im tropischen Regenwald – es führte den Ehegefährten auf dem Umwege über Feldforschung und Wissenschaft in heimatlichen Landen auf einen Lehrstuhl. In eine langjährige Beurlaubung zum Zwecke der Verarbeitung, sprich: Literarisierung der Erfahrung Afrika führte es die am ersten derartigen Versuch Gescheiterte.

Für die Literarisierung des ehrbaren Abenteuers Afrika stand zur Verfügung eine Art Muse. Auf geheimnisvoll psycho-mythischen Wegen war sie erschienen; aus den Musazeen am Rande des Campus, drunten im Regenwald, trat sie herfür und in die ratlose Seele. Eines Tages war sie da und winkte hinauf ins Grasland.

Die Muse saß in den Krüppelbäumen des Hochtals, in das der erste Satz der Reise nach*** am späten Nachmittag eingebogen war. Sie blieb da sitzen zehn Jahre lang und lächelte – ‚ein Lächeln wie rieselnder Schnee, drei Grad über dem Äquator!' Nach zehn Jahren stieg sie herab und raschelte durchs Elefantengras. Sie war da und nicht-da, aber sie blieb ein Vierteljahrhundert lang treu – auf Distanz und - ‚faithful in her fashion'. Vielleicht wußte sie nicht, was sie tat und wozu sie überhaupt da war. Einer solch naiven/nativen Muse in den Krüppelbäumen verdankt sich die Inspiration der wunderbaren Jahre.

~

Der Muse, die in den Krüppelbäumen saß und später durchs Elefantengras raschelte – es verdanken sich ihr der bunte Reigen der Tagträume, lyrische und analytische Tagebuchpassagen, ein Kurzroman, Miniaturen und mehr als vier Bücher, kaleidoskopisch: das immer Gleiche in immer neuen Facetten und Spiegelungen. Es verdankt sich der Muse zudem der Wunsch nach einer Eremitage in den Bergen, in welche Die Reise nach*** hätte führen sollen und in die ein Vierteljahrhundert hindurch sieben Reisen führten, aber keine Straße.

Die einzelnen Texte – es sind ihrer vierzehn, verteilt auf zwei Bücher – sollen in einem Überblick aufgeführt werden. Es sind unter mehr als einem Dutzend Büchern und drei Fotoalben bislang nur drei zu finden, die keine Erwähnung der ersten Reise oder eine damit verwandte Thematik enthalten. Aufgeführt seien vier Bücher, in welchen sowohl die Reise(n) selbst wie auch manches, was sich daraus ergab an Tagträumen und Verpflichtungen, festgeschrieben worden sind.

Auf Nzab'ngen (s. S. 55; 93) sei hier zurückverwiesen. Unberücksichtigt bleiben die Probleme eines Straßenprojekts (Fufu und Vergißmeinnicht, 2006) und die Resignation der letzten Reise 2006 [Nostoi, 2009). Alle vier Bücher sind unter Pseudonym veröffentlicht worden. Die dreizehn Kurztexte (Skizzen, Miniaturen, Fragmente) und ein Kurzroman verteilen sich auf zwei Bücher.

Das erste [Auf der Hochebene des Lebens, 2005] enthält einen Kurzroman, in welchem die erste Reise nach *** sich aus realen sowohl als fiktiven Elementen zusammensetzt. Das andere, [Archivalien und Miniaturen, 2007] schildert phantastisch-surreale Tagträume neben poetisierter Wirklichkeit. Schilderungen der ersten drei Reisen nach *** enthält [Reisen am Rande des Harmattan, 2005]. Die ganze Wahrheit ist in den literarisierten Tagebüchern zu finden.

[**Auf der Hochebene des Lebens**, 2005] – Im Zusammenhange des Auftrages, ein Buch über ‚Die Braut' zu schreiben, drängte sich der Gedanke auf, in das phänomenologisch breite Spektrum auch afrikanische Brautproblematik einzubeziehen. Der Text nahm die Gestalt eines Reisemonologs an: eine Europäerin fährt in einem klapprigen Sammeltaxi durch den Staub der Trockenzeit; sie ist unterwegs in das Dorf ***, und es fallen ihr, angesichts einer schwierigen Brautwerbung im Umkreis ihrer afrikanischen Bekannten, eine Reihe von ‚Brautgeschichten' ein. Die Schilderung einer Brautschau: ein großes Tanzfest im Häuptlingsgehöft, mit einer Vortänzerin - ‚saftstrotzend, im Bersten begriffen' – ist so wenig erfunden wie die übrigen Brautgeschichten. Sie gehört zu den Erlebnissen des ersten Besuches in ***. Das Taxi rumpelt auf gebirgiger Piste durch eine tropische Vollmondnacht. Die Reisende gibt sich merkwürdig melancholischen Stimmungen hin. Der erste Satz ‚Dunkelsüßbitter und klebrig ist die Versuchung' – bleibt kleben.

Diese afrikanische Variante wurde nicht in das Brautbuch von 1987 aufgenommen. Sie wurde knappe zwanzig Jahre später in ein Buch mit drei weiteren Afrikatexten eingefügt: ***Spur im Staub*** mit dem Untertitel *Von Frauen und Wasserfrauen in Afrika.*

Wie ein Memento illusionis steht [**Auf der Hochebene des Lebens**] als erster der vier Texte der zeitlich zuletzt entstandene: ***Das Grillenlied***. *Was sucht Na'anya in Afrika?* Mit dem ursprünglichen Titel ‚Häuschen im Tropenmond' war er als Anfang des unvollendbaren KENOTAPH gedacht gewesen. Geschildert wird ein Idyll, das einst als möglich erträumt worden war.

‚Als es vollendet war und dastand…' Vor einem Lehmhäuschen sitzt in abendlicher Dämmerung eine Frau, die vierzehn Jahre zuvor die erste Reise nach *** unternommen

~

hatte - und nie ankam. Weder literarisch noch in dem Sinne, in welchem ein Feldforscher drunten im Regenwald auf dem Felde seiner Forschung ankam. ‚*Warum, Na'anya, bist du hier und allein / Eine Fremde in fremdem Land*?' Das singen die Grillen. Die Antwort ist zwar nicht gänzlich ‚blowing in the wind'; sie ist indes so fein gesponnen wie Altweibersommer. Sie wehte über jahrelanges Vorsichhinschreiben und durch viele Bücher hindurch, auch durch solche, die mit ganz anderem befaßt sind - mit Sils-Maria 1958 etwa. Im Irrealis (‚*Säße Lisa, früh ergraut...*') befindet sich die Erinnernde plötzlich vor dem erträumten Häuschen in den Bergen von ***. Sogar ein Typoskript, eine ‚Kleine Nekyia für die Urgroßmütter' wird beim Besuch eines Fremden in besagtem Häuschen entdeckt und entgeht, knapp wie der Codex Sinaiticus, dem Verfeuern zwischen drei Steinen. Ein schmales Bändchen ‚Logarithmen und Lyrik' soll ebenfalls da oben entstanden sein. – Das Grillenlied singt und sinnt der Frage nach, was eine ergraute Europäerin in den Bergen von *** sucht(e) oder gefunden hat(te).

Noch einmal vorm Vergängnis. *Von Kusinen und Tanzträumen unter dem Harmattan*. Der längste Text in dem Buch von 2005 ist ein Kurzroman von 170 Seiten. – Auf der dreizehnten Etage eines Luxushotels in einer afrikanischen Großstadt wird (nach drei Kapiteln, die dem kultivierten Tanzerlebnis (‚Schwarzer Tango!') einer aus Europa eingeflogenen, akademisch betitelten Kusine gewidmet sind, im vierten Kapitel, ‚Jenseits der Bougainvillea', selbiger, nunmehr malariafiebernden Kusine von der anderen erzählt, wie es vormals war, in einem dörflichen Campus im Regenwald: wie im Verlaufe einer auf honorable Weise zu bewältigenden *midlife crisis* Weniges, Zufälliges, und Mißlungenes nach mehr und Vollkommenerem verlangte. Und zwar auf ehrbare Art und Weise.

~

Im fünften Kapitel (‚Nachts in der Bar') wird das Vollkommene imaginiert und der (darüber und darunter wegschlafenden) Kusine vorgetragen wie in Trance.

Im sechsten von sieben Kapiteln wird endlich ‚Der Aufstieg ins Abseits' geschildert, *wie es wirklich gewesen,* beginnend mit dem Abstieg zum Fluß beim Untergang einer himbeerroten Sonne, schwimmend in roségrauem Dunst. Der Aufstieg in das abgelegene Dorf – ‚Nun ist es dunkel.' ‚Drei Herzschläge auf einen Schritt.' ‚The evening star!' – entspricht allen Einzelheiten der Erinnerung.

Das siebente Kapitel imaginiert ein Tanzfest ‚Unter dem Mangomond', speerschwingend bedrohlich, fürsorglich beschützt und alles übrige, Schattenphantastische im Kubus einer Lehmhütte: dichterische Erfindung vorbei an den in ganz anderer Weise und Hinsicht verwirrenden Ereignissen des ersten Besuchs in ***.

Dem Roman sind als Motto vorangestellt fünf Zeilen eines Gedichts von G. Benn:

O Nacht, ich nahm schon Kokain
Und Blutverteilung ist im Gange,
Das Haar wird grau, die Jahre fliehn,
Ich muß, ich muß im Überschwange
Noch einmal vorm Vergängnis blühn.

Der Kurzroman – es ist keine Novelle, keine Erzählung und auch keine Kurzgeschichte – will sowohl gelebte Wirklichkeit (Kapitel IV: Enttäuschendes im Campusdasein von N., VI: reale Annäherung an ein ersehntes Ziel), als auch die erträumte Erfüllung von Wunschvorstellungen (Kapitel I – III und VII) beschreiben. Die Verdoppelung des Ich in zwei Kusinen läßt der einen in Erfüllung gehen, was die andere sich nur erträumen und monologisch vorphantasieren kann: *Noch einmal vorm Vergängnis blühn.*

~

Die Eukalyptusschaukel. *Episoden und Zwischenspiele* reiht 70 Seiten Tagtraumsequenzen aneinander. Die Rahmenhandlung konfrontiert eine sehnsüchtig zurückschaukelnde Afrikaheimkehrerin mit kritisch-pessimistischen Nachfragen und Zwischenbemerkungen einer daheimgebliebenen Kollegin. Die erste Episode, ‚Ankunft und Abendstern' zitiert – *Hespere, kyaneas hieron phile nuktos agalma* – altgriechische Lyrik; eine dritte, ‚Die Mittagsschlange' beim Durchwaten eines Flusses Mörike – *‚uralte heil'ge Wasser steigen…'* Ein Tropengewitter interferiert mit einem Orgelkonzert, eine Trankspende Quellwasser mit Burgunder hinter Butzenscheiben. Das Überblenden von Tagungswirklichkeit und Tagträumerei mit einem Anhauch von Schizothymie versucht die innere Verfassung der ersten Jahre nach der Rückkehr aus Afrika zu literarisieren.

Manch anderes an Tagträumen kam zu Papier und erblickte das Licht einer virtuellen Öffentlichkeit in den Jahren nach der endgültigen Rückkehr aus Afrika 2003 und dem Tod der Mutter im Jahre zuvor. In [**Archivalien und Miniaturen**, 2007], sind zwei einander fremde Welten zusammengebunden. ‚Was hat das Schattenreich Persephones gemein mit dem Glanz der Savanne Afrikas?' Nachgedacht wird zunächst über das glücklose Leben der Mutter, die nicht nur Heimat und Habe, sondern auch den Jugendfreund, den Ehemann und das älteste und sensibelste ihrer Enkelkinder verlor. Wie leicht wiegen, wie nahezu frivol wirken die schillernden Seifenblasen der Tagträume einer Tochter, die sich im fernen Afrika zu Hause fühlt und kein Interesse an Neffen und Nichten bekundet… Es wird bedacht als Gegenwelt. Ein Epilog denkt nach über die ‚Fragwürdigkeit des Schönen' im Angesicht von äußerer und innerer Not – von Nächsten, die zu Fernen und Fremden werden, während die Fremde zur Heimat wird. ‚Archivalien' als bedrückende Erinnerung.

Diese Archivalien, alte Dokumente, Briefe und Fotografien, befinden sich in einem alten, ererbten Vitrinenschrank, über dessen Gesimse ein großer und schöner Korb aus Raffiabast thront. Er wölbt sich fast bis zur Decke: ein Geschenk des Ehegefährten, erinnernd an das eine, das beurlaubte Jahr im Grasland, schreibend und reisend in alle Richtungen und zum zweiten Male nach *** - allein.

Es raschelt in dem großen, schönen Korbe. Es rascheln darin *Die Sieben Gesichte am Bitu-Berg*: späte Miniaturen, Literarisierungen von realiter stattgehabten Besuchen in einer zwanzig Kilometer entfernten Nachbarschaft zum Zwecke der technischen Fertigstellung umfänglicher *Dogmatic Notes.* Des weiteren *Trockenzeitfieber*: fünf frühe Miniaturen, endlos verbesserte Tagträume, kürzer und obsessiver. (*Endmoränen. Die Felder von Mbebete. Mittagsfinsternis. Die Beschwörung sei vollbracht.)* Die ‚Gesichte', das ‚Fieber' und das Verbessern durch viele Jahre hindurch: eine Folge der Obsession ***, die nun den Namen ‚Lah' erhält. Erinnertes und Erdichtetes aus dem Jahr im Grasland, 1982/83, episodisch gerundet und verfremdet: es knistert weit geheimnisvoller als der Versuch, erlebte Wirklichkeit wahrheitsgetreu nachzubilden.

[**Reisen am Rande des Harmattan**, 2005.] Zweiundzwanzig Jahre vergingen, ehe ein umfängliches Reisebuch in Angriff genommen wurde. Über den ersten, einen handschriftlichen Satz lief eine ostafrikanische Ameise. Das war im Jahre 2003. Im ersten von drei Teilen des 400-Seiten-Buches werden auf vier Seiten drei überarbeitete Bruchstücke der Reise nach*** kursiv eingefügt. ‚*Es war schon spät am Nachmittag…*' Die Beschreibung des Hochtals war damit publizierbar geworden. Wiederholt wird hier (aus dem Kurzroman ‚Noch einmal vorm Vergängnis') der Aufstieg

~

in das abgelegene Dorf: *Nun ist es dunkel. Die Nacht ist schwarz und ohne Mond.* Zum dritten wird aus der ‚Spur im Staub' das große Tanzfest im Häuptlingsgehöft eingefügt.

Den Bruchstücken zum ersten Besuch in dem abgelegenen Bergdorf folgen in großer Ausführlichkeit Beschreibungen der beiden folgenden Besuche. Der vierte bis sechste Besuch werden als ‚Nachspiel' knapp erwähnt. Der siebente und letzte Besuch im Jahre 2006 wurde in großer Ausführlichkeit den ‚Nostoi' von 2009 hinzugefügt.

Schließlich der Reigen kleiner Szenen und großer Monologe: die prismatisch gebrochene Widerspiegelung jener Jahre und der Reise nach*** in der zweibändigen Form [**literarisierter Tagebücher**]. Manches liest sich gut - noch immer. Vielleicht, weil niemand sonst es liest. Sicherlich jedoch, weil ganze Abschnitte einleuchtende Selbstanalysen darstellen, manches Episodische durch kunstvolle Verrätselung reizt, weil poetische Bildsprache und absichtsvolle Um- und Irreleitung gelungen sind und dergestalt einer ungelesenen Literatin Lesevergnügen bereiten.

Im zweiten Band ist Die Reise nach *** auf dreißig Seiten *in nuce* beschrieben. Ein Abschnitt von vierzig Seiten gibt Einzelheiten damit verbundener Reflexionen im (nachgeschönten) Urtext wieder unter der kryptischen Überschrift: *Medusenhaupt der Muse*. Dem (stilistisch verfeinerten) Rohstoff ist hinzugefügt der Romanbeginn. (*Es war schon spät am Nachmittag*...) Jene ersten acht Seiten Schreibmaschine in Auszügen als dünnes Erinnerungsgerüst. Der Park. Der Garten. Das Arbeitskabinett: der Ort, wo es ausufert in den literarischen Bildungsroman.
Auf vier Bücher verteilt hat sich nicht Die Reise nach***, sondern die Muse, die in den Krüppelbäumen saß, lächelnd herabstieg und raschelnd im Elefantengras verschwand...

~

DAS EHRBARE ABENTEUER AFRIKA

Besinnliches zu ungelesener Literatur

Cum mea nemo
Scripta legat, volgo recitare timentis

Wie traurig steigt die unvollkommne Scheibe
des roten Monds mit später Glut
hinter den Hütten des Dorfes
im Abseits der Berge von Lah
herauf…

Wie mühsam steigt durchs dornige Gestrüpp der Zweifel
die Hoffnung auf ein Wahrgenommenwerden
vielhundertseitiger Versuche,
zu sagen, wie es war.
Es steigt. Es zieht
hinab.

Häuschen im Tropenmond

Als es vollendet war und dastand, lehmgelb inmitten der grünvioletten Berge; als der Traum sich erfüllt hatte wie ein voller Mond, der durch die Dämmerung ins schwarze Laub der Eukalyptusbäume steigt; als das Erträumte, kubisch, viermalvier, strohgedeckt mit Pyramidendach, umwuchert von wilden Malven, von dichtem Elefantengrase speerscharf und mannshoch umstanden in geziemendem Abstande, der Unwetter wegen in weiterem Halbrund umgeben von Drachenbäumen; als es endlich, gegründet auf graurosa Bruchstein, den Urhügel abseits des Dorfes krönte –

– saß gegen Abend auf der winzigen Veranda, zu Füßen glatt und kühl Zement, im Rücken rauh das Backsteingemäuer, warm vom Tage und von der Glut der Äquatorsonne –
– es saß da eine Frau,
allein und nicht mehr jung.

Ein bekanntes Thema. Weiße Frau in Schwarzafrika. Jung, oder auch schon älter, Ungewöhnliches erlebend und alsobald oder etwas später wird ein Buch daraus: nichts Ungewöhnliches. Sie hat einen Beruf, vielleicht auch einen Ehemann, seltener auch Kinder. Eine wohlkonturierte Gestalt in einem spannungsvoll komponierten Roman mit autobiographischem Hintergrund oder auch frei erfunden: als solche kann sie mit erwartungsvollen Leserinnen rechnen, gelegentlich sogar mit Lesern. Die Frau vor dem Häuschen (im Tropenmond?) ist sie eine solche, konzipiert als Heldin mit abenteuerlichem und daher nacherlebenswertem Leben, nach welchem das lesende und Verfilmungen schätzende Publikum und die Verlage verlangen?

Eine Grille zirpt.
Am Zirpen der Grille entlang hangeln die Gedanken. Was erwartet die Leserin von einem Afrikaroman?

Afrikaroman I: Hatari und Safari
Von einem Afrikaabenteuer erwartet sie eben dies: prickelnde Gefahr oder Tourismus mit Hotel. Tarzan-Urwald oder die wildreichen Weiten der Savanne. Auch politische Intrigen und Tragödien in Großstädten oder auf einsamen Farmen sind nacherlebenswert, vergangene Kolonialromantik und gegenwärtige Polit-Krimis. In urwüchsiger Landschaft, auf erloschenen Vulkanen und an Seen mit den versteinten Spuren des Urmenschen: vor solchen und ähnlicher Kulisse möchte man lesend Schicksalhaftem begegnen in allen Übergängen zwischen Natur und Kultur, Gut und Böse, Glück, Unglück und Malaria.
Safari als Tourismus ist heutzutage gefahrlos. Großwild jagt man nicht mehr, wie einst in kolonialen Tagen; man schießt es mit der Digitalkamera. Hatari, das lebensgefährliche Abenteuer, sieht man sich in Filmen oder im Internet auf Videos an. Um Abenteuer zu erleben, muß man die weiße Haut nicht nach Schwarzafrika fliegen oder daselbst gar zu Markte tragen; man erlebt sie in der Gemütlichkeit der eigenen vier Wände. Hatari ist nicht jedermanns Sache. Bücherlesen auch nicht, aber schon eher.

Afrika-Faszinierte mögen sich einst an den Berichten von Forschungsreisenden von dem Format eines Livingstone erbaut haben; heutige Afrika-Fans werden *Afrikafieber* schätzen, die rasanten Reportagen und Politkrimis eines Kapuscinski. Mancher mag sich an die Abenteuer-Romane von Rider Haggard erinnern oder an die Verfilmung von C.S. Foresters *The African Queen* mit Bogart und Hepburn. Nachdenklichere werden noch immer Joseph Conrads literarischen Blick ins Auge der Dämonen in den Tiefen der Urwälder am Kongostrom und des menschlichen Herzens schätzen. Und wer bei Doris Lessing das Gras hat singen hören, wird von leichtzuhandenen Rassismusvorwürfen womöglich Abstand nehmen.

Afrikaroman II: Black and White in Love

Allzu bekannt und daher soll an diesem Faden nicht weitergehäkelt werden. Erinnert sei allenfalls ein Roman der Senegalesin Mariama Ba, **Der scharlachrote Gesang**: wie es schief gehen kann. Die Gedanken spinnen weiter an dem, was das Grillenlied insinuiert. Sie sinnieren entlang an der Frage: ‚Warum, Na'anya, bist du hier und allein, eine Fremde in fremdem Land?' Das Gesicht im westafrikanischen Vollmond, greinend, grübelnd, bisweilen auch grinsend, weiß die Antwort. Eine ostafrikanische Ameise, Zufall auf sechs Beinchen, die über eine erste von vierhundert Seiten hinkrabbelte, ist gleichfalls eingeweiht. Die Heldin ist keine verlagsübliche Romanheldin. Sie denkt zu viel; sie monologisiert. Worüber? Unter anderem über die *Ehrbarkeit* des Abenteuers Afrika.

Afrika – das *ehrbare* Abenteuer – ?

Ehrbarkeit ist alterthümlich wie Tugend und Frömmigkeit. Es ist bürgerlich mit einer Neigung zu Spießbürgerlichkeit. Ehrbarkeit bedeutete einst Wohlanständigkeit: ein Leben in Übereinstimmung mit bürgerlich-christlich-konservativen Werten. Als ehrbar und bisweilen sogar bewundernswert ob der damit verbundenen Gefahren galt vormals die Berufung zum Missionar, der, nicht selten mit Weib und Kind, in den Urwald Afrikas zog, um daselbst das Evangelium zu verkündigen, Schulen zu bauen, Medikamente zu verteilen und den Grundstein zu legen für junge

Kirchen, die heute eine in Europa alternde Weltreligion auf ihre Weise am Leben erhalten. Das Unternehmen der alten Missionare als ehrbar-frommes Abenteuer zu betrachten wäre nicht abwegig im Blick auf einen einst hochverehrten schnauzbärtigen Urwalddoktor, dem man inzwischen leichten Sinnes ‚Patriarchalismus' vorzuwerfen sich bemüßigt fühlt. (Von Abwegigerem auf den Pfaden neuerer Kulturwissenschaften abgesehen.)

Als ‚ehrbares Abenteuer Afrika' ließe sich heutzutage am ehesten die Bereitschaft junger Leute aus der westlichen Welt betrachten, in Schwarzafrika für begrenzte Zeit in Entwicklungsprojekten mitzuarbeiten, statt sich touristisch in Strand- und Wildparkhotels verwöhnen zu lassen. Afrika wird zum Abenteuer durch das Vertrautwerden mit Unbequemlichkeiten (Petroleumlampe, Buschlatrine und Malaria). Ehrbar ist das Abenteuer, denn es ist humanitären Zwecken gewidmet. Man tut Gutes, hat nicht nur ein gutes Gefühl, sondern auch gute Gelegenheit, alles das zu erleben, das den Tourismus im Lande belebt. Wer sich (als ‚senior expert' etwa) nicht mehr in die dünne Luft des Fako-Gipfels traut, mag schweiß-treibende 700 Meter durch echten Urwald an einem Zweitausender hochkrabbeln. Wenn es töricht wäre, sich mit grauem Haupte auf dem langen Rücken des Kilimandscharo dem noch leidlich schneeweißen des Kibo entgegenzuquälen, so wird man sich doch, kurz vor der Rückkehr nach Europa, wie alle Welt eine Safari in die Serengeti gönnen, im Ngorongorokrater ein Flamingoballett bewundern und in das Tal von Olduwai hinabsinnieren ins Urzeitliche der Menschheit. Auf den schwarzen Felsen über dem Kongo bei Kinshasa lassen sich, zur Erholung von des Tages frankophonem Gastdozieren, Sonnenuntergänge genießen, und wenn am Rande der ostafrikanischen Massaisteppe wild wie wilder Flieder die Jakarandabäume blühen, verflüchtigen sich vorübergehend Konflikte und Sorgen. Wenn schon nicht, Wüstenwind im Haar und heißen Sand unter den Reifen, eine Saharadurchquerung, dann doch wenigstens eine Reise über die berüchtigt schlechten Gebirgspisten einer einst deutschen Kolonie, eingezwängt in Überlandtaxis, bei Nacht an Steilabfällen entlang in helldunkle Tagträume geschaukelt, während der Vollmond über die Berge rollt…

Dem Abenteuer Afrika verfallen kann, neugierig auf Entgegenkommendes, das fremd, gefährlich und faszinierend erscheint, wer weltsüchtig und noch jung ist und ehe es in heimischen Landen ans Geldverdienen und Karrieremachen geht. Sei es aus Überdruß an europäischen Bequemlichkeiten und ihren Sinndefiziten, sei es, wie einst und bisweilen noch immer, aus missionarisch-frommen Motiven. Irgendwie scheint, trotz Bürgerkriegen, Hungerkatastrophen, Korruption der Eliten und Elend der Massen, etwas sich durchzuhalten vom *Dunklen, Lockenden* eines Kontinents, der Erlebnis- und Sinnfülle verheißt auch da, wo nicht ausdrücklich das Abenteuer, sondern das einst *ehrbar* Genannte, ein christliches oder humanitäres Helfenwollen (bis hin zum ‚Syndrom') in Vordergrunde steht. Der Verzicht auf Zivilisationsgüter kann den Durst und Hunger nicht nur nach Abenteuer, sondern auch nach einem sinnerfüllten Leben stillen.

Afrika – das ehrbare Abenteuer einer *fraternal*

Wie traurig steigt die unvollkommne Scheibe…

Warum traurig? Warum unvollkommen? Die Frau vor dem Lehmhäuschen in den Bergen der Savanne Westafrikas denkt darüber nach. Läßt sich das ‚Abenteuer Afrika' einer deutschen Gastdozentin mit den Abenteuern anderer weißer Frauen in Schwarzafrika vergleichen? Nein.

Es gleicht selbst von ferne nicht den Abenteuern einer britischen Lady, die einst, in dunklen viktorianischen Gewändern Westafrika bereisend, männlichmutig in rostige Barkassen und auf einen feuerspeienden Viertausender am Golf von Guinea stieg. Ich – ich bin nur in die Berge von **Lah** hinaufgestiegen. Siebenmal. Dreimal allein, ohne eheliche Begleitung.

Mein Afrikaabenteuer ermangelt jeglicher Ähnlichkeit mit dem einer dänischen Baronesse und Schriftstellerin, die eine Farm in Kenia, im kolonialen Ostafrika hatte, zwanzig Jahre entfernt von *White mischief*, und eine traurig endende außereheliche Affäre mit einem britischen Grafen und Großwildjäger. Ich hatte in Afrika nur einen **Garten** am Rande eines Campus. Und einen Gärtner, dem in aller Ehrbarkeit das Abenteuer Lah zu verdanken war.

~

Mein ehrbares bißchen Afrikaabenteuer hat auch nichts gemein mit dem einer Berlinerin der zwanziger Jahre des zwanzigsten Jahrhunderts, die als ‚weiße Mah' mit Lastenträgerkarawanen allein durch Westafrika zog, um ‚unter Menschenfressern' Ethnologie zu treiben und, zu ihrem damals begreiflichen Befremden, von einem Fulanifürsten angeflirtet zu werden. Ich habe die Ethnologie dem Ehemann und Kollegen überlassen, um mich dem tagebuchtherapeutischen Bewältigen von krisenhaften **Stimmungen** und inneren **Konflikten** der Lebensmitte zu widmen.

Das Abenteuer Afrika, dem die Besinnung vor einem Lehmhäuschen unter dem steigenden, dem abgeschieften Mond von Lah gilt, hielte auch keinem Vergleich stand mit dem einer österreichischen Künstlerin, die, um 1955 mit Ehemann und knapp Vierzig nach Nigerien einreisend, angetan von den Yoruba und ihren Göttern sich scheiden ließ, einen Häuptling heiratete und einen heiligen Hain mit Kunstwerken bestückte, um hochbetagt und weitberühmt als heidnische Hohepriesterin ihr exotisches Leben zu beenden. Ich habe mich, angetan von Lah, trotz Ehekrise, nicht scheiden lassen. Das Tagebuch und ein Jahr Eheferien, heraus aus dem Regenwald, hinauf in die Savanne, haben krisenbewältigend gewirkt. Es hat geholfen, **mit Anstand über die Runden** zu kommen. Es ist der Anstand, es ist die Ehrbarkeit, die in diesen fortgeschrittenen Zeiten alles so wenig abenteuerlich, so biedermeierlich erscheinen läßt.

Das afrikanische Abenteuer, das mit altmodischem Anstand über die Runden brachte, ist das Gegenteil des Abenteuers einer hochschuldiplomierten Französin, die nach gescheiterter Ehe mit zwei Kindern zurückkehrt ins geliebte Bamilekeland, einen Häuptling heiratet und, integriert in seinen Harem, zwei weitere Kinder bekommt und sie und sich mit Hackbau ernährt. Großes Aufsehen, Touristen als Besucher und Bewunderer; ein Buch, das Fernsehen, Berühmtheit: ein erfülltes Leben so bereichernd, und sicherlich etwas für kulturphilosophische Betrachtungen. Zu schweigen schließlich vom Afrika-Ehe-Abenteuer einer Deutsch-Schweizerin: allzu bekannt, um wiederholt zu werden. Aber es bietet an Exotik und Erotik, was Leserinnen lesen und sodann verfilmt sehen wollen. Was ist im Vergleich damit eine **schwarze Muse, s**chleppfüßig, tugendsam, allenfalls mit ein wenig ‚Sternfunkeln im dunklen Unschuldsblick'?! Harmlos. Ehrbar in einem hölzernen Sinne. Eben. Ebenhölzern.

Denk ich hingegen an das Schicksal einer weißen Farmersfrau im kolonialen Rhodesien, so öffnen sich auf beklemmende Weise psycho- *und* kulturpathologische Abgründe an den Grenzen des Erträglichen, nervtötend wie das eintönige Lied der Grillen im Gras bei tropischer Hitze, die da macht, daß eine weiße Frau, angewiesen auf Lohnarbeit von Schwarzen, Grenzen überschreitet in

~

entgegengesetzte Richtungen, um am Ende den Tod, das Ermordetwerden, als Erlösung willkommen zu heißen. Das Schicksal von Doris Lessings Heldin kann als Symbol verstanden werden, fast so schauerlich wie Joseph Conrads ‚Herz der Finsternis'. Von etwas dergleichen ist das ehrbare Abenteuer einer weißen akademischen Gastarbeiterin in einem Campus Schwarzafrikas trotz inspirativer *midlife crisis* weit entfernt. So weit wie der Mond von Lah.

In dem Reigen abenteuerlicher Lebensläufe, dem sich (von Lessings nahezu antik anmutender Tragik in der Begegnung von Europa und Afrika abgesehen) mühelos zwanzig und mehr ähnlicher Struktur und Farbe hinzugesellen ließen, nehmen sich die ehrbaren Abenteuer der Frau unter dem Mond von Lah aus wie Gänseblümchen zwischen Orchideen und Strelitzien.

Hinter dem Vergleich verbirgt sich also nicht die weiblich-weiße Hälfte einer gescheiterten interkulturellen Ehe, aber auch nicht eine verspätete, den Zeitläuften nachhinkende Missionarsfrau, welche zu eigener mehr als zu anderer Erbauung ihre nachkolonialen Memoiren zu Papier bringt. Die geneigte Leserin hätte es mit einer schreibfreudigen ehemaligen *fraternal* im Dienst einer jungen Kirche Afrikas zu tun. Überdies, kurz und gar nicht gut: mit einer frustrierten Literatin.

Dieselbe, ob nun autobiographisch nachgezeichnet oder frei erfunden, versucht zu verstehen, was in den siebziger und achtziger Jahren des vergangenen Jahrhunderts ob seiner – vom fortschrittlichen Europa aus betrachtet altmodischen – Wert- und Ehrbarkeitsvorstellungen die Krise der Lebensmitte auslöste, Sinnfragen aufwarf wie Maulwurfshügel, sich wie blind den Tagträumen hingab und dem Tagebuchschreiben verschrieb. *Was* da war und *wie* es sich anfühlte: ES kroch späterhin von einem Buch in das andere, und nun kommen allgemach angekrochen Zweifel, ob, wenngleich das Schreiben des Schreibens wert war, das Geschriebene des Lesens lohnt – für wen?

Krisen durch Tagebuchschreiben zu therapieren ist ein altbekanntes und wohlerprobtes Mittel. Das Wortgewebe über insgesamt tausendachthundert Seiten und fünf Bände hin aus lyrisch-analytischen Monologen, romantisch-ironischer Episodenprosa, schwimmend in Stimmungen, zersplitternd in Reflexionen; kulturphilosophischen Betrachtungen; Reisebeschreibungen, tagtraumhaft vorgestellten Begegnungen und Szenen, und hier und da ein wenig Dialog; das Gerangel zwischen raumgreifenden Sehnsüchten und fromm-beschränkter Vernunft: es wirkt anspruchsvoll nach der einen, ermüdend nach der anderen Seite hin. Ermüdend und langweilig im Vergleich mit zeitvertreibender Unterhaltung durch atemberaubend ‚richtige' Abenteuer, dargeboten von verwegenen Journalisten, mit hochpolitischen Begegnungen und scharfsinnigen Analysen; langweilig im Vergleich mit den Geheimnissen von Götterhainen und Häuptlingsharems; harmlos vor allem im Vergleich mit einer blauäugigen Weißen in weißem Hochzeitskleid in einer Massai-Boma aus getrocknetem Kuhdung.

Das ehrbare Abenteuer Afrika, Sinnfragen aufwerfend wie Maulwurfshügel: etwas, in dessen Inneren es rumort. Es ist die eines Tages aufbrechende Frage nach dem Sinn der Verwortung des ehrbaren Abenteuers; etwas in sich Geballtes, das durch das Gleichmaß der Tage und Jahre und des beruflichen Alltags hindurch- und hinausstößt, nach Sinn ringend wie nach Luft und Licht. Das ehrbare Abenteuer Afrika war weithin ein Abenteuer der *Innerlichkeit.*

Das Abenteuer der Innerlichkeit

Es suchte nach Ausdruck: nach würdigen Worten nicht nur, sondern auch nach wohltätigen Taten. An den Grenzen des Sagbaren suchte es nach Symbolen. Nach bewahrender Form und nach Sinngehalt suchte es. Durch die Jahre des Ruhestandes, durch die Bände der selbstfinanzierten und selbstillustrierten Bücher zieht und windet sich der Versuch zu sagen, *was* es war und *wie* es sich anfühlte…

~

Es zog sich hin als ***Spur im Staub***, tagträumend in Überlandtaxis auf holprigen Gebirgspisten, durch den Dunst der Trockenzeit, grübelnd – *Earth to Earth* – über ein schwieriges Examensgedicht und die Mühsal ehrbaren Brauterwerbs in äquatornahen Breiten, traurige Geschichten vom Scheitern solcher Mühen erinnernd und den *revenant*-Ausflug einer Weißen aus europäischem Winter in tropischen Sommer mystifizierend zu Umtrieben einer Wasserfrau.

Es verstieg sich in eine Graslandmetapher und schaukelte, (***Die Eukalyptusschaukel)*** unterbrochen von afropessimistischen Einwürfen einer Kollegin, von Episode zu Episode (‚Ankunft und Abendstern' schwelgend in Sternenschaumgold; ‚Die Mittagsschlange' Banales ins Schaudervoll-Schöne übertragend und es verschachtelnd mit des Schrecklichen Anfang in einer ‚Kunst der Fuge' im Tropengewitter) durchs Tagtraumfiligran hell-dunkler Uneindeutigkeiten bis zu sanftem Hinabgleiten ins Resignative.

Es verdichtete sich im Wunsch, ***Noch einmal vorm Vergängnis*** zu tanzen, literarisiert in nachempfundenen Tango-Ekstasen auf dreizehnter Etage in einer Großstadt über dem Äquator. Im Hintergrunde ein respektabler Ehemann, ein schöner Maurice in Mauve als eleganter Tänzer, ‚etwas wie ein Mönchlein' als wortkarger Tugendwächter und eine zu Besuch weilende Kusine als Spiegelbild und malariafieberndes Du, dem ‚Frustrationshistörchen' zugemutet werden von einem Ich, das sich im Tanz Erfüllung violetter Sehnsüchte erhofft, nicht nur ‚Nachts in der Bar', sondern auch bei einem nächtlichen Höhenkultfest in entlegenen Bergen.

Es streckte sehnsüchtige Arme und empfindsame Fühler aus nach einem fernen Leuchten, dasselbe umkreisend auf risikoreichen Reisen, ausweichend hierhin und dorthin, einkreisend ein realexistierendes Savannen-Orplid, bis das ferne Leuchten nahe war und zu blaken begann. Als des verklärten Bergdorfes Gast worfelt eine Weiße Reis im Tal, formt Lehmziegel für einen Palazzo, wandert über die Höhen, trinkt aus einem Fluß, hält Reden vor Häuptlingen, fördert ein Entwicklungsprojekt, erhält als Dank geräucherte Kaulquappen und das Lächeln der Graslandmuse und glaubt an das Gute und Sinnvolle, bis es im Sand, im Regen und im Großfamiliensozialismus zerrinnt: ***Reisen am Rande des Harmattan***.

Es kroch in einen großen und schönen Korb aus Raffiabast (thronend auf einem Vitrinenschrank aus Flüchtlings- und Nachkriegzeiten voll trauriger Familienschicksale), und raschelte darin im lyrisch-monologischen Blätterwerk später und früher Miniaturen. ***Die sieben Gesichte am Bitu-Berg*** und ***Trockenzeitfieber*** in fünf Episoden umspielen das ‚Sternfunkeln im dunklen Unschuldblick' einer schleppfüßigen Muse aus Melasse in Tagtraum-Etüden. Eine nächtliche ***Beschwörung*** zog sich durch vierzehn Jahre wiederholter Überarbeitungen, ehe sie stilistisch vollbracht war.

Es zirpte eines späten Abends ein ***Grillenlied***, in vergeblicher Erwartung, daß ein Gastgeber sich aufraffe zu der Frage: ‚Warum, Na'anya, bist du hier und allein, eine Fremde in fremdem Land?' Hier – hausend und schreibend in einem Lehmhäuschen.

Es stilisierte sich schließlich durch zwei Bände literarisierten Tagebuchs der Lebensmitte hindurch zu einer Tanzphantasie, äußerlich bieder bis zu depressiver Langeweile, innerlich schwebend wie über Narzissenwiesen in platonisch-platinweißem Mondenschein – bei tagheller Vernunft und in einem festgefügten Rahmen aus ehelichem Elfenbein und autochthonem Ebenholz, aus mattiertem Gold und scheppernden Blech um Krisen der Lebensmitte.

Wer soll Geduld und wohlwollendes Interesse aufbringen, das zu lesen, nachzuempfinden und sich nachdenkend ein Urteil darüber zu bilden? ‚…vornehmlich Frauen, die es sich zumuten, Zweitfrühlingseuphorien und frühherbstlicher Tristesse der Lebensmitte Anfang Vierzig vor exotischer Kulisse über viele hundert Seiten hin auf der Spur zu bleiben.' Frauen also mit ähnlichem Bildungsprofil und Geschmack für Monologe unter einem blühenden Tulpenbaum und dem abgeschieften Mond von Lah. Fänden sie sich, wären es ihrer vermutlich nur wenige. Welcher Verlag wollte das riskieren? Und daher: *Wie traurig steigt die unvollkommne Scheibe…*

Geschrieben, ins Internet gestellt und nach drei Jahren wieder entfernt

Cum mea nemo Scripta legat,
volgo recitare timentis.

Das Graien-auge

Ein Briefwechsel
über literarische Texte
und ihren biographischen Kontext

Erster Brief

Vom Glücksfall, eine Kusine zu finden, die Zeit hat, Texte zu beurteilen, die kein Publikums-Verlag verlegen will.

Liebe Kusine.

Es soll zu Papier. Sofort und ehe die güldene Morgensonne mein grünumlaubtes Boudoir und Schreibkämmerlein verläßt. Ehe die Einflüsterung sich verflüchtigt und dem Geist der Trübsal weicht.

Es soll zu Papier und dann umgehend in den Briefkasten. Es soll Dir voraufeilen ins Land der Endmoränen und der warmen Quellen – der Brief und alles übrige. Wie klappert mein altes Maschinchen so freudig vor sich hin. Wie schwungvoll schwingt sich durch die Buchen vor dem Fenster das Guten-Morgen-Eichhörnchen!

Es soll zu Papier und geht wie so oft: statt *medias in res* ins Abseits der Eindrücke des Augenblicks, die das Eigentliche in Stimmungsspiralen umkreisen. (Dabei reiße ich mich zurück von Traumrelikten der Nacht – Düsteres, hervorgebrütet aus längst verjährten Kindheitsängsten, aus blauen Frühlingshimmeln torkelnd wie Stanniolstreifen…)

Weniger Bedrohliches soll zu Papier, gerichtet an eine Kusine, deren ungewöhnlicher Vorname für mich noch gewöhnungsbedürftig ist. Er schwebt neben Dir wie eine Jugendstilsylphe, von Deiner leiblichen Erscheinung abweichend auf verwirrende Weise. Da ich es nicht wage, eine neuentdeckte Kusine umzubenennen (in ‚Brunhilde' etwa), wähle ich fürs erste die welsche Bezeichnung. Die ‚Base' hat mir der Chemieunterricht verunmöglicht.

Zu Papier soll in dieser Morgenstunde als erstes eine *Verwunderung,* die noch nicht von mir gewichen ist: die Verwunderung über den Glücksfall, einer Kusine zu begegnen, die nicht unter allerlei Brimborium nach romantischer Manier aus einem Spiegel steigt, sondern real-präsent als Gastgeberin auf der sommerlichen Gartenterrasse eines ländlich anmutenden Eigenheims sitzt – und das mitten im Großstadtdschungel Berlin. Nahezu romanhaft.

Romanhaft erscheinen des Schicksals Versteck- und Entdeckungsspiele. Wie waren wir so gut vor einander verborgen fast ein Leben lang! Wie hat der Zufall gewürfelt! Oder waren es die Umwege einer *providentia specialissima,* die uns aufs Ende hin zusammengeführt haben? Ich habe Dich erzählen lassen, bis der Kaffee kalt war und der gute Mond so stille durch die Tannen guckte. Wie gut, daß wir einander so neu und so fremd sind, unbelastet von enttäuschter Freundschaft oder politischen Meinungsverschiedenheiten. Es ist alles noch taufrisch. Es glitzert vor Erwartung…

Erwartung und Verwunderung ineinanderverstrickt. Verwunderung, wie es ging im Rückwärtsgang über den Tod eines vermögenden kinderlosen fernen Verwandten; auf den Wegen einer notariell verordneten Erbensuche, die eine Verwandtschaft aufspürte, die, bedingt vielleicht durch Kriegs- und Nachkriegszeiten, vielleicht aber auch durch

~

genuines Desinteresse, nichts von einander wußte. Denn als Namen und Anschriften bekannt wurden, war wenig Interesse vorhanden, in Verbindung zu treten. Ich zumindest verspürte kein Bedürfnis, eine Kusine mit ausgefallenem Vornamen und vier Kindern (davon schrieb mir Tante Erna) kennenzulernen. Dazu noch in Berlin, das mir schon viel zugemutet hat. Da warst Du zum Glück neugieriger. Sonst hättest Du mir die Todesanzeige Deiner Mutter nicht geschickt. Ich zeigte sie meiner: Kennst Du die? – Ach die. Die jüngste Schwester deines Vaters. Hat uns mal besucht, als es uns gut ging. Kam sich immer als was Besseres vor. – Von einer Tochter wußte meine Mutter nichts. Könnte ihre abfällige Bemerkung erklären, wie ein Mädchen damals den Namen ‚Arielle' erhalten konnte? Deine Mutter hatte offenbar Sinn fürs Aparte. Hat sich vermutlich etwas Arielhaftes vorgestellt. Der Name will freilich nicht so recht zur Imposanz Deiner Erscheinung passen…

Wo war ich? Es war nicht meine Absicht, zur Beerdigung Deiner Mutter zu kommen und eine Kusine kennenzulernen. Es war mein Mann, der mich dazu bewog. ‚Geh. Es gehört sich. Und vielleicht habt ihr euch am Ende doch etwas zu erzählen.' Eine gute Stunde Busfahrt quer durch Berlin bei trübem Winterwetter – achselzuckend, anstandshalber. Kam, sah und fand das kurze Gespräch der Fortsetzung wert. Merkwürdig, daß ich einen Besuch noch monatelang vor mir hergeschoben habe. Vielleicht stand Unverwundenes im Hintergrunde. Du erinnerst mich nämlich an eine – an die einzige einstige Freundin, die ich zehn Jugendjahre lang hatte und die mir dann abhanden kam auf die übliche Weise. Sie war so blond und so üppig wie Du. So walkürenhaft. Entschuldige, wenn ich Dir damit zu nahe auf den Leib rücke. Jedenfalls bist Du der perfekte Gegensatz zu meinem Rosinanten- und Gouvernantentyp aus

~

einem vergangenen Jahrhundert. Vielleicht war die Erinnerung an eine als treulos Empfundene der Grund, warum ich so lange gezögert habe, Deine Einladung zum Kaffee anzunehmen. Das wollte ich meinem gestrigen Besuch vorweg nachtragen.

Gestern hast Du eine aufmerksame Zuhörerin Deiner Lebens- und Familiensaga an mir gehabt. Ich weiß mit einem Male so viel von Dir. Und was weißt Du von mir? Noch beinahe gar nichts. Wir schweben in einem unguten Ungleichgewicht. Das soll sich mit diesem Briefe ändern. Die Erwartungen, die Dir entgegenglitzern, sind kristallin und scharfkantig auf Gegenseitigkeit ausgerichtet. Das haben wir überm kalten Kaffee am Ende noch besprochen. Wir haben festgestellt: Bedürftigkeit auf beiden Seiten.

Es wird also nicht sein, wie es bislang oft genug gewesen ist: daß ich dasitze und therapeutisch zuhöre oder seelsorgerliche Briefe schreibe. Von ganzen zwei Ausnahmen abgesehen hat bislang niemand aus meiner Bekanntschaft und Verwandtschaft sich bemüßigt gefühlt, nach *meiner* Daseinserfahrung zu fragen. ‚Zehn Jahre waren Sie in Afrika? Gab's da auch Schlangen?' Ich parodiere. Aber selbst unter Zunftgenossen ist mir selten einer begegnet, der etwas erzählt haben wollte oder zu einem Rundbrief etwas zu sagen oder zu fragen gehabt hätte. Damit Du es weißt… Damit Du weißt, daß meine Zuhörerrolle gestern eine andere war. Von dem Augenblicke an, als sich mit der lauen Dämmerung auf Deiner Gartenterrasse das Gefühl verdichtete, hinter der Erzählerin von Familiensaga sitze die Vorschattung einer geneigten Leserin und kritischen Rezensentin meiner eigenen zu Texten geronnenen Erfahrungen, war mein Zuhören Vorgabe. *Dedi ut des.* Ich mache mich daran, wohlverstandenes Eigeninteresse zu wahren.

Bedürftigkeit zeigt sich auf beiden Seiten. Du hast erzählt, als sei da bislang niemand gewesen, geneigt, Dir zuzuhören. Als hättest Du Dein Leben beim Wäschebügeln und Kartoffelnschälen immer nur Dir selber erzählt. Auf Deiner Gartenterrasse saßen gestern der *Graien* zweie, beide, trotz Familie, Du, und wenigstens Ehe, ich, ein wenig einsam. Graien? magst Du befremdet fragen. Dein Blond gleitet unauffälliger ins Grau als mein Kastanienbraun sich seit zehn Jahren schon ins Farblose entfärbt. Mit den mythisch-antiken Graien ergreife ich die Flucht nach vorn – denn wer wollte behaupten, daß heutzutage eine Frau Anfang Sechzig schon eine Greisin sei. Bald aber werden wir's sein, und ist es nicht weise, sich beizeiten darauf einzustellen? Wofern Du mir das vorweg-genommene Graien-Sein im Rahmen bildhafter Rede gestatten wolltest, ergäbe sich eine anschauliche, eine hübsch-groteske Verknüpfung unserer Bedürfnisse. Ich habe Dir gestern meinen *Zahn* geliehen, die Brocken Deiner Familiengeschichte in genießbare Bissen zu zerkleinern durch Zwischenfragen und Anmerkungen. So war es Dir möglich, Dich durchzubeißen. Ich meinerseits erwarte, daß Du mir Dein *Auge* leihst, damit ich sehen und erkennen kann, was meine Texte, von welchen ich einesteils so überzeugt bin, und die mir anderenteils, mit jeder Verlagsabsage, ferner rücken und fremder werden, in belletristischer Hinsicht nach literaturkritischen Kriterien taugen. Endlich wirst Du wissen, wozu Du einstmals zwölf Semester Germanistik studiert hast.

Dein Erzählen gestern, meine Erwartungen an Dich und die Verwunderung über den Zufallsfund einer Kusine Deines Kalibers haben *inspirativ* gewirkt. Auf Deiner Gartenterrasse, bei Linzer Torte und erkaltendem Kaffee, kam es über mich: die Lust zu beschreiben erst und dann, während des Rundgangs durch den Garten, die Nachdenklichkeit über die bisherige Odyssee meiner Afrika-Texte.

Die Beschreibungslust kam schon über mich bei der Führung durch das Schmuckkästlein Eurer Altersresidenz - die Bücherwände, die Gemälde, Teppiche und Fayencen und besonders der Kamin. Die schönen Dinge und ihr Arrangement strömen Gediegenheit und Geschmack aus; sie ziehen Adjektive ästhetischen Wohlgefallens an sich. Hier müßte mit Stifterscher Behaglichkeit eins ums andere in Sprache aufgehoben werden. Und als Du erzählt hast vom glücklichen Erwerb dieses Zweit-Eigentums in privilegierter Wohnlage, dachte ich an mein Lehmhäuschen in Afrika, in den Bergen der Savanne, nahe am Äquator - das Ziel zivilisationsmüder Tagträume, während so vieler Jahre. Es zog mich vorübergehend weit weg. Zurückgeholt hat mich der rosaweiß duftende Phlox, den Du in dichten Bändern unterhalb der Terrasse angesiedelt hast, wo der kurze Smaragdrasen den Hang hinanschweift zwischen gesitteten Margeriten und Rosenorgien, zwischen Himbeergebüsch und Pflaumenbaumschatten bis ans äußerste Ende zu Tannen und Taxus, die den Lärm der großen Stadt fast zur Unhörbarkeit herabdämpfen. Ich sah in meines Geistes Aug' die Jahreszeiten durch Deinen Garten wandeln blumigen Fußes - Schneeglöckchen in dichten Nestern, Krokusse zyan- und safranfarben, die Fontänen der Forsythien, Flieder- und Jasminduft, mythischen Goldregen Danaes Angedenkens und der letzten Astern Farbpaletten zu Benns, und es schaukelte mich wieder zurück in graugelbe Trockensavanne mit kahlen Krüppelakazien und pelzig verschrumpelten wilden Malven... Meine afrikanischen Landschaften und Dingwelten - koloniale Fachwerkhäuser mit Veranden und verräucherte Rundhütten im Regenwald drunten, droben in der Savanne vereinzelt noch die fensterlosen Backsteinhöhlen zwischen dem zerschlissenen Hellgrün der Bananenstauden: beschrieben bis zum Überdruß. Dein Garten und Domizil in diesem ungeheuerlichen Berlin könnten meine Beschreibungswut auf neue entfachen.

Als Du dann am Kaffeetisch die Breitleinwand Deiner Lebenswelt entrollt hast – ein beamteter Ehemann als Ernährer und Vater wohlgeratener und erfolgreicher Kinder, die bereits für Enkel sorgen – hielt ich vergleichend mein eigenes Aussteigerleben daneben, ausgebreitet auf über tausend Seiten, unvollendet und wovon noch keine Rede sein soll. Als Deine Saga hinabstieg in die Vergangenheit bis zum Forsthaus unseres Großvaters, das ich nicht kenne; hinab zu Rehlein und Glühwürmchen am Waldesrand und weiter zu Erinnerungen an Kriegsende, Landstraße, Tiefflieger, und die Väter gefallen – da wunderte ich mich wiederum. Meine Kindheit ist Deiner sehr ähnlich (Flucht, Hunger, Armut). Das kann es also nicht gewesen sein, was Dich bewogen hat zu einem bürgerlich geordneten Leben mit Familie und Eigenheim und mich zur Aussteigerin nach Afrika gemacht hat. Was hat Dich bewogen, nach dem Staatsexamen umgehend zu heiraten und in fünf Jahren vier Kinder in die Welt zu setzen? Solches mündlich dazwischenzufragen schien mir unangebracht. Was hat *mich* bewogen, gegen ursprüngliche Absicht schließlich doch noch zu heiraten, ein Zweitstudium mit Berufwechsel durchzuziehen und mit dem Ehemann nach Afrika zu gehen für so lange Jahre unter Verzicht auf Kinder, Eigenheim und mögliche akademische Karriere?

Eine neue Nachdenklichkeit kam über mich auf Deiner Gartenterrasse. Der blaue Sommerhimmel über Berlin trug auf seltsame Weise dazu bei. Die vielen Autos, dachte ich (auch Deine Limousine) – wo geht das alles hin? Wo ging Schlimmeres hin, vor schon mehr als einem halben Jahrhundert? Der viele Rauch von damals – in welche immer kälteren Himmel ist er gestiegen? Woher kommt mein Unbehagen in dieser Stadt und seit bald zehn Jahren? So daß ich das Hiersein nur wochen- und besuchsweise und dem Mann zuliebe ertrage, der hier seinem Beruf nachgeht…

Die Sonne ist um die Hausecke ins Computerzimmer gewandert, wo der Herr des Hauses an der Reinschrift seiner Wissenschaft sitzt und auf ein Mittagessen wartet. Das Eichhörnchen hat seins offenbar schon. Auf dem Rückweg von der täglichen Morgentour ist es vorhin, als ich Sätze über die Unstetigkeit meines Lebens formulierte, wieder vorübergehuscht. So ein Tierlein bleibt im gleichen Garten sein Leben lang, nährt sich, dem Sprichwort gemäß, mühsam und sammelt, was eines Artgenossen ihm vielleicht wegfressen werden.

Ich bin hier nicht zu Hause. Bei Gelegenheit eines Gegenbesuchs wirst Du einen abgewohnten Vorkriegskasten sehen, gemietet zu erschwinglichen Bedingungen und ohne die vielen Bücher viel zu groß für zwei Leutchen. Unter dem Wintergarten ist noch ein Luftschutzkeller mit eiserner Klappe ins Freie. Der Garten ist groß und schön und ein Grund, warum ich der Antiquität die Bezeichnung ‚Villa' beigelegt habe. Der Stadtteil ist ja ein ehemaliges Villenviertel am Teltowkanal.

Zuhause also bin ich hier nicht. Aber ehelich gut aufgehoben bei jedem Besuch. Daß wir seit der Rückkehr aus Afrika eine Besuchsehe führen, habe ich Dir samt den Gründen kurz angedeutet. Es tut der Ehe gut. Besser noch tut es meinem Schreiben. Wenn ich wochenweise hier bin, kann ich mich in ein ‚Boudoir' zurückziehen. Es ist das engste Kämmerlein im Hause. Fast so eng wie das Innere eines Lehmziegelhäuschens in den Bergen der afrikanischen Savanne.

Davon am Nachmittag oder gegen Abend. Als gutwillige Hausfrau will ich mich nun hinab in die Küche begeben. Das Rollenspiel rastet ein. Wochenlang allein, kommt der Herr des Hauses mit dem Haushalt ganz passabel zurecht. Wer wird für Deinen Mann sorgen, wenn Du zur Kur bist?

Liebe Kusine am Nachmittag.

Bei einer Tasse Kaffee neben der Schreibmaschine stelle ich mir vor, daß Du im Rosengarten des Kurparks sitzen wirst, um Dir meinen Brief zu Gemüte zu führen. In eben dem Rosengarten eines Kurortes im Voralpenlande, in welchem die Rahmenhandlung des vierten und letzten der Texte spielt, die mir kein Verlag verlegen will. Im Rosenrondell saß im letzten Heimaturlaub vor zweimal sieben Jahren eine Frau Mitte Vierzig, umdunstet vom Staubrosenwahn des ersten Aufstiegs in ein abgelegenes Dorf in den Bergen der afrikanischen Savanne; tagträumend wandernd durch harmattanverhangene Landschaften; phantasierend wie im Trockenzeitfieber, das Unmögliche beschwörend in wortlosen Vergegenwärtigungen…

Es eilt mir voraus in langen Gedankensprüngen. Erst gegen Ende wird es sich vielleicht einfangen lassen: das Eigentliche, das Eichhörnchenhafte von Ast zu Ästchen, von Text zu Textchen. (Am Waldrande des Kurparks gab es damals der unterhaltsamen Tierchen sehr viele, manche von großer Dreistigkeit. Es werden Dir auch Meisen auf die ausgestreckte Hand fliegen, zutraulich geworden im Umgang mit älteren Damen und ihren Kuchenkrümeln.)

Das Eigentliche also, und soweit es sich einfangen läßt, zuletzt. Zunächst das äußere Drumherum, das mich ratlos macht und wo Du mir raten sollst. Ich stelle mir vor, daß ich es, bei Vermeidung von Abschweifungen, schaffen könnte bis zum späten Abend, notfalls bis Mitternacht. Jedenfalls werde ich verzichten auf den Fahrradausflug in die wiesengrünen südlichen Gefilde von Berlin (die kleine Freiheit, seit es da keine Mauer mehr gibt). Der Gemahl wird seine zwanzig Kilometer abstrampeln. Ich möchte über die Runden kommen mit dem, was ich mir hier vorgenommen habe.

Was ich hier zu Papier bringen will, soll Gegengewicht zu Deiner Familiensaga sein und ist zugleich gedacht als Einführung zu den Texten, die Dich in Bad F. erwarten werden. Deiner geradlinigen und erfolgreichen Selbstverwirklichung in Kindern und Enkeln stelle ich hier entgegen eine umwegreiche, auf das eigene Selbst bezogene Suche nach dem Sinn des Daseins im Davongekommensein.

Vier Punkte habe ich mir vorgenommen. (Ein Hang zur Systematik: Nachwirkungen akademischer *déformation professionelle*. Es soll verhindern, beim Schreiben assoziativ abzuschweifen. Wohingegen Du die Lektüre jederzeit mit Rosen, Eichhörnchen und schweifenden Betrachtungen unterbrechen kannst.)

Punkt eins. Literaturkritik und Marktlage. Die Frage, die mich seit dem ersten Dutzend Verlagsabsagen beunruhigt, lautet, salopp formuliert: Was taugt das Zeug, von dem ich so überzeugt bin? Wie verhält es sich zur gegenwärtigen Marktlage?

Erschrick nicht. Ich werde nicht dissertieren. Was freilich auf Dich zukommt, gestiefelt und gespornt und mit gerunzelter Stirn eine Antwort erwartet, ist die obgenannte Frage. Dem saloppen Ton magst Du anhören, daß ich keineswegs oder zumindest nicht durchweg auf einfältige Weise und *so* überzeugt bin von der Tauglichkeit meiner Texte für höhere belletristische Ansprüche. Bekräftigt durch die Paronomasie (weißt Du noch, was das ist? Spielst Du auch gern mit Worten?) soll der Ausdruck ‚Zeug' gelegentliche Zweifel an meinen literarischen Erzeugnissen bezeugen. Hinzukommt, daß die Texte, um die es hier geht, ihrer ursprünglichen Inspiration nach schon so lange zurückliegen. Ich schreibe seit Jahren an anderem. Gleichwohl kann ich mich nicht entschließen, die immer wieder und aus zunehmend kritischer Distanz stilistisch überarbeiteten Bruchstücke einer Übergangskrise in der Schublade liegenzulassen – für wen? Was sollte ein Nachlaßverwalter damit anfangen? Sie schlicht vernichten?

Zweifel also plagen mich – wie auch nicht? Befangen bin ich – wie anders? Du hingegen – von Dir erwarte ich Unbefangenheit. Und literaturkritische Kompetenz traue ich Dir zu. Schließlich bist Du eine studierte Germanistin. Freilich, was heißt das heutzutage. Denn die Literaturkritik …

Erinnerst Du Dich? Vor fast vierzig Jahren, als wir zu studieren anfingen, *Das Sprachliche Kunstwerk* und Wellek-Warrens *Theorie der Literatur* Pflichtlektüre waren, erinnerst Du Dich an das Rätselraten in den Oberseminaren: vom wem könnte die Textprobe sein? Ist sie gut oder schlecht und wenn das eine oder andre: warum? Man hielt uns, in Graz wie in Heidelberg, die Pranke des Löwen des Malers Apelles vor die literaturkritisch auszubildende Spürnase. An dem gemalten Detail hatte der große Alexander einst den ganzen Löwen und die große Kunst des Künstlers erkannt. Wohl doch nicht nur, weil der Künstler sein Freund war. Man wurde darauf gedrillt, an einer einzigen Seite Fontane oder Jean Paul große Romankunst zu erkennen und zu begründen. Ich wurde initiiert im Umkreis von Jane Austen und Flaubert, und glaubte bis vor kurzem, daß etwas Wahres an der Erkenntnismethode Löwenpranke sei. Daß es allgemein akzeptierte Kriterien für ‚gut' und ‚nicht gut' gebe, für die Unterscheidung von Kunst und Kitsch, Spreu und Weizen. Ein Vierteljahrhundert freilich und nach dem Staatsexamen war ich der schönen Literatur und der Kunst der Literaturkritik untreu mit anderweitiger Wissenschaft. Daher es wohl kein Wunder war, daß ich aus allen Wolken fiel, als mit den ersten Verlagsabsagen etwas ganz Unerwartetes sich in den Vordergrund schob: das Programm und die Marktlage.

Ich begriff, wenn auch langsam, daß literaturkritische Gesichtspunkte keine oder kaum noch eine Rolle spielen – außer im Feuilleton und in Fernsehquartetten. Was ist da vor sich gegangen? Ein Geschmacks-, gar ein Kulturwandel? Ich ahnte etwas, aber nur dunkel und wollte es nicht wahrhaben. Ich will dir in Kürze jedoch als erstes die tapsigen Anfänge meiner Verlagssuche schildern. Damit Du weißt, welche Strohhalmrolle Dir zugedacht ist.

Es war so. Zurückgekehrt aus Regenwald und Savanne hatte ich etwa vier Jahre lang, beruflich beurlaubt und behaust in einer stillen Dachwohnung, inspiriert vor mich hingeschrieben, des Lebens sinnerfüllte Mitte im Abseits Afrikas, Krisen und Vergeblichkeiten eingeschlossen, verwortend aus dem reichen Vorrat der Erinnerungen und fortflackernder Tagträume. Was um mich herum im Lande vor sich ging, bis hin zu Mittelstreckenraketen mit nuklearen Sprengköpfen, oder das Einströmen von Asylanten und die Vermehrung der Ausländer im Lande, störte mich wenig. Meiner Mutter Schicksalsmonologe während der Wochenenden verstörten mich mehr. Abendliche Telefongespräche zwischen Berlin und meiner Schreibklause im Süddeutschen hielten mich im Gleichgewicht. Als mehrere Texte, Bruchstücke eines unvollendeten Gesamtwerkes, so weit lesbar waren (aber noch nicht in der heutigen Fassung) ließ ich den kürzesten und weithin auch unpersönlichsten als Versuchsballon los: Eine ‚Spur im Staub', erzählend von Frauen und Wasserfrauen in Afrika: ein Reisemonolog, darin, vermischt mit Landschaftsschilderungen und ein wenig Mystifikation, verarbeitet war, was in einem umfänglichen Schmöker mit einem suggestiven Frauenthema keinen Platz mehr gefunden hatte. (Die Lektorin eines mäßig bekannten Verlages war auf einen feministisch angehauchten Aufsatz von mir gestoßen, der sie bewogen hatte, mich zu einer Auftragsarbeit zu animieren.)

Eingeschrieben und mit Rückporto, ohne Angaben zu meiner Person, ohne Exposé, schickte ich den schmalen Faszikel an drei auserwählte Verlage und fing, wie vermutlich alle Anfänger, bei den renommiertesten an: was kann gut genug sein für des eigenen Geistes Kinder. Ich unterbreitete den sehr geehrten Damen und Herren etwas, das ich, wo nicht für die Pranke des Löwen, so doch für das artige Pfötchen einer schwarz-weiß getigerten Buschkatze hielt: exotisch und ganz besonders. Für den Auftrags-Schmöker (unter Pseudonym) hatte ich nämlich überwiegend anerkennende Rezensionen bekommen und viel Lob von der Lektorin. Heißt: ich fühlte mich schon als wer und wußte, daß ich schreiben kann – wer kann das heutzutage nicht? Vor allem, seit es elektronisch so schnell und einfach geht, daß Denken und Rechtschreibung kaum noch mitkommen…

Es kamen alsbald drei Absagen: der Text passe leider nicht ins Programm, das impliziere indes kein Werturteil. Nanu, dachte ich. Warum kein Wort zur Qualität des Textes? Und fühlte mich bewogen, an höchster Stelle nachzuhaken. Würden Sie mir freundlicherweise ein paar Erklärungen gewähren? Seit wann und warum verweigern hochqualifizierte Lektorate Werturteile? Ein graues Buschhühnchen, fremd in der deutschen Verlagslandschaft, plusterte sich auf. Ein freundlicher Lektor (das gab es damals noch) eines hochvermögenden Intellektuellenverlages gab eine Erklärung, die mich bewog, weiterzuschreiben. Aber anders. Es kam den vier Texten zugute, die sich nunmehr, acht Jahre später, Deinem Urteil unterbreiten sollen. Je öfter ich sie nämlich las, um so weniger kamen sie mir gut vor, und ich verbesserte papierverschwenderisch. Nach fünf Jahren ein weiterer Versuch mit nunmehr drei weiteren Texten, knappen Exposés und ein paar Seiten Leseprobe beim vornehmsten der Verlage. Vielleicht ging die Absage verloren; denn ich war für ein Gastsemester wieder in Afrika.

Ein Schulterzucken. Weiterschreiben unter zunehmendem Zeitdruck, der zwei Jahre später zum dritten Anlauf drängte. Das war vor einem Jahr. Noch einmal steht Afrika bevor: fünf Jahre. In welche Bedrängnis der Entschluß meines Mannes mich im Hinblick auf meine neunzigjährige Mutter bringt, klammere ich aus. Es soll nur um die verbiesterte Suche nach einem Verlag für meine Texte gehen.

Mit dem ersten, dem Reisemonolog, erweitert, verbessert und als kostspieliger Probedruck recht vornehm anzusehen, ging ich noch einmal hausieren, wiederum als erstes bei den drei großen Häusern und sodann bei drei Dutzend anderen. Schuld daran war ein ‚Deutsches Jahrbuch für Autoren', das alle Verlage säuberlich samt Anschrift auflistet. Innerhalb eines Jahres ging das Büchlein, immer mit Rückporto und in Dreierreihen, zu rund fünfzig Verlagen und kam oft postwendend zurück. Immer mit dem gleichen Vermerk: Paßt leider nicht ins Programm, Ablehnung kein Werturteil. Zwischendurch – war's zufällig der dreizehnte? – biß einer an: ein Haifisch. Großer Druckkostenzuschuß (für insgesamt fünf Texte, denn zwei weitere ließ ich ebenfalls kursieren). Ich überlegte – und hakte mich wieder los.

Das flott geschriebene ‚Jahrbuch' für frustrierte Autoren, das offenbar eine klaffende Marktlücke füllt, hatte mir übrigens mein bester Mann geschenkt mit der Widmung ‚Ein Gruß aus der Wirklichkeit', diskret andeutend, daß ich hinterm Eukalyptusmond saß und träumte. Selbiges Jahrbuch rückte mir erstmals ‚die Marktlage' ins Bewußtsein und die bedauernswerte Situation manuskriptüberschwemmter und hoffnungslos überlasteter Lektoren. Ein graues Buschhuhn wunderte sich nicht mehr. Aber es findet sich doch recht ratlos, ja geradezu verstört in der belletristischen Wirklichkeit deutscher Zunge wieder. Daher dieser Brief an eine germanistische Kusine.

Berlin ist ein Dschungel. Die Verlagslandschaft offenbar auch. Ausgewählt wird nach dem Maßstab der mutmaßlichen Verkäuflichkeit; jeder Verlag möchte das große, das Bestsellerlos ziehen. Die Schreiberlinge aber, ihrer viel zu viele, *my precious self* einbegriffen, schreiben viel zu viel. Sie schreiben wie die Wilden tanzen – Zeichen einer Spätzeit? Wer soll das alles lesen? Wenn es doch noch den Gänsekiel gäbe! Dann würde auch mein Brief kürzer.

Die Marktlage also. Das Kriterium der Verkäuflichkeit nach dem Geschmack einer Erlebnis- und Supermarktgesellschaft. Bunt und spannend muß es sein, das schöngeistig Unterhaltsame, fortreißend vom ersten Satz und von Seite zu Seite, genußvoll und besinnungslos und nach Möglichkeit mit einem Schuß Kriminalistik auf der Spur eines Geheimnisses. So reden sie, bitter und verächtlich: die Nichtarrivierten. Dann die Themen: was will das verehrte Publikum lesen, was soll es, was darf es lesen und was unterliegt der Zensur und einem Tabu? Exotik ist nicht verboten, im Gegenteil; wenn aber Schwarzafrika, dann bitte dicker Urwald mit Gorillas oder Elefanten in offener Savanne, vergangene Kolonialromantik à la Blixen oder Stammeskolorit mit viel Getrommel. Eine Lektorin wollte vor solcher Kulisse einen ‚spannenden Roman'. Einen Politkrimi? Daß meine Texte eher monologisch-besinnlich sind, wird Dir nicht verborgen bleiben. Was bleibt mir angesichts solcher Marktlage anderes übrig als der Rückzug in unverkäufliche Tagträume und die Hoffnung, eine unverhoffte Kusine werde ein Echo zurückwerfen…

Schließlich, wie soeben angedeutet, zum Stil. Das Wie, die Form, das Geheimnis der Klassiker, und die Kriterien für gut und schlecht betreffend. Ich vermute, daß mein Stil von vorgestern ist, gebildet an überholten und nicht gerade erstrangigen Vorbildern. Zwar waren die Geschmäcker auch früher schon verschieden und immer auch weltanschaulich gefärbt (es hätte sonst keine *Querelle des anciens et des modernes* gegeben). In grauer Vorzeit gab es auch einmal Poetiken (von deren Ratschlägen hat offensichtlich am erfolgreichsten Horazens *medias in res* überlebt). Mit dem Geniekult der Romantik faserten die Maßstäbe aus, und die Methoden der Kritik wuchsen sich aus zu Tentakeln, die nach neuem Halt suchten und ihn am ehesten fanden, wenn sie irgendwo im Vorgefaßten fest angebunden wurden. Hätte ich alles wissen müssen. Hab ich einst ebenso gelernt wie Du. Aber ich glaubte an gefühlsbestimmte Beschreibungen von Landschaften und an besinnliche Betrachtungen von lebensungefährlichen Daseinskrisen und harmlosen Abenteuern der Innerlichkeit…

Inzwischen also weiß ich etwas besser Bescheid über das, was die Leute lesen wollen und die Lektoren suchen. Inzwischen suche ich die Lektorin (sollte ich glauben, ein Lektor müßte meine Texte besser verstehen als der Angetraute sie - auch nicht - versteht?) die Lektorin suche ich, die sich einfühlen kann, und den Verlag, der den Mut und die Mittel hat, auch weniger Marktgängiges und nicht so leicht zu Lesendes zu veröffentlichen, ohne sich als Haifisch zu entpuppen, der sich raubend nährt nicht von Geiste, sondern von den Ersparnissen absagegesättigter Autoren.

So, nun ist der Kaffee kalt und ich bin auf Seite 16. Und wo bist Du? Im Kurpark zwischen Rosen und Eichhörnchen? Du sollst, gewappnet mit dem Studium der Germanistik, der Frage standhalten: was taugen die Texte. Gehöre ich in die beklagenswerte Kategorie der verkannten Genies oder fallen meine Wortgewebe und was sie an Daseinserfahrung vermitteln möchten unter das Verdikt - ich scheue zurück wie vor einem Medusenhaupt - biederer Mittelmäßigkeit? Und Du? Ein Strohhalm im Meer der Ratlosigkeit.

Punkt zwei. Hier will ich Dir zuvorkommen mit zwei Fragen: *Warum* und *für wen* ich schreibe. Es gab eine Zeit, da war es Mode, so zu fragen. Ich selber habe mir diese Fragen nie gestellt. Du aber könntest auf den Gedanken kommen, sie zu stellen, und es kann nicht schaden, darüber nachzudenken im Rahmen dieses Briefes. Ich will es mit Antworten in verschiedenen Tonarten versuchen.

Ich schreibe, weil ich nicht Klavier spiele. Ich schreibe, weil es fast von selber schreibt. Ich schreibe, weil ich Sinn suche. Ich schreibe, weil ich nach vielen Jahren Berufstätigkeit in Übersee und mancherlei an Verzicht nunmehr zur *leisure class* gehöre – ich kann mir das Schreiben wie einen Luxus leisten. Als gebildetes Steckenpferd, das leise vor sich hinwiehert in einer Sprache, die einst für mich dichtete und dachte. Schreiben war immer auch – wie sag ich's meiner gebildeten Kusine mit einem Mindestmaß an parodierbarem Pathos? Schreiben fühlt sich an wie eine innere Bestimmung.

Schreiben kann zum einen das wortberauschte Fest des Festhaltens von Schönem gegen ‚die Furie des Verschwindens' sein. *Es soll nicht sein als sei es nicht gewesen.* Das wunderbare Jahr unter dem Harmattan und die ersten drei Besuche in dem abgelegenen Dorf, in den Bergen der Savanne, in dem mein Lehmhäuschen steht. Mein Kenotaph. Aber auch anderes, Früheres, das in Erstfassung vorliegt – ein September in Sils-Maria und eine Tanzpantomime auf der Schwelle zu Afrika. Dann aber und viel schwieriger: Schreiben als *Apologia pro vita sua*, schon in den ersten Romanentwürfen lange vor Afrika. Es ist ein Schreiben als Lebenshilfe und in Krisensituationen. Das Tagebuch als Therapeutikum, verknüpft mit der Vorstellung späterer literarischer Verarbeitung. Schreiben als eine Art innerweltlicher Eschatologie (das ist die ‚Lehre von den letzten Dingen', zu welchen auch der Tod gehört). Also: ein Nacherzählen, erinnernd nicht nur, sondern auch bedenkend, Schuld und Schicksal. Sinnsuche. Da sind alles große Worte, großen, kollektiven Katastrophen angemessen, für ein unbedeutendes Einzelleben vielleicht anmaßend. Gleichwohl: Nachdenken darüber, warum nach dem Aufstieg aus Flüchtlingsarmut, mitschuldhaft vergiftet durch Geschwisterzwist, der Ausstieg aus einem bürgerlichen Leben, musterhaft wie Deines etwa, kam. Mit dem Ausstieg nach Afrika ist zudem verknüpft die Vorstellung vom Überleben in einem Kulturbeitrag statt in Kindern und Enkeln. *Aut liberi aut libri*, überschattet von Horazischer Skepsis: *quam minimum credula postero*. Es bliebe am Ende ein gewisses Maß an Dankbarkeit für sinnvoll gelebtes Leben.

So viel zum Warum des Schreibens. Aber nun: *für wen* schreibe ich? Das wüßte ich auch gern. Ursprünglich schrieb ich (von jenem Auftragsschmöker abgesehen) nur für mich. Stellte mir wohl bisweilen eine auserwählte Schar gleichgestimmter Seelen vor. Das wären vermutlich schöngeistige Akademikerinnen, altphilologisch oder selber musisch angehaucht, mit glücklich überstandener *midlife crisis* gewesen und mit viel Zeit, genußvoll langsam und scharfsinnig gründlich zu lesen; einen Text zwei-, dreimal und zwischen den Zeilen zu lesen, um Erfahrungen zu vergleichen und Formulierungen poetisch zu finden – aha, so läßt es sich sagen. Leserinnen (warum nicht auch Leser?), die bereit wären, sich zu wundern, Andeutungen zu verstehen und Rätsel zu raten. Und eine Ahnung von Horaz und Sappho hätten. (Werden die Zitate Dich ärgern, weil das Große Latinum schon so lange her ist?) - Wenngleich mir die feuilletonistisch linke Hand bisweilen locker in die Tasten schlug (im ersten, im Dialog-Kapitel des Kurzromans etwa), fürchte ich doch, daß meine Texte nicht den gängigen Erwartungen entsprechen. Daher Du als neuphilologische Kusine hochgespannte Erwartungen weckst.

Zunächst also schrieb ich nur so für mich hin. Unbewußt und heimlich wohl aber doch auch für den Lektor (auf die Lektorin verfiel ich erst später), der das Pfötchen des Buschkätzleins mit geübtem Auge erkennen und die Texte, in vollem Bewußtsein um das verlegerische Risiko, für eine auserwählt kleine Schar von Anspruchsvollen dem unvergänglichen Schatz deutschsprachiger schöner Literatur hinzufügen würde. Noch ehe die Verlagssuche begann, kam mir der Gedanke, die Texte könnten vielleicht auch denjenigen etwas angehen, welcher an der inspirativen Krise der Lebensmitte nicht ganz unbeteiligt gewesen war. Er fand sich bereit zu lesen. Das heißt, er konnte sich dem Anspruch, der Zumutung nicht entziehen. Er las unter ehelichem Druck. Er las mit unverhohlenem Widerstreben, des Abends auf dem Sofa, wenn zur Erholung von des Tages Wissenschaft ein Krimi im Fernsehen willkommener gewesen wäre. Was sollte er zu dem, was sich ihm da enthüllte, sagen? Der Stil, etwas, für das die Bezeichnung ‚Pathos' zuhanden war, besonders die Adjektive, sagten ihm nicht zu. Wichtig für mich war am Ende, daß einer, den es auch anging, von der Verschriftlichung vergangener Entfremdungserfahrungen in Kenntnis gesetzt war.

Inzwischen weiß ich, daß ich nicht mehr weiß, für wen ich schreibe. Ich kann die Nische, in die ich gehöre, nicht ausfindig machen in dieser Supermarktgesellschaft. Wo sind die wenigen Unbekannten, Seelenverwandten, die vermutlich unbewußt mein Schreiben mitbestimmt haben? Auf welchem Flohmarkt, in welchem Antiquariat, auf welcher einsamen Insel finde ich sie? Gehörst *Du* zu der unauffindbaren Spezies? Du mit Deinem geradlinigen Lebenslauf und natürlichen Daseinsinn? *I wonder*. Oder sollte sich gerade aus dem Gegensatz der Lebenswelten Neugier und Verständnis für mein Außenseitertum ergeben? Dann hätte ich, ohne es zu wissen, für Dich geschrieben.

Punkt drei. Was ich lese. Danach hast Du kurz und nebenbei gefragt, gestern, als wir an den Bücherwänden entlang flanierten, und ich müßte jetzt in Eile geraten, denn die Sonne flimmert schon durch die Buchen im Nordwesten. – Den Bildungsroman der frühen Jahre lasse ich beiseite. Beiseite lasse ich die Jahre der Beschäftigung mit Wissenschaft. In Afrika las ich in Schüben und Überdosen Zeit-Feuilleton (immer mehrere mit monatelanger Verspätung eintreffende Nummern auf einmal). Es war zwiespältig. Ein Drogenrausch muß ähnlich wirken. Es waren (vielleicht sind es immer noch; ich lese das Blatt nicht mehr) – es waren Texte, verfaßt von Rezensenten, deren literarische Ambition zu schierer Perfektion entartete. Jeder erste Satz ein Köder, der unwiderstehlich mitriß. Impressionen, Assoziationen, Metapherntanz; Lob geklöppelt wie edelste Brüsseler Spitzen, geistesblitzender Verdammungsdonner; schwelende Beschwörung, Wortmagie ohne jede Sprach- und Atemnot. Ich fraß in mich hinein, bis das Hirn reagierte wie ein konfektüberfütterter Magen. Der saure Hering war dann gewöhnlich in der College-Bücherei zu haben, ein Artikel etwa aus der *Encyclodepia Britannica*, über Kunstdünger oder das Nervensystem der Tausendfüßler). Das Gedächtnis, von rhetorischen Reizen lustvoll gemartert, versagte. Ich wußte am nächsten Tag nicht mehr, was ich gelesen hatte. Was hab ich Schöngeistiges gelesen während der Jahre in Afrika? Wenig; unter anderen *Die Betrogene* von Thomas Mann und von Jean Paul das *Schulmeisterlein Wuz*, das mich zu Tränen rührte, deren ich mich noch erinnere.

Nach der Rückkehr aus Afrika habe ich weiter Abstinenz geübt, um meine Inspiration nicht zu gefährden. Ich wollte mit dem Schreiben fertig werden, ehe das Licht erlosch. Daher sich an den Fingern einer Hand abzählen läßt, was ich gelesen habe. Zum einen und immer wieder Duras' *Moderato cantabile.* Von Vilar *Die Mathematik der Nina Gluckstein* und von Walser *Die Brandung.* Hier vor allem fand ich manch Eigenes wieder, mehr als bei den beiden Frauen. Genau so, wie er es beschreibt, war es. Als Frau in einer ähnlichen Rolle wie Walsers Gastdozent, nur noch um einiges exponierter, konnte ich mir scharfsinnig Schwachsinn vorwerfen und gleichzeitig begeistert Shakespeare vorinterpretieren, um zu sagen, was zu sagen sich nicht gehörte. Genuß der Selbsterkenntnis im anderen. Man möchte dem Autor Dank sagen; aber wozu. Er hat genug Lorbeeren ums graue Haupt.

Sehr viel mehr habe ich nicht vorzuweisen und weiß, daß ich mich mit einem solchen Bekenntnis selbst verurteile. Immerhin könnte ich noch ein paar Kleinigkeiten erwähnen, da ich manchmal vor dem Einschlafen in einem der beiden Insel-Bände ‚Deutsche Erzähler' geblättert habe. Ich erinnere mich an den Mondenschatten in Hildesheimers *Tynset* und an das Kaminfeuer in Hofmannsthals *Bassompierre.* Der Himmel in *Brand's Haide* von Arno Schmidt, ‚trostlos wie ein leeres Kartoffelfeld', hat mir Metapherntiefe offenbart. Zerlesen ist Holthusens ‚Ergriffenes Dasein' von 1953. Es war auch mit in Afrika. Ach ja, den ‚Mann ohne Eigenschaften' hab ich mir auch zugemutet, aber außer dem ersten Satz und dem ‚Atmen einer Sommernacht' erinnere ich nichts. Eines Tages, es ist noch nicht so lange her, bin ich dann abgedriftet zurück in klassische Antike: damit Du Dich nicht wunderst, wenn Dir in meinen Texten Zitate aus Sappho begegnen oder obsolete Bildungsreste vom Typ ‚Tithonos'. Der Nachholbedarf ist groß. Homer, Herodot, die Tragiker und Platon zweisprachig. Hingerissen haben mich manche Carmina von Horaz in kongenialer Übersetzung. Das elfte habe ich auswendig gelernt, *Tu ne quaesieris…* Noch ein Leben, und ich wüßte, was sich lohnen würde. Die wahren Schätze des Geistes und des untergehenden Abendlandes: ich wüßte, wo sie zu suchen sind.

Wie ich's inzwischen mit den Neuerscheinungen halte, wirst Du vielleicht wissen wollen, und ich begebe mich abermals in den status confessionis: ich perusiere die Kataloge der großen Verlage, um die Marktlage in den Blick zu bekommen. Ich resigniere jedesmal von neuem und frage mich: was habe ich auf diesem Jahrmarkt zu suchen? Von einem Safranski ist soeben ein Buch über *Das Böse* erschienen. Ob er sieben Jahre daran geschrieben hat? (Zu Beginn des Jahrzehnts wollte mich die Lektorin der ersten Auftragsarbeit zu einer zweiten über das Böse gewinnen mit dem Hinweis, das Thema sei gerade aktuell. Ich fing auch widerstrebend an zu schreiben, die knapp 100 Seiten wurden abgelehnt mit dem Hinweis, die Abhandlung sei zu dialektisch-diffizil.) Inzwischen wage ich mich in keine größere Buchhandlung mehr oder in die Bücherabteilungen bei Hertie oder Karstadt. Angesichts des Massenangebots vergeht mir der Geist. Geistesabwesend blättere ich am Ende in einer Billigausgabe der *Odyssee* – ‚Athene aber, die Blauäugige, entflog durch den Rauchfang als Schwalbe…' Ich entfliehe gleichfalls mitsamt meiner Blauäugigkeit im Hinblick auf die Chancen, im hypertrophen deutschen Bücherpalast eine Nische zu finden. Grauer Star. Die Aussichten verdüstern sich mit jeder Absage. Wirst Du etwas Erhellendes beitragen? Mir Mut machen? Oder wirst Du mir, unbestechlich trotz neu entdeckter verwandtschaftlicher Bande, den letzten Rest an Selbstvertrauen wegpusten? Schon ist ja die Inspiration der wunderbaren Jahre verweht in Wind der Zeit und *caeli subter labentia signa…*

Vierter Punkt. Das Eigentliche. Ob ich damit noch anfangen kann in der langen Sommerdämmerung, die draußen durch den Garten schleicht? Schon ist die Seite 20 überschritten, der Gemahl müßte zurück sein, würde indes nichts dagegen haben, alleine im Wintergarten zu Abend zu essen, damit ich mit diesem Brief zu Ende kommen kann.

Alles, bloß keine Panik. – Stichworte und Bilder, die versuchen, das vergangene Erlebnisschöne in seiner halluzinatorischen Gestalt festzuhalten, sind mir bereits entwischt und voraufgeflattert, Staubrosenwahn, harmattanverhangene Savanne, Trockenzeitfieberphantasien. Es fehlt nicht an exotischer Kulisse, Eukalyptus und Bougainvillea, alles rein vegetativ, kein einziges Safariobjekt mit gelbem Fell, langem Hals oder eleganten Sprüngen tritt auf. Wenn ich nun aber sagen soll, worum es dem Inhalte, der Thematik, der Fabel nach geht, so komme ich in Verlegenheit. Ich kann zunächst nur sagen, worum es *nicht* geht. Es ist da keine ‚dunkel lockende Welt' rund um ein weißes Herrenhaus auf grünen Hügeln. Jene Zeiten sind ja längst vorbei (und rufen vielleicht gerade deshalb so viel Nostalgie wach). Es ist auch keine journalistisch flotte ‚Reise in die schwarze Haut' aus den späten siebziger Jahren, als weiße, linksintellektuelle Frauen sich Vorurteilslosigkeit bescheinigen mußten, indem mit einem Afrikaner en passant ins Bett gingen, irgendwo zwischen Niger und Nil. Es ist eine schwierige Mitte zwischen solchen Extremen. Keine institutionelle Mitte; es geht nicht um die Problematik schwarzweißer Ehen (wie etwa in dem traurig eindrücklichen Roman ‚Der scharlachrote Gesang' der Senegalesin Mariama Ba). Zwar geht es um Anziehungskraft und Nähe; aber ich möchte dem nicht das Etikett ‚exotische Faszination' aufkleben. Es ist ja nichts Seltenes mehr, wie noch vor dreißig Jahren. In der schwierigen Mitte, die ich meine, spielt, wie auf der Bidassoa-Brücke (ein Gedicht von Uhland, entschuldige, aus dem spanischen Guerillakrieg gegen Napoleon) – ‚ein wundersam Gesicht', ein Doppelgesicht. Wenn ich es für einen Klappentext ausformulieren würde, wäre es nicht mehr, was es in der Erlebniswirklichkeit war und im Medium der Sprache bleiben soll. Das Wundersame der Halbtöne und der Dämmerung, das ich darzustellen versucht habe, wäre dahin.

Daher ich mich anfangs geweigert habe, etwas zum Thema der Texte zu sagen. Die ersten knappen Inhaltsangaben waren schnoddrig und schludrig, insinuierend, man möge doch, bitte sehr, selber herausfinden, worum es geht. Als ich an der Pranke des Löwen, respektive am Pfötchen des Buschkätzleins zu zweifeln begann und einsah, daß Leser wissen wollen, worum es geht, (drehe ich auf der Suche nach einer Antwort auf diese elementare Frage nicht auch immer erst ein Buch um?), bequemte ich mich zu dem Hinweis, Afrika sei ‚nur Rahmen und Kulisse' für Rollenprobleme, Illusionen und Frustrationen einer Europäerin in exponierter beruflicher Stellung in einem Lande südlich der Sahara. Für Dich oder eine verständnisvolle Lektorin würde ich hinzufügen: es geht um recht harmlose, aber therapeutisch hochwirksame Tagtraumabenteuer Mitte Vierzig. Es ging darum, mit Anstand über die Runden zu kommen, ‚ohne Kokain und ohne Eskapaden'.

Mit diesem Brief will ich nun auch über die Runden kommen. Ich liefere meine längst verjährte Traumwelt an Deine Gegenwelt aus. Deinem Geschmacksurteil und Deiner Sicht der Dinge. Dem kritischen Blick eines *Graienauges*, das ich Dir hiermit übergebe, liefere ich mich und meine Texte aus. Besieh und belies Dir als erstes die *Spur im Staub*. Sie dürfte, trotz Dauermonolog, Kulturphilosophie am Leitfaden einer Gedichtinterpretation und Wasserfrauenmärlein wegen der ‚Brautgeschichten' am lesbarsten sein. Was der Kurzroman über die Tanzträume zweier Kusinen (!) taugt, kann ich auch im entferntesten nicht ermessen. Die Gegenfigur einer Kollegin, die mit pessimistischen Afro-Orakeln im dritten der Texte eine Eukalyptusschaukel und Tagträume zum Schlingern bringt, mag gegenwärtigen politischen Ansichten über Schwarzafrika vielleicht noch am nächsten kommen. Das alles zu beurteilen bleibt Dir überlassen. Ich will nur andeuten, daß ich mir gewisser Probleme bewußt bin.

Eine letzte Anmerkung zum letzten der Texte (während schon das Gartentor knarrt, die Rückkehr des Hausherrn anzukündigen) – nun doch in Hast und wenig überlegt: von den vier Tagträumen der Sequenz ‚Trockenzeitfieber' erscheint mir am bedenklichsten die ‚Mittagsfinsternis'. Zum einen komme ich über gewisse sprachliche Hemmschwellen nicht hinweg (und will es auch nicht); zum anderen ist die damalige (zweimal sieben Jahre zurück!) Gemütsverfassung nicht mehr nachvollziehbar. Ich möchte zweierlei zugleich: formal für etwas weniger weit gehende Dinge mich inspirieren am Kaminfeuer von Hofmannsthals Marschall und zugleich das Ganze wo nicht (mangels Kamin) den Flammen übergeben, so doch *sub limine* verschwinden lassen. Vielleicht ließe sich in zehn Jahren noch etwas daraus machen.

Seite fünfundzwanzig! Der dreizehnte Verlag war ein Haifisch. Morgen ist auch ein dreizehnter, und ich werde ‚das Zeug' mit getrennter Post nach Bad F. schicken. Wirst Du mich zerfleischen? Ach, muß nicht irre werden an sich selbst, wer eine ‚programmatische' Absage nach der anderen abheften muß? Irre und abergläubisch, wie beim Glücksspiel? Zum Glück ist es nicht so schlimm.

Schluß und entschuldige die lange Epistel. Ich wünsche Dir guten Kurerfolg, wie es sich gehört. Geruhsame Tage zwischen Schwimmbad und Massagesalon, Rosen und Eichhörnchen. Vergiß auch Kuchenkrümel für die Meislein nicht. Lies meine Texte. Sag mir, was zu sagen ist. Sag die Wahrheit. Ich kann sie vertragen.

Es grüßt Dich
Deine Kusine
Henriette

Zweiter Brief

Wie die Kusine mit dem geliehenen Graienauge aus unvorhergesehener Sicht der Dinge die fraglichen Texte beurteilt

Liebe Henriette.

Sicher wartest Du schon eine Weile auf Antwort. Deinen Brief und die Sendung mit den Texten fand ich vor drei Wochen hier vor. Ich habe mir viel Zeit genommen zum Lesen und Nachdenken und mir auch Notizen gemacht. Jetzt will ich versuchen, einen Brief daraus zu machen. Der Plauderton wird mir nicht so gut gelingen.

Ich sitze im fast leeren Lesesaal mit Blick auf den Kurpark. Das Wetter ist noch immer sommerlich schön und warm. Mit den Eichhörnchen und den Rosen ist es so, wie Du schreibst. Die Meisen haben mir in die leere Hand gepickt. Das Heilwasser ist gut. Die Beschwerden würden nach angemessener Zeit nachlassen, sagt die Ärztin. Auf Kurbekanntschaft habe ich verzichtet, auch Deiner Texte wegen. Ich fühle mich nicht nur verpflichtet. Ich fühle mich auch zum Nachdenken angeregt auf widersprüchliche Weise, wie Du sehen wirst.

Am besten gehe ich an Deinem langen Brief entlang. Man merkt ihm an, daß Dir das Schreiben leicht fällt. Du denkst Deine Gedanken wohl unmittelbar in die Schreibmaschine. Ich muß mir manches erst ins Konzept formulieren. Und das hier ist mein alter Füllfederhalter, der mich zu einem gemächlicheren Verfertigen von Gedanken zwingt. Mit meiner Handschrift wirst Du keine Mühe haben. Aber vermutlich mit manchem von dem, was ich schreiben werde.

Dein Brief war als Vorbereitung auf die fraglichen Texte gedacht. Damit hast Du mir manches erleichtert, anderes eher erschwert. Überrascht hat mich als erstes Dein - soll ich sagen; naiver? - Glaube an die ,Pranke des Löwen'. Die Methode der werkimmanenten Beurteilung von Texten läßt sich doch sinnvoll nur bei klassischer, bereits seit längerem anerkannter Literatur anwenden. An jeder Mehrfachbesprechung neuer, unbekannter oder umstrittener Literatur zeigen sich ihre Grenzen. Zur immer neuen querelle des anciens et des modernes kommen die unterschiedlichen Geschmacksrichtungen der einzelnen Leser. Ich merke es an meinen Töchtern (der Sohn interessiert sich nur für Computertechnik). Die eine findet Hans Henny Jahnn toll, die andere liebt noch (wie ich auch einst) Schiller; die Jüngste liest wahllos Phantasy und historische Romane. Auch ich habe einen bestimmten Geschmack und Vorlieben (noch immer eher 19. Jahrhundert: Fontane etwa). Dies vorausgeschickt, werde ich Dir offen und ohne Umschweife sagen, welchen Eindruck Deine Texte auf mich machen. Du hast mich ausdrücklich dazu aufgefordert. Es sind andere, ebensogut begründbare Meinungen möglich. Die werturteilsfreien Absagebriefe hätten ihre Berechtigung auch dann, wenn die Lektorate nicht überlastet wären. Man weiß von so vielen und berühmten Fehlurteilen. Ich will Dich damit nicht im voraus trösten. Ich will die Sache nur dahin rücken, wo sie hingehört: ins Relative subjektiver Urteile, die sich aus vielfältig einander durchkreuzenden Geistesströmungen. innerhalb einer Kultur und Gesellschaft ergeben.

Als erstes ein paar Anmerkungen zum Vormittagsteil deines Briefes. Der Verwunderung über den ‚unverhofften Glücksfall' unserer späten Begegnung hast Du unterhaltsam Ausdruck gegeben und meinen Garten anschaulich beschrieben. Es liest sich gut und so, als hättest Du als Leser nicht nur mich im Blick. Wie Du des weiteren mich und Dich der äußeren Erscheinung nach beschreibst, erweckt den Eindruck, als wolltest Du unsichtbaren Zuschauern weibliche Varianten von Don Quichote und Sancho Pansa vorstellen. Dabei rückst Du mir etwas ungeniert auf den Leib. Es bedrängt mich nicht weiter. Ich habe Verständnis für das Schwungvolle Deiner Annäherung, nachdem Du so lange allein vor dich hin geschrieben hast. Der Vergleich mit den antiken Graien kommt mir freilich etwas an den Haaren herbeigezogen vor. Es ist nicht ganz mein Geschmack. Zu preziös und nahezu makaber. In der Sache bin ich einig mit Dir. Du hast mir zugehört, und ich lese Deine Texte.

Daß ich so viel erzählt habe, wäre mir im nachhinein peinlich, wenn Dein Zuhören nicht Vorgabe im Hinblick auf mein Lesen gewesen wäre. So ergibt sich ein schönes Gleichgewicht. Das Erzählen und Dein Zuhören haben mir gutgetan. Ob Dir das, was ich zu Deinen Texten zu sagen haben werde, guttun wird?

Als erstes möchte ich - noch immer im Vorfeld meiner Anmerkungen zu Deinen Texten - eine biographische Randnotiz ausführen und damit eine Antwort geben auf die einzige echte Frage in Deinem Brief. Wissen möchtest Du, warum ich gleich nach dem Studium geheiratet habe. So kann vermutlich nur fragen, wer wie Du sich erst nach langem Zögern und gegen ursprüngliche Absicht zur Ehe entschlossen hat. Ich habe umgehend geheiratet, weil ich schon 26 war und Kinder wollte. Mein Mann hat aufs Promovieren verzichtet, um den Lebensunterhalt zu verdienen und die Familie beamtlich abzusichern. Sein Vater hat uns finanziell beim Hausbau unterstützt. Sollte Dir der Wunsch nach Kindern bei einer Frau, die vierzehn Semester studiert und erfolgreich Staatsexamen gemacht hat, erklärungsbedürftig erscheinen, müßte ich hinzufügen: ich hatte den Wunsch, weiterzugeben, was ich als Kind in schwieriger Nachkriegszeit an Zuwendung und Fürsorge von meiner Mutter erfahren habe. Ich war ihr Enkel schuldig. Mein Studium ist der Erziehung unserer Kinder zugute gekommen. Märchen und Volkslieder statt Fernsehen, und später die übrigen Schätze der deutschen wie der Weltliteratur. Ich mußte nichts einmotten. Die Kinder haben dadurch einen beträchtlichen Vorsprung in der Schule gehabt und natürlich studiert. Das ist zwar gegen die Chancengleichheit, aber die ist bereits im Prinzip eine Illusion. Mit anderen Worten (ich merke, daß ich von meinem Konzept abkomme): um zu wissen, wozu ich einst vierzehn Semester Germanistik im Hauptfach studiert (und nebenher ein Kleines Graecum nachgeholt) habe, brauchte ich nicht auf

Deine Afrika-Texte zu warten. Aber vielleicht bin ich naiv und meine Antwort geht schwerfällig vorbei an der rhetorischen Leichtigkeit, mit der Du die entsprechende Bemerkung hingestreut hast. So weit die Vorbemerkungen.

*

Zum Nachmittagsteil Deines Briefes. - Vorbemerkung. Ich werde Stichworte in Zitatform übernehmen. Es erspart mir umständliches Übersetzen in meine eigenen Sprachgewohnheiten. Auf die Texte verweise ich mit römischen Ziffern: Spur im Staub = I, Tanzträume = II, Eukalyptusschaukel = III, Trockenzeitfieber = IV.

Vermischtes zu Deinen Punkten Eins bis Drei. - als Gegengewicht zu meiner ‚Familiensaga' hatte ich anderes erwartet als die Geschichte einer bislang vergeblichen Verlagssuche und der Desillusionierung hinsichtlich der ‚Pranke des Löwen' durch die ‚Marktlage'. Was ich erwartet habe, davon soll später die Rede sein. - Von mir willst Du sodann wissen, ‚was das Zeug taugt', von dem Du einmal mehr und dann wieder weniger überzeugt bist. Auch dazu erst weiter unten. Ich mache es hier nur vorweg fest; es sind die beiden wichtigsten Punkte.

Mit der Beantwortung der Frage, warum und für wen Du schreibst, bist Du mir in der Tat zuvorgekommen. Alle vier Antworten sind altbekannt und ich finde alle annehmbar. Am anspruchsvollsten ist die dritte (Schreiben als Therapie und Sinnsuche, am bedenklichsten erscheint mir die vierte (Bücher statt Kinder: ‚Kopfgeburten'!)

Für die vorliegenden Texte würde nach Deiner Aussage nur die zweite zutreffen (Schreiben wider die Vergänglichkeit). Ich nehme es zur Kenntnis als Verstehenshilfe. - Unverständlich und bedenklich hingegen finde ich, daß Du nicht weißt, für wen Du schreibst. Der (ironische?) Hinweis auf ‚schöngeistige Akademikerinnen, altphilologisch', deutet an, wie weit im Abseits Du Dich stehen siehst. Zugleich ist damit angedeutet, welche Ansprüche Du stellst. Das Horaz- wie auch das Lukrez-Zitat hat mir ein Kollege meines Mannes identifiziert. So weiß ich endlich, in welchem Zusammenhange das berühmte ‚carpe diem' steht. Bei ‚postero' dachte ich zunächst an etwas ganz anderes. Dank für die Nachhilfe. Ich würde vermuten, daß so hochgeschraubte und veraltete Bildungsansprüche an den Leser, selbst an den gutwilligsten mit geisteswissenschaftlichem Hochschulstudium, eher elitär wirken und verärgern. Es könnte ein Grund unter anderen für Die Ablehnung Deiner Texte (so weit sie denn überhaupt gelesen wurden) gewesen sein. Aber sicher nicht der gewichtigste.

Beinahe unglaublich erscheint mir der Mangel an Belesenheit in der deutschen Gegenwartsliteratur bei jemandem, der selber verlegt und gelesen werden will, selbst wenn er nicht weiß, von wem. Hier könnte ich nachgerade pathetisch werden, was sonst nicht meine Art ist, und es einen Skandal nennen. ‚Befremdlich' ist der mildeste Ausdruck, der mir einfällt. Es ist einfach unter dem Niveau einer Neuphilologin, die Du doch auch bist, trotz überlagerndem Zweitstudium. Du gehst mit geschlossenen Augen durch eine Wettbewerbsgesellschaft, als wärst Du allein auf weiter Flur und wunderst Dich, daß Du nirgends Deine Nische findest. Das Ignorieren dessen, was andere vor und neben Dir beschäftigt und was sie literarisch leisten, zeugt von einer Selbstbezogenheit, die ihre Strafe in sich selbst trägt. Ich sage nicht, daß Duras, Vilar und Walser keine guten Stichproben seien. Du stellst Dir jedoch ein Armutszeugnis aus, wenn außer diesen Dreien und zwei Bänden Deutscher Erzähler (die Lyrik bis zur Mitte des Jahrhunderts einmal beiseitegelassen) Dir nichts unter die Augen gekommen ist als - Verlagskataloge. Das ist ein Mangel, eine Askese, die auch mit Afrika und als Schutz für die eigene Inspiration nicht zu rechtfertigen ist. Aus meiner Sicht der Dinge. Die Unterstreichung bringt mir zu Bewußtsein, daß ich mich ereifere. Es geht aber noch ein Stück weiter.

Auch das Abdriften in klassische Antike anhand von Zitaten erscheint mir nicht nur elitär. Es erscheint auch weltfremd und sieht verdächtig nach Fluchtbewegung aus. Manche Schätze abendländischer Kultur mögen noch immer bei den alten Griechen und Römern zu finden sein (und die Renaissance mag nachwirken in einer Aufklärung, deren Folgen im Gefolge zweier Weltkriege immer unübersichtlichen und zwiespältiger werden) - jedoch: die Literatur der Gegenwart über das Durchblättern von Verlagskatalogen hinaus so gezielt zu ignorieren wie Du das zu tun scheinst, bedeutet Selbstausschließung von einer Kultur, zu der Du doch beitragen willst. Wie kannst Du Deinen Stellenwert einschätzen, wenn Du nicht weißt, wo die anderen stehen? Wie kannst Du Dich so leichtfertig der Vergleichsmöglichkeiten berauben?

Ich bin von meinem Konzept abgekommen. Ich komme zum Eigentlichen in zwei Teilen. Erst zu Deinem Punkt vier. Dann zu den Texten selber.

Um Dir verständlich zu machen, warum ich Mühe hatte mit Deinen Afrika-Texten, will ich vorwegschicken, mit welchen Erwartungen ich an sie herangegangen bin. Um andere mögliche Leser zu verstehen, habe ich Gedanken zu ‚Afrika' unkontrolliert aufs Papier geworfen (das ist der ‚Gehirnsturm', der Dir sicher bekannt ist) Ich schreibe, leicht zurechtgerückt, mein Konzept ab:

Afrika: das ist Ferntourismus nach Kenia (Bade- und Safariferien) und politisch war es bis vor kurzem Apartheid im Süden und Stammesschlächtereien in Ruanda. Für Belesene mag es noch immer Hemingway als Großwildjäger am Kilimandscharo sein oder eben Kolonialromantik nach den Vorbilde Blixen. Aus den Medien kennt man Dürre- und Hungerkatastrophen, ausgemergelte Kinder, gescheiterte Entwicklungshilfe, Aids und Korruption. Auch an Missionare mag mancher denken, an Albert Schweitzer und an Forschungsreisende im ‚dunklen Kontinent'. Ganz früher: Sklavenhandel und neuerdings, als nachkolonialer Rückschlag, der Zustrom afrikanischer Asylanten und Wirtschaftsflüchtlinge nach Europa. Immer häufiger ziehen auch schwarz-weiße Ehen und ‚Milchkaffeekinder' Aufmerksamkeit auf sich. Ein in London lebender Nigerianer (Name vergessen) hat den Nobelpreis bekommen. Es gibt einen Film mit Bogart-Hepburn und einer alten Barkasse auf einem großen Urwaldfluß, und einen Roman, schon länger her, von Joseph Conrad. Ich erinnere mich auch an eine Fernsehsendung: ein junger, hübscher Häuptling mit Goldrandbrille, deutschem Doktortitel und deutscher Frau. Ich weiß nicht mehr, in welchem Land das Dokument gedreht wurde. (Du siehst, daß mir vermittels ‚Gehirnsturm' durchaus ein Feuilleton in Briefmarkenformat gelingen kann.)

Mit solchen und ähnlichen Vorstellungen, Afrika betreffend, erwartete ich als ‚Eigentliches' den einen oder anderen dieser Aspekte aus der Erfahrung langer Jahre einfühlsam oder kritisch dargestellt zu finden. Statt dessen muß ich zur Kenntnis nehmen, daß Afrika ‚nur Rahmen und Kulisse' sei für nicht einmal real erlebte, sondern lediglich imaginierte Abenteuer einer Europäerin Mitte Vierzig und mit einiger Fallhöhe. Was soll ich dazu sagen?

Eine solche Eröffnung klingt in meinen Ohren und gemessen an den offenkundig-akuten Problemen Schwarzafrikas (so weit ich davon Kenntnis habe) - idiotisch im Wortverstande. Ich unterstreiche wiederum des Nachdrucks wegen. Eine solche Privatheit nämlich ist - ich erlaube mir eine Wortspielerei von der Art, wie Du sie liebst - sie ist eine Privation, eine Beraubung der äußeren sozialen Hüllen, die einen Menschen erst zu einem Kulturwesen machen. Nach Deiner eigenen Aussage behandeln Deine Afrika-Texte nichts Afrikanisches, sondern ein trivial-romantisches Frauenthema von konservativem Zuschnitt (‚mit Anstand über die Runden kommen') und vermutlich in sentimentaler Entsagungsstimmung. Muß man dazu nach Afrika gehen? Das, was Du ‚das Eigentliche' nennst, kompensatorische Tagträume und Tagebuchschreiben als Therapie: es ist so allgemein und weitverbreitet wie (wenn ich mir hier eine Geistreichigkeit erlauben darf) wie die Stubenfliege. Es ist nichts Besonderes und selten so zahm (ich verbeiße mir ‚zahnlos') wie in Deinem Falle.

Du magst ahnen, was kommt. Nachdem ich alle vier Texte gelesen hatte, fand ich meine Vermutungen bestätigt. Du schwelgst in einem monologischen Privatissime, in reiner, subjektiver Innerlichkeit. Völlig unpolitisch nicht nur, sondern auch (von Text I abgesehen) so gut wie ohne Bezug auf die gesellschaftlichen und kulturellen Realitäten Deiner afrikanischen Umgebung. Daß Dir das bewußt ist, geht aus dem Hinweis auf ‚Rahmen und Kulisse' zwar hervor, ist für mich jedoch zugleich Ausdruck einer Unbedarftheit, die eher eine Art Mitleid erregen könnte, aber keine Neugier auf Texte, die eine psychologische Trivialität erneut breittreten.

So weit meine Erwartungen und Enttäuschungen. Ich habe Dich beim letzten Wort Deines Briefes genommen und Dir die Wahrheit gesagt aus meiner Sicht der Dinge. (So böse also kann das geliehene, das groteske Graienauge blicken, das Du aus Deinem antiken Bildungsschatz beigesteuert hast.) Diese Sicht wird Dir vermutlich unerwartet kommen. Aber Du solltest auch bedenken, daß es eine Sichtweise unter möglichen anderen ist. Du schreibst, Du könntest ‚die Wahrheit' vertragen. Ich glaube es Dir einfach erst einmal.

Teil Zwei. Zu den Texten im einzelnen. – Nach einer für Dich vermutlich unerwartet harten Wahrheit (aber ich ‚zerfleische' Dich nicht: Deine Bildsprache ist bisweilen etwas grell) nun als erstes eine teilweise Zurücknahme des Befundes und Vorwurfs, es fehle an Schilderungen gesellschaftlich-kultureller Realität. Für Text I gilt das, wie bereits bemerkt, nicht. Das macht ihn lesbar: der Leser erfährt etwas von afrikanischem Realismus im Hinblick auf Liebe und Ehe. Die Skizzen von Schicksalen junger Frauen, die ‚Brautgeschichten' im Rahmen der Interpretation eines englischen, offenbar von Dir übersetzten Gedichts vermitteln anschauliche Einblicke in den gesellschaftlichen Wandel eines nicht genannten Landes Schwarzafrikas. (Die Geschichte der Suzanna berührt geradezu schmerzlich.) Auch die nostalgische Kritik der weißen Reisenden am Fortschritt westlicher Zivilisation (Autowracks am Straßenrand, Promiskuität und Abtreibung im Zuge der Verschulung) gibt zu denken. Hier habe ich keine Kritik anzumelden. Romantisch verschwommen wird es erst mit der ‚Wasserfrau' und dem künstlichen Verwischen der Spuren dessen, was Du ‚das Eigentliche' nennst. Da muß zwei- bis dreimal lesen, wer sich einen Reim auf Einzelheiten machen will. Im übrigen halte ich den Text für lesbar.

Meine Enttäuschung und Kritik bezieht sich in erster Linie auf den umfangreichsten und wohl auch anspruchsvollsten der Texte, nämlich II. ‚Afrika' kommt im Titel nicht vor; der ‚Harmattan' im Untertitel wird manche Leser nach dem Brockhaus greifen lassen. ‚Ungetanzte Tänze' kann ich als

Umschreibung für unerfüllte Erwartungen und Wünsche gelten lassen. Das großstädtische Luxushotel in Äquatornähe, das Du für die Kapitel 1 - 3 aufbaust, samt einer ‚Luxuslimusine', mit der die aus Europa herbeigeflogene Kusine vom Flughafen abgeholt wird, wirken klischeehaft dekorativ: Kulisse für einen mittelmäßigen Unterhaltungsfilm. Die beiläufigen gesellschaftskritischen Bemerkungen der Gastgeberin über das ‚high life' der einheimischen Eliten eines unterentwickelten Landes werden nur dem etwas sagen, de sich bereits auskennt. Der ‚edle Wilde' (soll das ironische Distanz andeuten?) mit Namen ‚Maurice' wirkt wie eine Tanzmarionette und soll wohl mehr auch nicht sein. Es läßt sich so leicht hinnehmen, wie es hingeworfen ist. Schwerwiegender erscheint mir, daß die männliche Hauptfigur, der sogar eine Kapitelüberschrift gewidmet ist, so flach und schattenhaft wirkt. Was denkt und fühlt dieser ‚undionysische Denis'? Es wird mit keinem Wort gesagt. Welches sind seine Wünsche und Erwartungen? Die Gestalt bleibt eindimensional; ist fast nur Projektionsfläche für ungenaue Erwartungen einer Frau mit Fallhöhe, bloßer Aufhänger für die ‚Frustrationshistörchen' in Kapitel 4. Hier schilderst Du andeutungsweise einen ländlichen Campus und seine sittlich strengen Anforderungen, die zum ‚gläsernen Sarg' werden, in welchen der Erstickungstod droht. Das hört sich sehr dramatisch an; aber auf ein Drama wartet der Leser umsonst. Die Nacht in der Bar in Kapitel 5 hängt irgendwie in der Luft, wenngleich in manchen Einzelheiten lyrisch beschrieben. Die ausführliche Tanzphilosophie wirkt wie ein Lehrvortrag. Der endlich erfüllte Tanztraum enthält jedoch ein paar poetische Passagen. In den Kapiteln 6 und 7 wird von dem abgelegenen Dorf in den Bergen nur der nächtliche, vom Mondlicht erhellte Tanzplatz beschrieben und das Innere eines Lehmkubus bei blakender Buschlaterne. Von der Lebensweise und den Problemen der Einheimischen erfährt der Leser nichts. Der Gruppentanz ist ausführlich beschrieben, das ist alles. Es mag Absicht sein, zumal bestimmte Vorgänge mit offenbar symbolischer Bedeutung zum Rätselraten Anlaß geben. Aber lohnt es sich, das Rätsel zu lösen? Es bleibt unbefriedigend für Leser, die mehr von Afrika beschrieben sehen möchten als nur Kulissen oder die vor solchen Kulissen wenigstens so etwas wie Handlung erwarten.

In Text III ist am spannendsten die Gestalt der Kollegin mit ihren Verdächtigungen und pessimistischen Afro-Orakeln. Das gibt ein wenig kulturkritischen ‚Pfeffer an die Vanillesoße', wie Du irgendwo selbstkritisch dazwischenwirfst. Es ist, als sei Dir nicht ganz wohl bei der Selbstversponnenheit deiner Heldin. Der Epilog bringt schließlich Hinweise auf ein Entwicklungsprojekt. Engagiert hat sich dafür die von einer Episode zur anderen schaukelnde ‚Na'anya'. Solches Engagement, wie auch die gelegentlich selbstkritische Reflexion, überraschen. Beides gibt den ‚Episoden einer Entwöhnung von Afrika' aufs Ende zu doch noch etwas realpragmatische Substanz. Die wortkarge Ge-stalt freilich des Begleiters auf den Wanderungen durch das harmattanverhangene Bergland, durch Fluß und Gewitterfluten, bleibt auch in diesem Text völlig flach und schattenhaft. Wenn es Absicht sein sollte, dann fragt sich der Leser: warum und wozu?

Bleibt Text IV, mit dem Du nicht glücklich zu sein scheinst. Im ,Wechselrahmen' einer Endmoränenlandschaft vier Stimmungsskizzen einer Zweisamkeit, bei welcher das Gegenüber weiterhin in Passivität und Schattenhaftigkeit verharrt. Dreimal Landschaft, staubig und warm und einfühlsam beschrieben; zweimal Innenraum, eindeutig Schlafkammer. Was da vor sich geht, ist wiederum so gut wie nichts. Nichts als flüchtige Annäherung an die Vorstellung, was da etwa sein könnte. Darin kann der eine Spannung spüren, ein anderer wird es langweilig finden. Ich kann mich nicht entscheiden, würde jedoch dazu neigen, hinter langweiliger Harmlosigkeit und leisen Tönen ein empfindliches Gewissen zu vermuten. Das wäre nicht unsympathisch. In dieser Hinsicht sind wir wohl beide altmodisch. Daß Du mit der ,Mittagsfinsternis' Schwierigkeiten hast, ist mir daher verständlich. Selbst das nur Imaginierte muß für das soeben vermutete empfindliche Gewissen einer Selbstvernichtung gleichkommen. Es will sich dadurch, daß es bloße Wunschvorstellung ist, nicht verharmlosen lassen. Du willst es trotzdem sagen und findest nicht die richtigen Worte und Weisen der Darstellung. Daß Du hier in Verlegenheit gerätst, finde ich sympathisch. Es wird jedoch Leser geben, auf die es altmodisch prüde und zudem unerträglich verquält, wo nicht unfreiwillig komisch wirkt. - Formal sagt mir am ehesten die letzte der fünf Sequenzen zu. Da ist Dir trotz pathetischer Nebentöne stellenweise etwas wie magischer Realismus gelungen. ,...aus wäßrigem Mondblau verdichtet sich Nacht zu kristallinem Traumviolett, rhomboedrisch. Mitten darin steht ein Gedanke, schmal, zerbrechlich...' Ich sehe etwas vor mir - etwas wie Kellers Nixe unterm Eis.-

Damit bin ich, über die enttäuschte Erwartung, etwas von Afrika zu erfahren, hinaus, bei der Darstellungsweise, der Art, wie Du schreibst. Du wirst mir vermutlich sagen, allein oder doch überwiegend darum gehe es Dir: um das Wie mehr als um das Was. Daran ist immer etwas Richtiges. Bei Duras' Moderato cantabile hat Dich vermutlich der weithin nur andeutende Sprachgestus zu immer neuem Lesen bewogen; eine Darstellungsweise, die aus einem ordinären, zudem so gut wie nur in Gedanken vollzogenen Ehebruch extraordinäre Kunst macht: suggestiv in seiner Kargheit. Ich vermute, daß Deine schriftstellerischen Bemühungen bisweilen in eine ähnliche Richtung gehen. Aus wenigem möchtest Du ‚etwas machen': allein mit den Mitteln der Sprache. So als ob der Gegenstand, das Thema unwichtig wäre.

Was Dir an Darstellungskunst vorschwebt, finde ich an mehr als einer Stelle nicht nur angedeutet, sondern ausdrücklich beschrieben. Ich habe exzerpiert: ‚Beschrieben müßte es werden wie im Dämmer halb erblindeter Spiegel, die Bilder und Stimmungen zersplittern lassen an Quecksilberresten der Reflexion' (IV, I). Das ist als Bild suggestiv, als literarische Theorie kaum nachvollziehbar. In I,1 redest du von Bildern, die ‚aufsteigen wie hinter Moskitogaze', also wohl undeutlich, so wie Gaze klare Sicht behindert. In II,6 (‚Aufstieg ins Abseits'), am Ende ermüdend langer Überlegungen, wie der letzte der ungetanzten Tänze sich ‚verworten' (einer Deiner Lieblingsausdrücke) ließe mit Hilfe der Kusine, erfolgt ein ‚Schlag in den Spiegel; Splitter, bricolage': das verstehe ich nicht. Hingegen verstehe ich, was Du in IV, 5 meinst, wenn ich lese: ‚In einer Sprache, die verschweigt, /.../, die zersplittert und in Stücke zerfällt, die nicht mehr zusammenpassen wollen - vielleicht ist es so, vielleicht auch anders.' Es erinnert mich an Hugo Friedrichs ‚Struktur der modernen Lyrik'.

Es geht Dir um eine bewußte Unschärfe der Konturen. Um Vielschichtigkeit und verdeckte Bezüge. Um Verschleierung und bloße Möglichkeiten. Davon hat die schöne Literatur des Jahrhunderts mancherlei Kostproben gegeben und darüber das geradlinige Erzählen vergessen. Ich halte es für eine vergangene Mode, mit der man sich nicht mehr abmühen sollte. Aber ich muß zugestehen, daß sie Deinem Gegenstande, so weit ich ihn verstehe, angemessen erscheint. Es geht Dir, so weit ich sehe, nicht darum, etwas zu verheimlichen. Die Sache selbst, der Gegenstand der Tagträume ‚unter dem Harmattan' stellt sich als undurchsichtig dar - verhangen wie afrikanische Savannenlandschaft während der Trockenzeit, wenn dieser Passat weht. Du weißt nicht, woran Du bist, und es gibt keine Möglichkeit, es in Erfahrung zu bringen. Habe ich das richtig verstanden? Ist das die ‚schwierige Mitte', von der ich in Deinem Brief lese?

Mit solcher Schreibweise stellst Du hohe Anforderungen an Geduld und Scharfsinn der Leser. Sie müssen in Ratlosigkeiten umherstolpern oder mittanzen in lyrisch-pathetischen Evokationen euphorischer Zustände. Oder sie müssen langatmige Abhandlungen über den Tango oder über das kunstvolle Verwischen von Spuren über sich ergehen lassen. Da mag manche geneigte Leserin aufgeben. Und was erwartest Du von überlasteten Lektoren?

Ich habe wieder eine Pause gemacht. An dem Brief schreibe ich nun schon drei Tage. Jeweils gegen Abend mehrere Stunden. Es geht eben langsam mit dem alten Füller. Ich brauche auch Zeit zum Überlegen und Ausformulieren der Notizen. Aber es regt an. Ich hätte nicht gedacht, daß so vieles noch vorhanden ist aus verjährten Poetikvorlesungen.

Heut will ich mir den Prolog zu Text II vornehmen als Beispiel für das, was mir an Deinen Texten je nachdem schwierig oder bedenklich erscheint.

Wie im nachhinein deutlich wird, ist der Prolog Einstimmung in die Atmosphäre der drei Hauptschauplätze. Mit den ersten Worten wird sogleich die Hauptperson vorgestellt: ‚Eine Frau im aschvioletten Alter Mitte vierzig". Das Farbadjektiv weist beziehungsvoll auf Schon-Erloschenes und Noch-Glühendes hin. Auf Tristesse und Resignation auf der einen, euphorische Anwandlungen auf der anderen Seite, und ich könnte mir den Seufzer mancher jungen Lektorin vorstellen: ‚Schon wieder eine Arie über midlife crisis von Akademikerinnen, die sich und ihre Bildungsschätze schreibtherapeutisch abreagieren müssen.' Du siehst: auch mich kann ein Hauch Ironie überlaufen. Die Beschreibung der Heldin (‚nixengrüne' Abendbluse, rosa Oleander, Goldblech und Ebenholz eines Spiegelrahmens) erinnert an Jugendstil, art déco. Ich vermeide den Ausdruck ‚Kitsch' (ein undefinierbarer Begriff); ich sage: Klimt. Es ist zu schön, um wahr zu sein. Wenn Du es mir nicht verargst und wenn ich mir eine Geistreichigkeit erlauben darf: es fehlt der dekorativ-elegisch am Spiegelrahmen lehnenden Heldin eine Warze am Kinn.

Du magst mir entgegenhalten, der Eindruck Art déco sei beabsichtigt. Die alternde Frau gefalle sich in solcher Pose und Farbzusammenstellung. Es sei eine Aussage über ihren Geschmack. Sie finde Klimt nicht so schlimm. Es gebe schlimmere Geschmacklosigkeiten. Darauf würde ich erwidern: das mag sein; aber mein Geschmack ist es nicht.

Weiter. Der Prolog beschreibt (das ergibt sich freilich erst vom Ende her) die drei Schauplätze erfüllter Tanzträume. Beim ersten Überlesen des ersten Abschnitts (‚Der kühle Sand, vom Mond betaut') hatte ich Mühe, etwas zu verstehen. Das Bildhafte (‚Milch der Kokosnüsse') verquickt mit Seelischem (‚entselbstete Sehnsucht') und alles übrige in diesem Abschnitt ist ein Gewebe von Andeutungen, das Rätsel aufgibt. Die einen wird es verärgern, bei anderen Erwartungen wecken und Spannung erzeugen. Die unzureichende Satzlogik könnte auf eine irrationale Gemütsverfassung der Heldin hinweisen. (Sie gibt sich vermutlich Visionen hin.) Alles, was ich zu bemängeln hätte, könnte poetischer Ausdruck von tieferer Bedeutung sein. Du siehst: ich weiß um die Relativität meines Urteils. So viel zum Prolog.

Die Dialoge der Kusinen sind weithin recht munter und geistreich. Bisweilen sinken sie freilich auf das Niveau von Party-Tratsch. Soll das mitunter Jargonhafte andeuten, daß die Kusinen sich auch in Blue Jeans wohlfühlen und über ihren gebildeten Schatten springen könnten? Verwirrend und streckenweise gekünstelt erscheint mir das Vexierspiel, das Du mit den Kusinen ‚Jenseits der Bougainvillea' treibst. Das scheint Dir im Kapitel ‚Aufstieg ins

Abseits' bewußt zu werden. Du hältst da einen langen Werkstattmonolog, den ich als störend empfinde. Auch die Beschreibung der nächtlichen Massentanzszene auf dem Dorfplatz erscheint mir streckenweise zu fremdenführerhaft. Es ist jedenfalls nicht die Perspektive der Kusine, die da als vorgestelltes Doppel, als Zuschauer, Platzhalter und Angeredete sitzt.

Am gelungensten erscheinen mir die Landschaftsbeschreibungen. Das will ich hier unterstreichen. Der Schilderung des Tropengewitters in II,4 würde ich überdurchschnittliche literarische Qualität zusprechen. Auch an anderen Stellen prägt Lyrisch-Bildhaftes sich ein (die schwimmenden Inseln von Wasserhyazinthen in II,5; in II,5 das Glück, ‚in anemonenblauer Morgenfrühe', das leicht um die Schultern liegt ‚wie ein Cape aus wilder Seide') Solche Glanzlichter finden sich nicht wenige. Leider wird allein dadurch ein Text noch nicht zum Meisterwerk.

Ich hole Atem. Ist Dir aufgefallen, wie mein Stil sich gelockert hat? Nun aber stocke ich. Ich bin da angelangt, wo die Frage, ‚was das Zeug taugt' in so martialischer Gestalt auf mich eindringt, daß ich geneigt bin, auszuweichen. Ich will es dennoch wagen auf die Gefahr hin, daß spätere Geschlechter in mir eine banausische Oberlehrerin sehen werden, wenn einmal die große Biographie über Dich und Dein Werk erscheinen und mein Brief mitverwertet wird. - Liebe Kusine Henriette. Ich gestehe Deinen Texten hiermit gutes Mittelmaß zu. Es gibt Schlechteres auf dem Markt. Aber auch und sehr viel Besseres.

Vierter Tag. - Ich glaube, ich hatte gestern einen Kaffeeschwips, als ich die letzten Seiten schrieb. Um mich wachzuhalten für ein Konzert am Abend, hatte ich zwei Tassen zuviel getrunken. Das lockerte den Stil und die Hemmungen, Dir die Wahrheit aus meiner Sicht zu sagen. Schuld daran ist sicher auch das makabre Graienauge, das Du mir angedichtet hast und das ich Dir mit diesem Brief hinüberreiche und ausleihe. Versuche, Deine Texte mit diesem meiner Einäugigkeit zu lesen.

Es bleibt mir für heut noch der Versuch, aus dem Labyrinth wortreicher und mit wenigen Ausnahmen monologisch vorgetragener Tagträume den dünnen Faden des äußeren Geschehens herauszuziehen. Ausnahmen sind zum einen die Brautgeschichten (und, da nicht tagtraumhaft, die Gedichtinterpretation) in Text I, sowie in Text II die Dialoge der Kusinen und die ‚Frustrationshistörchen'. In Text III monologisiert auch die böse Kollegin mehr oder weniger vor sich hin. In den Episoden von Text IV ist, wenn ich es richtig verstanden habe, alles nur noch ‚Tagtraum, während eines Kuraufenthaltes in einer Landschaft, die ohne Schwierigkeiten als diejenige wiederzuerkennen ist, in welcher ich mich zur Zeit befinde.

Text I. In einem ungenannten Lande Schwarzafrikas, nahe am Äquator, wartet in ländlicher Ortschaft und im warmen Schatten eines Wellblechschuppens eine weiße Reisende auf ein Überlandtaxi, in dem sie später, eingeklemmt zwischen einheimischen Reisenden, gemächlich durch eine Mondnacht und eine gebirgige Gegend ihrem Ziel entgegenfährt.

Text II. Auf der dreizehnten Etage eines Luxushotels in einer großen Stadt südlich der Sahara unterhalten sich zwei Frauen mittleren Alters, offenbar beide, nicht nur die zu Besuch herbeigeflogene, Akademikerinnen, die eine davon schon längere Jahre im Lande in nicht genau definierter Mission. Bei einem Silvesterempfang schaut die Gastgeberin ihrer Kusine beim Tanzen mit einem eleganten Afrikaner zu. Nebenbei unterhält sie sich kurz mit einem weniger ansehnlichen Einheimischen. Später sitzt sie am Bett der malariafiebernden Verwandten, versorgt sie mit Tee und einem Medikament und erzählt die Geschichte ihrer Tanzträume.

Text III. Während einer Tagung in einer europäischen Stadt flaniert eine Teilnehmerin vormittags allein durch einen großen Garten, steht über Mittag am Fenster der Bibliothek, sitzt am Nachmittags in einer Kirche bei einem Orgelkonzert und am Abend mit ihrem Mann und ein paar Bekannten in einer Weinstube. Tagsüber wird sie verschiedentlich von einer Kollegin angesprochen und reagiert unwillig.

Text IV. Eine Frau mittleren Alters befindet sich mit ihrer Mutter zur Kur im Voralpenlande. Sie besucht ein Konzert, kauft eine grüne Bluse und joggt zwischendurch allein durch den Kurwald.

Das ist alles und in allen Fällen alles andere als eine spannende Romanhandlung. Mit einem gewissen Recht ließe sich erwarten, daß es in den Tagträumen um so bunter und abenteuerliche zugeht. Man wird enttäuscht. Das habe ich bereits angedeutet. Einzelheiten aufzuführen, um zu zeigen, wie brav und harmlos alles ist; wie sittsam sich die ‚schwierige Mitte' im Gleichgewicht hält, selbst in der bloßen Vorstellung (und allenfalls von IV,4 abgesehen), das wollte ich mir eigentlich ersparen. Aber es muß wohl sein, um Dir zu zeigen, daß ich so aufmerksam gelesen habe, wie Du mir zugehört hast.

Die ‚Fülle der Gesichte', wenn ich es so nennen darf, verteilt sich wie folgt auf die vier Texte. In I fällt sie kaum auf: eine Handvoll Wasser in einem kühlen Palmengrund, rote Blütenrispen einer Akazienart; geheimnisvoll allenfalls ein Mondenschatten auf sandiger Schwelle vor einem einsamen Haus: als Motiv aus IV,5 eine glückliche Entdeckung für den Leser, der sich belohnt sieht dafür, daß er alle Texte dreimal vorwärts und rückwärts gelesen hat: er begreift plötzlich. - In II sind die ‚ungetanzten Tänze' zunächst umgesetzt in eine dürftige Romanhandlung; die eine der Kusinen muß tanzen, um der anderen das ‚Verworten' zu ermöglichen (Kap. 1-3). Nach dem mittleren Kapitel ‚Frustrationshistörchen' setzt sich dann (Kap. 5-7) voll und ungehemmt das Kompensat der Tanzträume durch - vom tugendsamen Tanz zu zweien ‚Nachts in der Bar' bis zum großen Dorftanzfest im Abseits der Berge, mit allerlei geheimnisvollen Einzelheiten bis hin zum Totspeeren eines weißen Federviehs und halluzinatorischer Schattenrituale in einer fensterlosen Lehmhütte. Es verdichtet sich ins vieldeutig Symbolische. - In III unternimmt die Heldin, begleitet von einem wortkargen Gastgeber, einen Tagesausflug von dem Dorf im Abseits hinab zu einem Fluß und hindurch;

man gerät in einen Gewitterregen. Danach steigt die Heldin durstig einer Handvoll Quellwasser entgegen und sinkt bei der Rückkunft erschöpft in tiefen Schlaf. Der Aufenthalt in dem Dorf (nach mühevollem ‚Aufstieg ins Abseits') beginnt mit einer Sternennacht und lyrischer Ekstase. Über die Art und Weise der Flußüberquerung breitet sich ein dichter Schleier poetischer Evokationen; die Schilderung des Gewitters ist verknüpft mit einem Orgelkonzert, ablenkend von Einzelheiten der Tagtraum(un)wirklichkeit. Die ‚Trankspende' der letzten Episode ist nach meinem Geschmack zu sentimental, fast peinlich. Das Motiv ist Wiederholung einer Szene aus Text I. Durst muß von besonderer Erlebnisintensität für Dich gewesen sein. Gewiß kein Wunder in den Tropen.

In IV,1 sind ein paar Szenen ‚unter dem Harmattan' ohne Zusammenhang nebeneinandergestellt und daher unverständlich, aber atmosphärisch doch recht suggestiv ins Ungenaue deutend. In IV,2 gehen zwei, es wird nicht gesagt wer, durch staubdürre Felder. Beim Überqueren eines Bachs auf Trittsteinen gleitet die Frau aus, der Begleiter verletzt sich am Fuß, bekommt ihn verbunden mit einem Haarband und bindet seinerseits und auf Geheiß aufgelöstes Haar mit einen Bastband zusammen. Später liegen beide, ausruhend von langer Wanderung, im Schatten eines überhängenden Felsens. Die Frau redet und redet. Der Mann schweigt. - In IV,3 liegt eine Frau mit ‚Trockenzeitfieber' (Malaria?) darnieder, allein und ohne Hilfe. Ein Besucher kommt, versorgt sie mit Tee, ordnet das Bettzeug und übernachtet in der Kammer nebenan, verstört, ohne daß man versteht, warum.

In IV,4 ‚gehen zwei zum Abschied den Berg hinan'. Die Frau dreht durch, der Mann hält stoisch stand, als sie ihm um den Hals fällt. Die Grenzen des ‚Schicklichen' (offenbar ein Schlüsselbegriff Deiner Denkungsart) ist überschritten. Was darüber hinaus (in ‚fast vollkommener Reglosigkeit'!) vor sich geht, hat unendliche Mühe, den Weg ins Wort zu finden. Vermutlich fürchtest Du dich vor Trivialitäten und Klischees. Deine Zuflucht zu Wassermassen läuft dieser Gefahr jedoch geradewegs entgegen. Das Ganze macht den Eindruck peinvoller Hilflosigkeit, ja Verquältheit. Es ist kaum erträglich. Das weißt Du. Was Du nicht weißt, ist, wie am Beispiel einer als ‚unschicklich' empfundenen Kleinigkeit die große Katastrophe sich ergibt. Mit anderen Worten: wie an einem solchen Einzelbeispiel die Normen einer weithin längst dem Verfall preisgegeben Sittlichkeit dargestellt werden könnten. Ich weiß es auch nicht.

IV, 5 läßt sich nicht nacherzählen, ohne die ‚magische' Atmosphäre zu zerstören. Was da ‚von fernher' bei Vollmond und um Mitternacht in die Schlafkammer eines ‚Unbescholtenen' nahezu gespenstisch sich einschleicht, so daß man nicht weiß: ist es ein Traumgesicht auf der einen Seite oder auf der anderen; was sich auf dem Bettrande niederläßt und eine kaum zu erahnende Geste wagt, um schließlich wortlos wieder zu entweichen, es hat zwar auch Mühe, ins Medium der Sprache zu gelangen; aber es gelingt. Ich würde es auf der Grenze zwischen magischem Realismus und romantischer Phantastik (E.T.A Hoffmann) ansiedeln. Diese ‚Beschwörung' ist eine Klimax und fast ein poème en prose.

So viel oder wenig zu dem Versuch einer Inhaltsangabe Deiner Texte. Zu dem, was ich gestern gegen Abend als literaturkritisches Urteil formuliert habe, möchte ich heute noch erläuternd hinzufügen: Deine Texte taugen so viel, wie eine seelen- und geschmacksverwandte (ältere) Lektorin in sie hinein oder aus ihnen herauslesen könnte. Selbst freilich, wenn es diese Lektorin gäbe, würde sie dennoch keinem Publikumsverlag die Veröffentlichung Deiner Texte empfehlen, denn es gäbe nicht genügend Leser für eine derart konservativ verhaltene (die Polemik würde sagen: kleinbürgerlich verklemmte) Daseinshaltung und altmodische (19. Jahrhundert) Geschmacksrichtung. Der Kreis der Einfühlsamen wäre zu klein, das wirtschaftliche Risiko zu groß.

*

Liebe Henriette.
Als ich den Brief gestern abschließen wollte, merkte ich, daß etwas fehlt. Ich habe mich redlich und ausführlich um Deine Texte bemüht. Es hat mir, aufs Ganze gesehen, gut getan. Mit dem Schreiben geht es zwar langsamer und mühsamer voran als mit dem Erzählen; aber ich habe mit Genugtuung festgestellt, daß ich der Aufgabe doch noch einigermaßen gewachsen bin. Was mir gestern abend noch einfiel (es hat mich sogar während des Konzerts beschäftigt), will ich in zwei Fragen formulieren, die vielleicht dazu verhelfen könnten, die Art Deines Schreibens von biographischen Hintergründen her zu verstehen (abgesehen also vom konkreten Anlaß einer gewöhnlichen Krise der Lebensmit-

te und der therapeutischen Abzweckung von Tagebuch und Tagträumen). Die Frage ist: Warum und wozu bist Du nach Afrika gegangen und so lange dort geblieben? Ich frage nach Hintergründen und Motiven, weil in Deinen Texten Afrika tatsächlich kaum mehr als ‚Rahmen und Kulisse' ist. Sogar in Text I. Denn beim dritten Lesen merkte ich, daß Gedichtinterpretation, Brautgeschichten und das Wasserfrauenmärlein nichts weiter sind als - ich wage ein Bild - Holzwolle, in die Du das zerbrechliche Glas des ‚Eigentlichen' verpackt hast. Bist Du nach Afrika gegangen auf der Suche nach literarischer Inspiration? Du tröstest Dich an einer Stelle mit dem, ‚was eine Fremde nahm, ohne zu fragen; was sie bekam, ohne daß einer gab.' Es klingt geheimnisvoll paradox. Ist es die Quintessenz Deiner Jahre in Afrika?

Die zweite Frage wäre: Welche Rolle hast Du gespielt als Fremde in der nachkolonialen Gesellschaft eines Entwicklungslandes? In Text II ist von einem Campus die Rede; an anderer Stelle sinnierst Du über Deine Rolle als ‚bessere Gastarbeiterin' (so läßt Du die Kollegin reden), ‚needed but not wanted'. Im Epilog von Text III wird jedoch (ohne nähere Angaben) ein dörfliches Entwicklungsprojekt erwähnt. Ich will also nichts Genaueres wissen über ‚das Mönchlein' in II oder den wortkargen Begleiter in III. Mich interessiert vielmehr und allgemeiner das Verhältnis einer Weißen zu nachkolonialen Afrikanern in Afrika, in erster Linie zu Männern. Die Behandlung des Problems schiebst Du in III der ‚Kollegin' zu, und die philosophiert mit dem Hammer ausgerechnet da, wo es um die ‚schwierige Mitte' geht. Diese wäre nach

Deinen Andeutungen und wenn ich es richtig verstanden habe zu suchen zwischen den Extremen vergangener kolonialer Ausbeutung, die den ‚Neger' nur als ‚Wilden' und Sklaven kannte, bestenfalls als treuen Hausangestellten oder als Bekehrungsobjekt christlicher Mission auf der einen Seite und dem Gegenschub neuerer Zeit, der, wenn ich richtig unterrichtet bin, nicht selten dazu führt, daß weiße Frauen einer ästhetischen Umwertung (‚black is beautiful') folgend das exotisch-erotische Abenteuer suchen. (Das französische Fernsehen strahlte vor noch nicht langer Zeit eine Sendung aus über eine Frau mit höherem Studienabschluß, die einen Häuptling mit Harem geheiratet hat, irgendwo in Westafrika). Irgendwo zwischen diesen Extremen scheinst Du Dich mit großer Vorsicht zu bewegen.

Zu Deinen Texten erbitte ich mir also ein Minimum an biographischem Kontext. Damit will ich den Brief zu einem endlichen Ende (Paronomasie! Du hast mich angesteckt) bringen. Um es nicht zu vergessen: ich habe den Kuraufenthalt um zwei Wochen verlängert. Das Wetter ist so herbstlich schön. Der Gemahl befindet sich auf einer Studienreise. Um Topfpflanzen und Garten kümmert sich eine ‚grüne' Nachbarin. Ich kann in aller Ruhe hier Deinen Texten und meinen Gedanken nachgehen und Briefe schreiben wie andre Pullover stricken. Der Brief soll heut noch zur Post, damit Du nicht noch länger warten und Dich wundern mußt.

Herzliche Grüße
Arielle

Dritter Brief

Wie die Verfasserin der Texte sich dazu bequemt, Einzelheiten zum biographischen Kontext nachzuliefern

Liebe Kusine, liebe Arielle.

Dank für Deinen Brief. Ein Schreiben ohne Umschweife, Eichhörnchen, Meisen und dergleichen. Ich hatte daran zu nagen und zu kauen. (Mit dem Graienzahn, der nicht nach Deinem Geschmack ist.) Du hast tüchtig zugebissen – ohne mythischen Zahn. Dafür mit einem *common sense*, der für mich und meine Blindheit hinsichtlich eigener Texte nicht vorauszusehen war. Zerfleischt komme ich mir zwar nicht vor, aber doch recht schmerzhaft angeknabbert.

Um das Bild zu wechseln: Dank für die bittere Medizin (mit ein paar Tropfen Süßstoff). Ich hab's geschluckt. Ich hab's vernommen: endlich ein Echo in der Wüste bloßer formaler Absagen. Du bist eben doch und trotz allem ein Glücksfall von Kusine. So etwas wie Dich läßt sich kaum erfinden. Wer kann sich schon selber die Wahrheit sagen, wenn sie unschmeichelhaft ist.

Du siehst, ich haue wieder in die Tasten. Diesmal ohne Ablenkung durch Eichhörnchen. Ich werde im nachhinein nichts zu erklären, nichts richtigzustellen versuchen, wenngleich es mich in die Seele beißt, dies und jenes nicht oder schief wahrgenommen, ungenau beurteilt zu sehen. Das Graienauge, von Dir benutzt, sieht eben anderes, als wenn ich es mir in die eigene Stirnhöhle setze. Indem Du mir Dein Graienauge leihst, merke ich, daß es nicht das meine ist. Aber es ist besser, die Dinge einmal mit fremdem Auge von außen zu sehen, als immer nur innere Bilder und Einbildungen wahrzunehmen. Es bleibt als Trost und Seelenbalsam etwas, dessen Du mich nicht beraubt hast: die unbekannte Altphilologin, die sich in meinen Texten wiedererkennen würde. (Die Vorstellung vom verkannten Genie wäre mir um einige Nummern zu groß. Meine Ansprüche sind bescheidener.) Dem Traum von der besseren Gerechtigkeit einer unbekannten Nachwelt steht die weisheitliche Mahnung *quam minimum credula postero* im Wege. (Ausgerechnet von einem, der überzeugt war, mit seinen Oden und Epoden ein *monumentum aere perennius* geschaffen zu haben! Der Zweckpessimismus der Erfolgreichen?)

Vielleicht könnte trösten Verständnis für die armen Lektoren, die, von Zeitdruck und Marktlage abgesehen, irre werden müssen an der Meinungsvielfalt demokratisch-freiheitlicher Gesellschaften und Zeiten. Was dieser heut verwirft, klaubt jener morgen auf… Ob ich noch Glück haben werde im Glücksspiel mit den Verlagen? Ob ich mich schließlich doch noch unter die Haifische werfen werde? Du siehst, ich weiche aus. Fürs erste freilich bin ich dankbar, daß Du Dich meiner Texte so ausführlich angenommen hast und daß Du mir mit allem, was Du Kritisches zu sagen hast, das Graienauge mit *Deiner* Sicht und Einstellung zurückgibst.

Nun will ich es mit *medias in res* versuchen.

Ich wiederhole zunächst kurz, was ich begriffen habe. – Du hast Dich durchgelesen zu der Ansicht, daß es zwar auch die streckenweise anspruchsvoll verrätselte, langatmige Schreibweise sein könnte, an der meine Veröffentlichungshoffnungen scheitern müssen, daß am Desinteresse der

Verlage jedoch vor allem das Thema selbst schuld sei. ‚Ein trivial-romantisches Frauenthema von konservativem Zuschnitt' – etwas, das keine Frau vom Lektorenhocker reißt und einen Mann erst recht nicht. Zudem: ‚Afrika als Rahmen und Kulisse' – warum dann das Ganze nicht gleich in Oberbayern oder Niedersachsen? Afrika (das, was man sich hierzulande darunter vorstellt) würde schon interessieren; aber nicht als nichts als Kulisse für die *midlife crisis* einer Frau, die weder ‚neue Frau' noch ‚Frau in der Gesellschaft' ist (sie verkriecht sich vielmehr in eine romantisch-altmodische Innerlichkeit). Daß es die christlich-konservativen Normen der kleinen Welt auf einer Lichtung im Regenwald Afrikas sind, die meine arme Klimakterium-Heldin ins Reich der Tagträume scheuchen; daß es der Anstand ist, etwas, mit dem die Ärmste in tiefstem Herzensgrunde einverstanden ist: das muß wohl langweilig sein. Es interessiert jedenfalls nicht genügend viele Leserinnen, so daß es sich nicht lohnt, ein Buch daraus zu machen.

Das mußte ich mir eben noch einmal vorformulieren, um mich loszustrampeln von bisherigen Hoffnungen und mich einzustimmen auf das, was Du mir als Hausaufgabe aufgegeben hast. Viel lieber würde ich Linzer Torte backen (Deine war sehr gut) oder die Wolfsmilch zwischen den Rosen der Terrasse jäten. Aber es muß sein.

Nach der Fragwürdigkeit meiner Texte nun Deine Fragen zum biographischen Kontext. Auf die Frage, warum ich nach Afrika ging, wäre die kürzest Antwort: ich ging, weil der Mann ging, mit dem ich verbunden war, und weil es da, wo wir hingingen, etwas Sinnvolles zu tun gab. Das ist die äußere Wahrheit der Tatsachen. Die innere Wahrheit – einst sagte man: die existentielle – mag im nachhinein pathetisch klingen, aber es war wie es war: ich ging nach Afrika mit Furcht und Zittern. Und aus frommer Dankbarkeit.

Das sage ich Dir, weil Du kein um Konversation bemühter Kollege bist, der in einer Tagungspause beim Stehkaffee eine höfliche Frage zu stellen sich bemüßigt fühlt, sondern eine Kusine, der ich bereits einiges anvertraut habe, was außer den ehelich Vertrauten sonst niemanden angeht.

Afrika, das bedeutete für mich, Ende der sechziger Jahre: unverträgliches Tropenklima, Malaria und Filarien und eine ungenügende medizinische Versorgung. Es bedeutete unberechenbar labile politische Zustände; lange Flugreisen (die Angst vor dem Fliegen ließ sich nie völlig überwinden), Reisen im Landrover über holprige Pisten und morsche Bohlenbrücken oder mit rasenden Überlandtaxis entlang der einzigen Asphaltstraße aus dem Regenwald in die Savanne. Für lange Jahre nach Afrika zu gehen bedeutete, von außen betrachtet, auch Verzicht auf die Bequemlichkeiten der westdeutschen Wohlstandsgesellschaft, auf Kunst und Kultur und womöglich auch auf Karriere und ein entsprechendes Gehalt.

Hier stülpt es sich um. Denn von innen betrachtet war der Verzicht kein geleisteter, willensmäßig abgerungener, sondern ein freiwillig-frommer. Einer um höherer Ideale, um immaterieller Güter willen. Der (zeitlich freilich begrenzte und zudem institutionell abgesicherte) Ausstieg aus der westdeutschen Wohlstandsgesellschaft ermöglichte es, einem nach langen Krisenjahren wiedergewonnenen Sinn des Lebens eine äußere Form zu geben. (Die zehn, zwölf Jahre vor der Ausreise, der gesellschaftliche Aufstieg vermittels Studium, die Auswirkungen des Kalten Krieges; die philosophievermittelte, durch jahrelangen Briefwechsel mit einem frommen Schulfreund eher verzögerte Rückbesinnung vom Agnostizismus auf das christliches Erbe: es ist ein Kapitel von 1300 Seiten in einem unvollendeten, autobiographischen *Kenotaph.*)

Wie läßt sich so etwas kondensieren? Nach einem Besinnungsaufsatz ist mir nicht zumute. Der Kontext, den Du vermißt, die Lebensgeschichte im weiteren Umfeld der politischen Geschichte und gesellschaftlicher Umwälzungen, müßte als erstes zeigen, wie es dazu kam, daß jemand, der schlimme Beispiele aus der näheren Verwandtschaft kannte, keine Ehe eingehen wollte, sich schließlich und spät doch dazu verstand, weil der Freund mit bloßer (platonischer) Freundschaft sich nicht abfinden wollte.

Ich werde es mit Stichworten versuchen. Kindheit in einem niederschlesischen Dorf, erinnerlich als überwiegend Idyll (mit Fliederlaube im Garten der kleinbürgerlichen Großeltern mütterlicherseits). Ende Januar 1945 Flucht nach Westen, knapp vorbei an Dresden. Flüchtlingsdasein im Thüringer Wald, Hunger, Armut, Vaterlosigkeit. Eines Nachts im Mai 48 mit der Mutter über die Zonengrenze in den Westen. Gymnasium. Abitur. Die Mutter, ohne Beruf Hilfsarbeiterin, steigt auf zur Büroangestellten. Die Tochter, nach langem Studium, zur Staatsbeamtin. (Der Bruder und drei Vettern blieben hinter solchem Aufstieg zurück. Von Dir wußte ich nichts.) Die Ursachen der Existenzkrise: ein traumatischer Geschwisterzwist in der vaterlosen Kleinfamilie, in der Politik die Jahre zwischen Berlin- und Kubakrise und das drohend Sinnlose einer neuerlichen Kollektivkatastrophe. Dazu hin das, was sich als ‚Vergangenheitsbewältigung' durch die Medien würgte. Dahinein die Wiederanknüpfung des Briefwechsels mit dem Schulfreund, der sich zu einem pietistischen Christentum bekennt, den Kriegdienst verweigert und ‚in die Mission' will. Langwierige Klärung einer schwierigen Beziehung und eines Agnostizismus, der sich mit Hilfe Kierkegaards davon überzeugen läßt, daß es sinnvoll sein könnte, der Irrationalität religiösen Glaubens einen Teil am Transzendenzbedürfnis menschlicher Existenz zuzugestehen.

Zwölf Jahre nach den ersten Gesprächen, vier Jahre nach dem Ende der Krise heiratete eine Studienassessorin einen mittellosen Doktoranden und verdiente noch zwei Jahre lang die Brötchen. Dann ein Zweitstudium Theologie. Afrika vor Augen und ein Beruf als Berufung bedeuteten Verzicht auf Kinder. Sechs Jahre lang Haushalt führten bisweilen bereits an die Grenzen des Zuträglichen. Mit Dreiunddreißig endlich etabliert in einer schönen Appartementwohnung (nach einem Vierteljahrhundert in Notunterkünften, beengten Sozialwohnungen, elenden Studentenbuden und zermürbenden ersten Ehejahren in einer Mansarde mit rücksichtslosen Nachbarinnen) – da hinein Verzicht und Ausstieg, die lang vorweggeplante Ausreise nach Afrika.

Daß es kein Verzicht in herkömmlich privativem Sinne war, habe ich bereits angedeutet. Es hat vermutlich unbewußt auch mitgewirkt ein Fluchtimpuls. Zwar war das Leben in Westdeutschland friedlich und lebenswert – wenn nicht die Sirenen probeweise heulten und Notstandsgesetze verabschiedet wurden. Wenn nicht immer wieder der Schatten Leviathans aus dem Abgrunde aufgetaucht wäre, atomar gerüstet, kapitalistisch wohlstandsgepanzert, wettbewerbs- und profitgierig, die Schwächeren in Drogenträume treibend, Utopisten in den linksextremen Untergrund (gutsituierte Frauen, wenig jünger als ich, kämpfend für eine gerechtere Gesellschaft mit hoffnungslos falschen Mitteln: Idealisten wie Camus' *Les Justes*.) Das halbe Deutschland machte mir immer wieder Angst. Es fehlte dem Wohlstand und der Freiheit an innerem Sinn. (Der äußere war vermutlich, daß die Arbeiterschaft aufstieg Richtung Mittelstand mit Auto, Eigenheim und Mallorcaferien, und man das entstehende Vakuum bei weitergetriebenem Wirtschaftswachstum seit dem Mauerbau mit Gastarbeitern auffüllte.) Eine Art Fluchtimpuls also könnte die Ausreise nach Afrika mitmotiviert haben. Afrika: das kleinere Übel.

Ich stelle mir noch einmal vor, wie es war, in den drei Jahren vor der Ausreise, Mitte 70 bis 73. Nach einer Flucht aus zermürbenden Wohnverhältnissen (ein Sommersemester in ‚Tiliapolis') die schöne und ruhige Appartementwohnung da, wo der promovierte Ehemann endlich eine Assistentenstelle bekommen hatte. Zwei Zimmer, ein großer Balkon, dicht über grünem Rasen und Ziergesträuch. Drei junge Birken wiegten sich im Wind, der Phlox duftete, und die Nachmittagssonne warf Licht- und Schattenspiele durch weiße Gitterstores auf eine helle Tapete. Die *Monstera deliciosa* neben dem Schreibtisch verzweigte sich ins Dekorative, der Kaffee duftete, die Schwarzwälder Kirschtorte von Bäcker nebenan schmeckt. Das Leben steht angst- und schmerzlos still. Auf dem bunten Hochzeitsteppich gegenüber sitzt blond und jung und fromm-vernünftig des Daseins Sinn und lächelt freundlich zu gewissen Vorhaltungen – ach ja, die schmutzigen Socken im Bad und das Chaos in der Küche. Wer soll für Ordnung und Sauberkeit sorgen, wenn beide der Wissenschaft obliegen? In Afrika wird man Hausangestellte haben (am Feuerherd, am Waschzuber und für das Holzkohlebügeleisen).

Wo Sinn ist, ist immer auch das kleinere Übel. Afrika war das kleinere Übel. Es wurde, im nachhinein erst ins Fragwürdige abgleitend, für lange Jahre das größere Gut, das Berufsleben krönend mit unerwartet schönen Erfolgserlebnissen, so daß du über das halbierte Bedarfsgehalt hinaus dafür bezahlt hättest, tun zu dürfen, was zu tun deine Pflicht war. Aber das geht bereits über Deine Frage hinaus.

Nun weißt Du, warum und wozu und auch, in welcher Verfassung ich einst nach Afrika ging. Meine Beweggründe waren *sekundärer* Art im Wortverstande: ich *folgte nach*. Nicht einem religiösen Befehl oder einer ehelichen Verpflichtung, sondern aus Dankbarkeit freiwillig. Ich ging, trotz hart erkämpftem Arbeitsvertrag, nach Afrika als eheliches Anhängsel, ein zugleich folgsames und dennoch bisweilen eigensinnig bockiges Eselchen von Eheweib und Kollegin; ein Doppeldasein, das sich im Verlaufe der Turbulenzen de Lebensmitte so weit emanzipierte, daß ‚Die Reise nach ***' (noch ein Romanfragment) möglich wurde und im Anschluß daran das Jahr ‚unter dem Harmattan', davon die zu Texten geronnenen Tagträume künden...

Nun frage ich mich und Dich, was der nachgelieferte biographische Kontext zum Verstehen und zur literarkritischen Beurteilen der Texte beitragen soll. Mir ist eine solche Kontextualisierung zuwider. Ich verarbeite Persönliches, aber ich versuche es zu verfremden, so daß Individuelles sich dem Menschlich-Allgemeinen einordnet. (Was hinwiederum ist das? Es ist zeit- und kulturspezifisch verschieden. Die Verschiedenheiten aber unterliegen der Verschiebung. Was gestern strafbar war, gilt heute als Individualrecht und wer rückwärtsgewandt (‚reaktionär') dagegen ist, vergeht sich gegen Menschenrechte.) Ich will damit nur sagen, daß ich die Tagträume meiner *femme de quarante-quatre ans, pas mal mariée mais tombée dans une certaine tristesse,* ins Allgemeine einer Daseinshaltung einzufügen versuche, die sich in einer labilen Mitte zwischen den Extremen Verachtung für (vielleicht auch Furcht vor) und Faszination durch das Fremde balanciert. Um das herauszulesen und zu verstehen ist biographisches Kontextwissen meines Erachtens nicht notwendig. Nicht einmal dann, wenn Du zu dem Schlusse kommen solltest, daß diese meine von mir abgesplitterte und auf literarische Distanz gebrachte Heldin die eine oder die andere von zwei Haltungen verkörpert: eine religiös-konservativ verklemmte Anstandsmoral oder aber den Rückfall in eine ästhetisch unverbindliche, auf harmlose Sublimationen ausweichende Attitüde.

Nun zu Deiner zweiten Frage. Die Rolle der Fremden und wie ich mich darin gefühlt habe. Kurzantwort: Überwiegend wohl. Am wohlsten während des einen Jahres in der Savanne. Vermutlich war es weithin das Wohlgefühl der Unwissenheit. Aber darum geht es zunächst nicht. Es geht um eine Kontextfrage, in welcher individuell Subjektives (das Gefühl) und gesellschaftlich Objektives (die Rolle) vielfach ineinanderspielen und nicht einfach zu erkennen und zu beschreiben sind.

Das Problem, to begin with, wäre der Begriff des *Fremden*, in dem bekanntlich zwei Wahrnehmungs- und Reaktionsweisen auseinanderklaffen: das Bedrohliche, Angstmachende und daher verhaßte Fremde (der potentielle Feind: hostis, hostile) und der gottgeschützte Gast (hospes; über Etymologie brauche ich Dich nicht zu belehren). Schließlich kommt noch hinzu, ich weiß nicht, woher, das *faszinos* Fremde. Wichtig sind die Abstufungen. Im Blick auf die besondere Schattierung ‚privilegierte Gastarbeiterin', mußt Du mir einen historischen Exkurs gestatten.

Du weißt, wie breit die Palette der Fremden ist, die Afrika heimgesucht haben (ich lasse beiseite innerkontinentale Wanderungen, Unterwerfungen mit Spätfolgen wie in Ruanda; Stammesfehden und Kriege wie überall). Nach Afrika kamen von Osten die Araber, von Nordwesten ums Kap die Europäer, Eroberer, Forschungsreisende, Sklavenhändler. Das ist so bekannt, daß man nicht mehr darüber redet. Dann Missionare, Kolonialbeamte, Pflanzer und Geschäftsleute und schließlich Touristen, Entwicklungshelfer, Diplomaten und der CIA. Die meisten kommen und gehen nach einer Weile wieder. Nur weiße Frauen bleiben gelegentlich für immer. Es treibt sich heute eine bunte Schar von Weißen in Schwarzafrika herum. (Ich lasse den schwarz-weißen Kap-Süden als Sonderproblem beiseite.)

Ich greife vier aktuelle Typen von Fremden in Afrika heraus, um meinen eigenen Stellenwert zu bestimmen.

Ein Fremder war der Pioniermissionar, der einst nach Afrika ging (dorthin eine Braut nachgeschickt bekam, die eigene Kinder und schwarze Waisen aufzog), um Seelen zu retten und christliche Gemeinden zu gründen. Als fremder Eindringling stieß er nicht selten auf den Widerstand der eingeborenen Eliten, die ihn als Konkurrenz empfanden. Er lehrte indes neue Künste, Lesen und Schreiben, und bildete Lehrer aus; mit Hilfe einer Krankenschwester/Hebamme veränderte er langsam, in wechselnd gutem oder weniger gutem Einvernehmen mit der Kolonialverwaltung, die Lebensbedingungen zum Besseren. Daher man in den Jungen Kirchen Afrikas seiner überwiegend mit Dankbarkeit gedenkt (während man ihn im ‚aufgeklärten' Europa nicht selten als Zerstörer indigener Kulturen schmäht. Das ist nicht mein Thema). Mein Thema ist der Fremde als Bringer bestimmter Güter und Wohltaten, dem man deshalb auch die Religion, die er predigt, abnimmt.

Eine Fremde war die Journalistin der siebziger Jahre, (ich habe sie bereits erwähnt im ersten Brief, als Extrembeispiel zur Bestimmung einer schwierigen Mitte). Sie hat Europa satt, ist von Afrika fasziniert mit Haut und Haar, wäre am liebsten schwarz und röche auch so gut im Bett. Nachempfinden könnte ich am ehesten den ästhetischen Aspekt: häßlich fett und marzipanschweinchenhaft nackt kamen mir manche Weißen hierzulande im zweiten und dritten Heimaturlaub vor. Einen Schwarzen kleidet die Schwärze. Man erliegt einer ästhetischen Faszination. Eine freizügige Sexualmoral hingegen bleibt mir fremd. Sie erscheint mir als peinliche Anbiederung und Preisgabe der eigenen Menschenwürde. Die Fremde als ‚free woman' könnte als Symbol des nachkolonialen Niedergangs Europas erscheinen.

Eine Fremde ist die Ethnologin, selbst wenn sie längere Zeit in einer Stammesgesellschaft lebt, oft in einer entlegenen Gegend und unter mancherlei Entbehrungen, bisweilen auch Gefahren für Leib und Leben. Jeder weiß, daß sie eines Tages wieder abreist. In vielen Fällen ist sie eine willkommene Abwechselung im eintönigen Dorfleben. Bisweilen wird sie freilich auch als störend empfunden. Als Fremde studiert sie Fremdes; fragt, fühlt sich ein, hat ihre Informanten und im Hinterkopf Methodenprobleme. Sie sammelt Material und schreibt im Geiste schon das Buch, mit dem sie promovieren oder in der Zunft berühmt werden will. Ich hab es aus nächster Nähe erlebt: der Ehemann als Feldforscher. Dabei auf einfühlsame Weise auf der Suche nach ‚Weggenossen'. Am Ende haben alle etwas gehabt vom Interesse des Fremden an aussterbenden Stammestraditionen. Der Fremde wird zum Freund, der bei einem Besuch viele Jahre später gefeiert und mit einem Ehrentitel versehen wird. Solche Feldforschung in nächster Nähe trug bei zum Abdriften in die eigene Innerlichkeit, um deren Topographie und Traditionen zu erforschen.

Eine Fremde ist die Ferntouristin an der Badeküste Kenias und auf Safari in den Wildreservaten. Sie bringt Geld ins Land, das macht sie willkommen. Sie bleibt, von der Bedienung abgesehen, unter ihresgleichen. Sie bekommt, was in den Katalogen steht, und bisweilen, zum Aufpreis, auch, was nicht drinsteht. Die junge wie die ältere Touristin ist angetan von dem Kellner mit den sanften Gazellenaugen und dem Perlenlächeln. Es gehört zum Service. Oder, im Savannenreservat, von einem schönen Massai mit Kriegerspeer und Tänzerbeinen. Ironisch abgetönt und auf höherem Niveau (dreizehnte Etage!) habe ich versucht, diese Art Faszination einer weißen Frau durch den (schönen) schwarzen Mann in Text II zu skizzieren als Vorspiel und Kontrast zu dem, worum es dann im Besonderen geht.

Sowohl der schöne und diplomatische Maurice wie die ergrauend hingerissene Studiendirektorin aus Europa wissen, daß es eine unverbindliche Urlaubsepisode ist. Worauf es ankommt, ist das europäisch kultivierte exotische Flair und Ambiente, ein wenig Alkohol und viel Tanzmusik, in diesem Falle nicht Trommeln, sondern Tango.

Diese vierte Variation verzweigt sich ihrerseits in Varianten, die in Europa am ehesten für Aufsehen und einen Bestseller sorgen könnten. Du hast hingewiesen auf eine Sendung des französischen Fernsehens. Ein erstes Gerücht zu dieser Geschichte erreichte weiße Ohren in der betreffenden Gegend bereits Ende der siebziger Jahre. Diese Frau (ein Missionarskind übrigens) kam nicht angeflogen, um wieder abzufliegen; sie kam zurück in ihre Kindheitsheimat und blieb. Und wird bleiben bis zu ihrem Tod. Ich habe das Büchlein (Editions J'ai lu) erst kürzlich gelesen. Eine solche Lebensgeschichte, außergewöhnlich und dramatisch, läßt sich verschlingen. Von dieser Ausnahme-Art Leben und Literatur ist die fromm-vernünftige und daher langweilige äußere Verfaßtheit meiner Afrikajahre weit entfernt.

Irgendwo innerhalb des Vierecks sitzt (oder saß) als Fremde zehn Jahre lang eine *fraternal*. Verheiratet ohne Kinder, weder Missionarin, noch Ethnologin, weder wirtschaftspolitisch recherchierende Journalistin noch durch den Urlaub (oder den Ruhestand!) abenteuernde Touristin. Sie war eine Spät- und Schrumpfform des einstigen Missionars, aus dessen Lebenswerk eine unabhängige Institution mit indigener Hierarchie hervorging. (Man kann zwar auf englisch noch ‚native' sagen, auf deutsch dagegen kaum noch ‚eingeboren'.) Die Institution erhielt (und erhält noch immer) außer finanzieller Beihilfe auch Fachkräfte aus Europa (und bisweilen auch den USA) in Bereichen, wo es noch an heimischem Personal fehlt. Die Kollegin in Text III redet von ‚besseren Gastarbeitern'. Es sind Gäste, die nie als Arme kommen. Sie bringen immer Geld ins Land und nicht selten auch gute Beziehungen. Das macht sie - nicht unwillkommen. Zudem besetzen sie mittlere bis höhere Positionen in der Hierarchie. Das macht sie bisweilen zu Kritikern und Konkurrenten der einheimischen Eliten und es kann zu ‚needed but not wanted' kommen.

Nach dem historischen Exkurs nun zurück zu Deiner Frage, wie *fremd* ich mich in Afrika gefühlt habe. Die Kurzantwort wäre: anfangs weniger, später zunehmend im Komparativ. Ich kam als Fachkraft; als eine, die etwas zu sagen und zu lehren und damit ein gewisses Maß an Autorität und Macht über die zu Belehrenden hatte. Da fühlst du keine Fremdheit; da gehst du auf in der Aufgabe und fühlst dich zu Hause in einem Reich des Geistes, aus dessen Schätzen du mitzuteilen hast und wo es allenfalls zu Debatten über verschiedene Auffassungen ein und derselben Sache kommen kann, wie hierzulande auch. Die gemeinsame Heimat der Glaubensgemeinschaft war auf akademischem Niveau angesiedelt, auf dem sich zwar kulturelle und mentale Unterschiede bemerkbar machen konnten, die jedoch nicht zu Fremdheitsgefühlen führten. Jedenfalls nicht bei mir und während der ersten Jahren. Trotz Unbequemlichkeiten und Kargheit der Lebensweise (und obwohl sich vom Bedarfgehalt kein Eigenheim ersparen ließ und ein gut Teil in Almosen floß) fühlte ich mich - nach all den voraufgegangenen Ängsten und Befürchtungen - willkommen und wohl. Afrikaner können sehr gastfreundlich sein. Das mag zum Teil eine Nachwirkung des Lebenswerkes der alten Missionare sein, zum Teil mag es im Naturell der Leute liegen, nicht zuletzt kann es auch Ausdruck der Erwartungen sein, die man gemeinhin an die Wohltätigkeit der Weißen hat, so weit man arm ist und nicht zu den reichen (und nicht selten korrupten politischen) Eliten des Landes gehört.

Das soll zwar ein Brief werden und keine kulturphilosophische Abhandlung; aber zum Thema ‚fremd in der Fremde' fällt mir doch ein, wie sehr die europäische Moderne der Spätantike gleicht, die auf Römerstraßen und über das lebhaft beruderte und besegelte Mittelmeer die Völker durcheinandermischte und damit einer gewissen Wurzellosigkeit und dem Weltbürgertum in einem Weltreiche günstig war. Da mußte wohl das Gefühl aufkommen: Jede Fremde ist Heimat (weil man überall einen Kultverein der eigenen Glaubensrichtung fand) und jede Heimat ist Fremde (weil man doch nirgends eine bleibende Statt hat und ein Gast auf Erden ist). Das konnte damals zu Weltflucht führen, ins Martyrium oder in die Wüste; heute führt es in Drogenträume und Esoterik, in Aschrams oder in die Psychiatrie. Mich hat, während der Krisen des Kalten Krieges, ein spätes Bewußtwerden des Davongekommenseins aus dem Zweiten Weltkrieg über den sozialen Aufstieg und eine Sinnkrise zum Ausstieg nach Afrika geführt im Zusammenhang mit einer besonderen Art von Heimatgefühl. ‚Du allein bist mir Heimat und Haus; du bist mir Vater und Mutter' - sagt Properz von der Frau, die er liebt, und eine Frau kann es ebensogut von dem Manne sagen, mit dem zusammen sie für viele Jahre auf ein normales Leben in einer Wohlstandsgesellschaft verzichtet. Daß es auch in einer solchen Eheheimat zu Entfremdungen und Krisen kommen kann, ist nichts Ungewöhnliches, eher das Normale. Da muß du sehen, wie du ‚über die Runden' kommst mit Anstand, Gottvertrauen und einem guten Gewissen.

So viel zu Fremdheitsgefühlen in einem fremden Lande. Sie sind immer relativ. Sie sind eine Funktion von wenigen Konstanten und vielen Variablen. Das geht aus Tagebüchern deutlicher hervor als aus literarisierten Tagträumen. Nur die böse Kollegin in Text III spricht eine rückwärts nach Afrika gewandte Träumerin ausdrücklich darauf an.

Zu ,Träumerin' ein Notabene: Nach außen hin bin ich in Afrika fremder geblieben als der Kollege Ehemann, der aus Forscherneugier und weil er kontaktfreudiger veranlagt ist als ich es bin, ringsum die Leute ansprach und ausfragte und mancherlei Bekanntschaften schloß. Meine Fremdheit in Afrika war also mitbedingt durch eine Veranlagung zur Introversion. Es war da weder ethnologische Neugier noch journalistische Sensationslust. Überdies irrte ich anfangs noch lange in anderen Traumlandschaften umher, wie man sie nur im alten Europa und in den Restbeständen einer überfeinerten Kultur finden kann, ,spätgereift und zart und traurig, die Komödie unsrer Seele' à la Hofmannsthal. Ein goût de l'absolu mit gebrochenem Flügel. Vermutlich ist vieles von diesem Gefühl in die afrikanischen Tagträume hinübergeflossen, vom Boden indigener Realitäten abhebend in spätromantischer Wirklichkeitsblindheit. Was freilich nicht daran hinderte, beruflichen Pflichten auf das gewissenhafteste nachzukommen und sie als Daseinszweck zu empfinden. Die helle Freude am Beruf verdüsterte sich erst während der letzten zwei oder drei Jahren, als gleichzeitig mit der Krise der Lebensmitte die Arbeitsbedingungen sich verschlechterten. In die äußere Verdüsterung hinein begann das Irrlicht der Tagträume zu flackern, das schließlich aus dem Regenwald hinaus und hinauf in die Savanne führte, wo ,unter dem Harmattan' das eigentliche kleine und bescheidene und weiterhin ganz überwiegend innerliche Abenteuer Afrika begann.

Ich möchte zu einem Ende kommen, aber es fällt mir immer noch etwas ein, von dem ich meine, ich sei darüber Auskunft schuldig (oder ich müßte es mir von der Seele schreiben). Noch einmal zur Rolle des Fremden als *needed but not wanted.* Das schwarze Willkommen dem weißen Gast und Fremden gegenüber ist ganz überwiegend materiell berechnend. Das verursachte mir bisweilen ein tristes Gefühl.

Nicht der Mensch, die Person, nicht einmal der Glaubensgenosse zählt, sondern das, was er an barem Geld, an materiellen Gütern oder an Möglichkeiten, zu einem besseren oder bequemeren Leben zu gelangen, mitteilt oder in Aussicht stellt. (Kein eigenes Auto zu besitzen ist schon fast eine Beleidigung: es kann dann nicht jeder bei jeder Gelegenheit mitfahren.) Nach einer Weile gutwilliger Anpassung an solche Erwartungen und einem ungewöhnlichen Maß an monetärer Hilfeleistung oder Eingehen von Verpflichtungen durch Patenschaften stellen sich irgendwann Ermüdungserscheinungen ein. Große Hilfsprojekte kommen dann nur noch zustande, wenn dem Geber seinerseits etwas an Hilfe und Daseinserleichterung widerfährt – und sei es nichts weiter als eine Prise psychedelischer Stoff zum Träumen, das durch weite Landschaften schweift (und Anlaß zum Schreiben gibt). Das ist die eine Seite und ich meine: die moralisch bessere und poetisch schönere. Sie bleibt bei sich selbst. Verinnerlicht sich, erinnert sich später und fragt sich: was war's? Weißer Flieder am Äquator?

Die andere Seite ist häßlicher; aber sie ist es, die das öffentliche Bewußtsein beeinflußt und bei naiven und gutwilligen Weißen Enttäuschung und Bitterkeit hervorrufen kann. Das Ungewolltsein des weißen Gastarbeiters nämlich macht sich bemerkbar besonders auf der Ebene (fast) gleicher fachlicher Qualifikation bei institutioneller Über-Unter-Ordnung. Wenn der afrikanische Vorgesetzte sich von einem akademisch überlegenen und wirtschaftlich besser gestellten ‚Gastarbeiter' kritisch beobachtet fühlt oder gar zur Rede gestellt wird, dann wird es schwierig. Da ist es mit dem Schwarzen wie mit den Frauen: die frisch Emanzipierten und Arrivierten reagieren empfindlich und aggressiv. Aufgrund vergangenen Unrechts (keineswegs am eigenen Leib erfahren; die neue Elite ist fast durchweg von Weißen ausgebildet und gefördert worden) glaubt man sich zu allem möglichen berechtigt, auch zu offenkundigem Amtsmißbrauch, und nimmt dafür eine Nachsicht in Anspruch, die dem weißen Mitarbeiter nicht zugestanden wird. Ein neuer Paternalismus kommt auf: der weiße Bruder übt tatsächlich Nachsicht mit dem schwarzen. Bisweilen nähert es sich dem Muster nicht gerade des Vatermordes, aber doch einem Generationenkonflikt. Man beißt in die fütternde Hand. Was Wunder, daß einem bisweilen ein Gedicht von Rudyard Kipling einfällt, das längst aus der Mode und verpönt ist. Ein weißer Gastarbeiter darf die Schwächen und selbst die Vergehen der schwarzen Gastgeber nicht zu scharf ausleuchten, man könnte sonst Steine nach im werfen, und warum? Weil er, selbst mit den reinsten Händen und lautersten Motiven verantwortlich gemacht wird für alles, was im Zuge der Kolonialisierung (und zuvor schon durch den Sklavenhandel) an Verbrechen geschehen ist. An das Gute und die Güter, die der Weiße auch brachte, erinnert man sich nicht oder nur selten. Man tut als wären sie direkt vom Himmel gefallen. Der weiße Gastarbeiter, der Fremde, der Helfer und Freund sein will, befindet sich bisweilen in einer nicht ganz einfachen Lage.

Das alles hatte ich eigentlich nicht hervorholen und ausbreiten wollen. Es ist genau das, was die Texte gezielt ausblenden. Sie sollen nur das Schöne festhalten, die Inspiration, das Poetische, das Wunderbare. Das, was die Krise der Lebensmitte überstehen half. Die Gestalt der Kollegin in III hat sich eingemischt und aufgedrängt erst in der Letztfassung, einerseits um des Kontrastes willen; zum anderen, weil das Erwachen aus dem Tagtraum Afrika nach einigen Jahren so weit gediehen war, daß es in dieser ‚Kollegin' Gestalt annehmen konnte. Vielleicht sogar mußte.

So weit der Versuch einer Antwort auf Deine Frage, welche Rolle ich als Fremde gespielt habe.

Daß Du keine dritte Frage gestellt hast, nämlich die nach konkreten Einzelheiten hinsichtlich des ‚Eigentlichen' und der ‚schwierigen Mitte', finde ich vornehm. Du hast es sicherlich erspürt als Spur im bunten Staub der Tagträume, in den Verkettungen der ‚Frustrationshistörchen', im Hin- und Herschaukeln zwischen Ich und Gegen-Ich.

Ich meinerseits habe mir im ersten Brief eine Frage versagt, die ich nun zum Schluß noch formulieren, aber nur mir selber stellen will: Warum kann das Leise, das Zurückhaltende und nur Angedeutete der Texte, die Du gelesen hast, einfühlsamem Nachvollzug so unzugänglich sein? Ob seiner Harmlosigkeit, die sich vermutlich mit Langweiligkeit gleichsetzen läßt? Liegt es an der Art und Weise der Darstellung? Kann es nur mir (noch immer) etwas sagen und bedeuten, als Außenseite vergangener Innerlichkeit? Liegt es also an unzeitgemäßer Zahmheit der Thematik, also letztlich an Marktlage und Zeitgeschmack? Oder etwa daran, daß jemand mit Sechzig schon zu alt ist, um von einem Verlag noch als längerfristig lohnende Aquisition betrachtet zu werden? Wie und was müßte ich denn schreiben, um für das Geschriebene einen Verlag zu finden?

Wenn ich mich durch eine Auswahl der belletristischen Neuerscheinungen der letzten Jahre blättere, finde ich so gut wie nichts, das *meinem* Geschmack entsprechen würde. Zum einen gibt es von deutschen Schriftstellern nur eine schmale Spur - Demski beschreibt ein Narrenhaus, Maron das animal triste; Enzensberger und Härtling schreiben Kinderbücher, letzterer wohl auch noch etwas über Schumann; Grass beackert ein weites Feld, Wolfs ‚Medea' würde mich interessieren, wenn ich nicht im voraus wüßte, worauf es hinausläuft; Safranskis ‚Drama der Freiheit' (Das Böse) ist keine Belletristik. Wenn mir jedoch ein Titel wie ‚Sommer Vierundvierzig' begegnet, schaudere ich zurück.

Aller literarischen Darstellung von Krieg und Kriegsverbrechen (auf beiden! Seiten); allem, was danach an mehr oder weniger belletristischer ‚Vergangenheitsbewältigung' kam (von der *Blechtrommel* über die *Deutschstunde* bis zum soeben erschienenen *Vorleser*) bin ich seit den Jahren der Existenzkrise ausgewichen. Das wenige, das ich damals zufällig zu sehen und zu lesen bekam (meist in Illustriertenberichten, bebildert mit zerbombten Städten, Gefangenen- und Konzentrationslagern, Verhungerten, Erfrorenen, Verkohlten, Erschossenen, Erhängten und Erschlagenen) – es hat bei mir nicht zu spezifisch deutschen Schuldgefühlen geführt, sondern zu abgründigem Entsetzen vor der Bestie Mensch in kollektiven Grenzsituationen. Seitdem habe ich mich, vermutlich aus schierem Selbsterhaltungstrieb, geweigert, dokumentarische oder belletristische Literatur zu lesen, die sich mit sogenannter Vergangenheitsbewältigung befaßt. Irgendwann in den achtziger Jahren habe ich ‚Auf den Marmorklippen' und ‚Heliopolis' gelesen, ohne allzuviel zu verstehen. In den politisch-ideologischen Schlammschlachten der Literaturkritiker fand ich mich nicht zurecht. Einst war ich ausgewichen nach Afrika. Als ich zurückkam, der saure Regen fiel, die Zahl der Drogentoten und der Asylanten, der berechtigten und der unberechtigten, zunahm, in der Nähe Mittelstreckenraketen standen und ich sah, daß nichts zu machen war, da eskapierte ich zum andern Male. Ich steckte den Kopf tief in den afrikanischen Savannensand der Erinnerung und schrieb mich zurück in die Tagträume einer banalen Übergangskrise, die immerhin dazu verholfen haben, mit Anstand über die Runden zu kommen.

Nun magst Du fragen, warum ich dann nicht wenigstens Frauenromane gelesen habe. Duras und Vilar habe ich schon erwähnt, je ein schmales Bändchen. Der Ehemann schenkte mir eines Tage augenzwinkernd ‚Beim nächsten Mann wird alles anders' – sehr unterhaltsam. Im übrigen hatte ich zu viel an Unverarbeitetem in der eigener Erinnerung und in den Tagebüchern und daher weder Zeit noch Lust, mich für anderer Frauen belletristisch verbreitete Probleme zu interessieren. (Immerhin hatte ich zwischendurch einen Seelsorgefall per Brief und am Telefon, eine Frau meines Alters, die am Durchdrehen war. Für Ablenkung von selbstversponnener Afrika-Schreiberei sorgten an jedem Wochenende die Schicksalsmonologe meiner Mutter; abends im Bett und auf langen Bahnfahrten zwischen Süddeutschland und Berlin las ich zweisprachig, was man in einem humanistischen Gymnasium mit Griechisch als Leistungskurs liest. Bei Thukydides habe ich manches gelernt, von dem heutige Vergangenheitsbewältiger wenig Ahnung zu haben scheinen.)

Was wäre sonst noch zu lesen gewesen? Memoiren vielleicht, aber an so etwas schreibe ich selber. Historische Romane und Phantastik ist wohl eher etwas für Jüngere. Dann doch lieber Shakespeare. Vielleicht wird es in Zukunft mehr Afrikaromane von Frauen geben seit jenem ‚Jenseits' und dem Film aus den achtziger Jahren. Manche vermutlich von ähnlicher, kolonialnostalgischer oder –kritischer Thematik; andere eher wie die ‚Passion africaine', die Dir im französischen Fernsehen begegnet ist: weiße Frau fasziniert von schwarzem Mann. Es mag gut gehen oder schlecht, es wird europäische Leserinnen auf jeden Fall ‚faszinieren'. Vielleicht wird man auch bei uns afrikanischen Schriftsteller entdecken, von denen es nicht wenige gibt. Immerhin hat ein gewisser Soyinka (seinen Roman von 1965, *The Interpreters*) habe ich gelesen, zusammen mit wenigen begabten Studenten) den Nobelpreis erhalten. Wie lange wird es noch dauern, bis eine deutsche Übersetzung erscheint? Vielleicht wird Afrika auch als bloße exotische Kulisse für Abenteuer-, Spionage- und Krimalromane herhalten müssen. Das Recht solch literarischen Wandelns unter Palmen nehme ich mir für die privaten Irritationen und Umbrüche einer Übergangskrise, die überall hätte einholen können. Da sie mich in Afrika einholte, sind die Tagträume, die sie überstehen halfen, von afrikanischem Ambiente gefärbt. Im Regenwald regnet der Regen, in der Savanne weht der Harmattan, und auch die Muse (‚schleppfüßig, aber mit Sternfunkeln im dunklen Unschuldsblick') paßt sich dem Lokalkolorit an, indem sie sich eine Tanzmaske überstülpt.

Daß Texte, die statt unterhaltsam von Seite zu Seite zu hüpfen, monologisch besinnlich vor sich hinplätschern, von exotischen Abenteuern unbehaucht und daher für dergleichen Erwartungen langweilig: daß so etwas kein wirtschaftlich kalkulierender Verlag verlegen mag, ist nahezu begreiflich. Ich verstehe, daß aus Texten, über welchen Dein Urteil ‚guter Durchschnitt' wie ein Lächeln unter Tränen schwebt, kein markterschütternder Bucherfolg werden kann – kann?! Es soll, es dürfte nicht einmal einer werden! Der große Jahrmarkt würde mich erschrecken und verscheuchen. Ich suche doch die Nische, den kleinen erlesenen Kreis der Seelenverwandten und würde mich selbst in solcher Runde noch hinter einem Pseudonym verstecken. Nicht *ich* will an die Öffentlichkeit, sondern dieses Fetzchen erlebtes und erlittenes Leben sucht ein Echo - Einfühlung, Verständnis, Antwort. Ich will weder unterhalten noch belehren, ich will mich selbst zur Sprache bringen und suche ein Echo. Weil sich Echo versagte, neigte Narziß sich über das eigene Spiegelbild…

Was soll ich machen?

Eine Bekannte in Hamburg will gehört haben, daß kürzlich in der Nähe von einem Großunternehmen eine neue Art von Möglichkeit, ein Buch herzustellen, erfunden worden sei: für eine digitale Druckvorlage sei man selbst verantwortlich, behalte alle Rechte an dem Buch, das mit ISBN in die Deutsche Bibliothek gelangen würde. Das Ganze sei (im Unterschied zu den Forderungen der Haifischverlage) bezahlbar; denn gedruckt würde ein Exemplar jeweils nur auf Nachfrage. Allerdings müsse man zunächst zwei runde Dutzend Exemplare selbst abnehmen. Es ist vorstellbar, daß solch ein Unternehmen reussieren wird. Wie viele von sich selbst Überzeugte und von Verlagsabsagen Hin- und Hergeworfene werden sich in diesen Hafen retten! Werde ich auch unter ihnen sein?

Keine Lektoren, keine Korrektoren, kein kritisches Vor-Urteil wird sichten und trennen. Es wird viel eitler Schutt und Schrott, aber auch viel verkrustetes Lebensblut und verworrenes Schicksalsgeröll da angeschwemmt und abgelagert werden. Und alles wird per ISBN in die Deutsche Bibliothek gelangen! Es möchte einen im voraus schaudern. Aber ich habe wenig Zeit und noch weniger Lust, mich weiter auf dem Markt der Publikumsverlage anzubieten. Wenn zu den drei Titeln, zweimal Wissenschaft, einmal Essayistik, die tatsächlich regulär bei Verlagen erschienen sind, ein Dutzend belletristischer Titel, sei's unter Pseudonym, sei's ohne, hinzukommen könnte in den Jahren, die noch bleiben, wollte ich zufrieden sein, auch wenn niemand Kenntnis nehmen würde und auf keine Rezension, keine Leser, kein Echo zu hoffen wäre.

Bücher: *des âmes faites papier* – für eine ungewisse Nachwelt, die ihre eigenen Sorgen und Illusionen haben wird. Das gelebte Leben und daß es einen Sinn gehabt hat, ist am Ende wichtiger. Schreibend darüber nachzudenken, dürfte indes auch sinnvoll sein. Es läßt sich alles bis an den Rand der Möglichkeiten durchdenken. Das Tagebuchschreiben hat in schwierigen Jahren als Heilmittel gewirkt. Jetzt dient erinnerndes Schreiben mit belletristischem Anspruch der Suche nach Sinnspuren im so weit gelebten Leben: für mich ein sinnvolles Zubringen des Ruhestandes.

Die Tagträume, die ich in den Texten, die Du gelesen hast, festgehalten habe, liegen zweimal sieben Jahre zurück. Ich werde sie wohl fürs erste zurück in die Schublade legen, und mir als nächstes weiter Zurückliegendes vornehmen, an dem ich schon vor fast dreißig Jahren zu schreiben begonnen hatte: eine Erinnerung an Sils-Maria, vierzig Jahre zurück. Das müßte jetzt der Besinnlichkeit zugänglich sein.

Solche Besinnlichkeit wird freilich bald wo nicht zu Ende sein, so doch unterbrochen werden. Es stehen, ab nächstem Jahr, noch einmal fünf Jahre Afrika bevor. Die Lebensplanung des Ehemannes will es so, und ich werde wahrscheinlich schweren Herzens und zerrissenen Gewissens mitgehen: meine Mutter wird Neunzig und pflegebedürftig. Damit Du auch hier nicht im Unklaren bleibst. Die Berliner Jahre gehen zu Ende. Ich war hier nie zu Hause. Du bist es offenbar seit den ‚Wende', als Dein Mann sich beruflich für diese Stadt entschied und Ihr das schöne Anwesen im voraus als Alterssitz erwerben konntet.

Mit welchem Dankeschönschnörkel soll ich mich verabschieden? Mit einem vorläufigen. Denn vielleicht können wir ja brieflich im Gespräch bleiben, wenn ich wieder in Afrika sein werde. Vielleicht aber könnte es auch, wegen meiner Mutter, eine so schwierige Zeit werden, daß mir kaum nach Korrespondenz zumute sein mag.

Ich wünsche Dir weiterhin guten Kurerfolg.

Herzliche Grüße
Henriette

Inhaltsverzeichnis

FSC
www.fsc.org
MIX
Papier aus verantwortungsvollen Quellen
Paper from responsible sources
FSC® C105338